RACHEL
La divine tragédie

Du même auteur

Morny, le roi du second Empire, Éditions Perrin, 1983
L'Impératrice Eugénie, Éditions Perrin, 1986
Ce jour-là la Victoire, 1918, Éditions Perrin, 1988
La Callas, Éditions Perrin, 1990
Les Orléans, Éditions Critérion, 1991
Hortense Schneider, la divine scandaleuse, Éditions Perrin, 1993
Humeur et Humour de Tristan Bernard, Éditions Grancher, 1993
Moi, Capitaine Dreyfus, Challenges d'Aujourd'hui, 1994
Yvonne Printemps, le doux parfum du péché, Challenges d'Aujourd'hui, 1994
Les Reines de cœur, Éditions Bartillat, 1995
L'Histoire de la valse, Éditions Solar, 1997
Le Cœur de la reine, Éditions Bartillat, 1995
Les Révoltes de Paris, Éditions Bartillat, 1998
La Belle Histoire de l'opérette, Éditions Solar, 1998
Offenbach ou la Gaîté Parisienne, Éditions Perrin, 1998
Le Mystère du Masque de fer, (en collaboration avec Danièle Dufresne, Éditions Tallandier, 1998)
La Vie amoureuse de François Ier, Éditions Belfond, 1999
Frédéric Chopin, Éditions Perrin, 1999
Balzac et les femmes, Éditions Tallandier, 1999
Marie Walewska, Éditions Pygmalion, 2000
La Reine Hortense, Éditions Pygmalion, 2000
Les Grands Amants, Éditions Bartillat, 2001

Claude DUFRESNE

RACHEL

La divine tragédie

Michel LAFON

7-13, boulevard Paul-Émile-Victor – Île de la Jatte
92521 Neuilly-sur-Seine Cedex

À ma mère.

I

UNE PETITE JUIVE

Que faut-il croire ? La légende selon laquelle les cahots de la charrette qui transportait la mère de Rachel auraient précipité sa venue au monde ? Ou bien les témoignages des habitants du petit village de Mumpf, dans le canton d'Argovie, en Suisse ? Ces derniers se souvenaient que, le 21 février 1821, une jeune femme sur le point d'accoucher est venue frapper à la porte de l'auberge du Soleil. Vus son état et aussi les rigueurs de l'hiver, l'aubergiste s'est laissé attendrir ; bien qu'il soit interdit de loger des personnes de religion juive, il a mis une chambre à la disposition de la future mère et envoyé quérir la sage-femme, une brave villageoise du nom de Theresa Boni. Il n'était que temps ; moins d'un quart d'heure plus tard, une petite fille a fait son entrée sur la scène de l'univers.

Sans doute, cette seconde version de la naissance de Rachel, la divine, est-elle plus vraisemblable que la première. Mais c'est bien dommage ; naître dans une charrette eût été conforme à la tradition qui fait des baladins d'éternels errants.

Quoi qu'il en ait été, nulle certitude n'accompagne donc

la naissance de celle qui devait régner sur la tragédie et en bouleverser les canons ; aucune pièce d'état civil, aucun acte officiel, même la date – ce 21 février – n'est pas sûre. Le secret convient à l'apparition des fées ; c'est ce qu'a dû penser Melpomène en faisant flotter le parfum du mystère sur le berceau de la nouvelle venue.

Le berceau ? C'est beaucoup dire ; c'est emmaillotée dans une simple couverture que l'enfant va faire son premier voyage. Son père, Jacob Félix, n'a pu assister à sa naissance ; il poursuivait sa tournée de colporteur. Dans sa carriole brinquebalante, il va de marché en marché, s'efforçant de vendre aux villageois une marchandise de pacotille. Quelques jours après l'accouchement, le voici à Mumpf ; il règle la note de l'aubergiste et, sans plus attendre, il embarque sa petite famille : Esther son épouse, Sarah, une petite fille de deux ans, et Élisa, la dernière née. Oui, Élisa Félix est la véritable identité de celle qui passera à la postérité sous le simple prénom de Rachel.

Voici donc la « tribu » qui voyage à travers la Suisse et l'Alsace, à la poursuite d'une pitance qui dépend des recettes quotidiennes du colporteur. Ses maigres économies ont été sérieusement entamées par le séjour d'Esther à l'auberge de Mumpf, ce qui explique qu'on n'ait pas attendu que la jeune mère ait été complètement rétablie pour se remettre en marche. La situation pécuniaire de la famille Félix, qui n'était déjà pas brillante, est rendue encore plus précaire par l'apparition d'une nouvelle bouche à nourrir. En épouse dévouée, Esther aide son mari du mieux qu'elle peut ; tandis qu'il visite ses clients, elle tire l'aiguille et ravaude des robes et des colifichets que Jacob s'efforcera ensuite de vendre aux villageoises.

Souvent, il faut cheminer jusqu'à la tombée de la nuit avant d'avoir réalisé une recette satisfaisante.

Un soir, en Alsace, la voiture avance péniblement sur un sentier rocailleux ; un cahot plus fort que les autres et, soudain, un « paquet » s'échappe de la carriole pour tomber sur le sol. Sur le moment, Jacob et Esther ne se sont aperçus de rien ; ce sont les cris d'un passant qui les alarment. Jacob arrête son cheval, descend de voiture et ramasse Élisa... que l'épaisseur de la couverture dans laquelle elle est enveloppée a heureusement protégée. « Un paquet de linge sale ! Voici ce que j'étais ! » contera plus tard Rachel avec un grand éclat de rire au prince Jérôme Napoléon.

D'après ce que ses parents lui ont raconté par la suite, ils avaient été fort troublés par l'incident et il est possible qu'il ait influencé la décision de Jacob de renoncer à son existence de nomade pour se fixer dans une ville.

Ce métier de marchand ambulant, les ancêtres de Rachel l'exerçaient de génération en génération. Jacob, son père, était né à Metz en 1796 ; il avait reçu une instruction plus complète que celle donnée en général aux garçons de sa condition. Il avait même songé un moment à devenir rabbin, mais il y avait renoncé quand il avait décidé d'épouser Esther Thérèse Haya, elle-même originaire du Bas-Rhin et de deux années plus jeune que lui. Les deux jeunes gens s'étaient mariés en 1818 et Jacob avait aussitôt repris le négoce de ses parents. Mariage dans la tradition juive qu'a précédé un engagement de fidélité réciproque, lors des fiançailles, et que les deux époux devaient respecter.

À peine sont-ils unis que le jeune couple prend la route dans la vieille carriole de Jacques – appelons-le ainsi désormais – que tire un cheval poussif. Il faut croire que le nouveau marié est fort épris de sa femme, puisque, malgré leurs pérégrinations continues, neuf mois après sa nuit de noce, Esther met au monde une première fille qui reçoit le prénom de Sarah.

Parce que nous avons abordé le chapitre des ascendants de Rachel, revenons un instant à sa date de naissance : 1821. En cette même année, trois mois après la venue de la future héroïne de la tragédie, le héros d'une autre vaste fresque disparaît : Napoléon meurt le 5 mai, sur son rocher de Sainte-Hélène. Quel rapport, se demandera le lecteur, peut-il y avoir entre l'Empereur des Français et cette reine de théâtre ? Tout simplement que Rachel deviendra la belle-fille de la main gauche de Napoléon ! Par quel miracle cette parenté, pour le moins inattendue, s'est-elle exercée ? C'est ce que nous verrons plus tard.

Mais chaque chose en son temps ; reprenons donc le fil de notre histoire et retrouvons l'enfance de Rachel. Une enfance dont la rigueur devait la marquer profondément. Même parvenue au faîte de la gloire, elle n'avait rien oublié de son rude passé et ne cherchait jamais à dissimuler son origine modeste ni les épreuves traversées à un âge où, en général, les enfants goûtent encore aux douceurs de l'insouciance.

Lassés de leur existence errante, les Félix ont jeté l'ancre à Lyon où, mettant à l'épreuve son esprit d'entreprise, Jacques s'efforce de joindre les deux bouts. Non sans peine, car la famille s'agrandit rapidement. Un fils, Raphaël, et une fille – Rébecca – font leur apparition, et si leur naissance ravit le cœur sensible d'Élisa, Rachel, elle, pour sa part, complique sérieusement la vie de ses parents. Jacques s'est fait brocanteur, marchand de lunettes, de parapluies et, d'une façon générale, de tout ce qui peut se vendre. Quant à Esther, elle coud et ravaude de plus belle. Leur labeur quotidien ne suffit pourtant pas à nourrir leur petit monde. Malgré leur jeune âge, les deux filles vont devoir, elles aussi, mettre la main à la pâte. Chaque jour, aux terrasses des cafés, dans le quartier des Célestins, les deux enfants proposent aux consommateurs des oranges, des bananes et aussi quelques colifichets, produits du travail maternel.

Jacques, en bon administrateur de l'entreprise familiale, a fixé à ses filles une « taxe », un minimum de recettes qu'elles doivent réaliser à tout prix, sous peine d'être sévèrement réprimandées. Ce qui explique que les deux sœurs traînent souvent jusqu'à une heure avancée, avant d'avoir pu réaliser la somme voulue par leur père. Quand elles n'y parviennent pas leur détresse est telle qu'elles trouvent souvent une aide charitable auprès de la caissière d'une brasserie de la rue du Plat ; la brave femme n'hésite pas à compléter la cagnotte des filles, afin d'éviter à celles-ci les reproches paternels.

À la lumière du comportement de Jacques Félix vis-à-vis de ses enfants, on est tenté d'assimiler ses manières à celles d'un montreur de chiens savants, ce que l'avenir ne fera que confirmer. Pourtant, il convient de nuancer ces reproches ; à côté de son esprit mercantile, Jacques est doué d'un sens artistique qu'on rencontre rarement chez un marchand forain. C'est en tout cas lui qui va déceler les dons de sa cadette ; il s'est institué son premier professeur de diction, lui donnant à lire des textes et rectifiant ses intonations quand il juge qu'elle manque de « zenzibilidé » comme il le dit, avec ce fort accent de l'Est qu'il ne perdra jamais. Il y a quelque chose de cocasse à imaginer ce garçon qui n'a évidemment aucune formation littéraire, et encore moins théâtrale, diriger les premiers pas de celle qui sera la plus grande tragédienne de la scène française. Rachel n'est d'ailleurs pas sa seule « élève » : Sarah, la sœur aînée, et une cousine, Judith – qui fera elle aussi une belle carrière au théâtre – bénéficient également des leçons de ce professeur insolite, dont les méthodes d'enseignement ne le sont pas moins.

Ainsi, un jour qu'il fait répéter à Judith une scène qui exige de la « zenzibilidé », il s'emporte devant le manque d'émotion de la jeune fille.

– Ce n'est pas de ma faute si je n'ai pas de sensibilité ! proteste-t-elle.

Alors, à bout d'arguments, le père Félix lui administre une gifle monumentale, ce qui a pour effet de faire apparaître aussitôt des larmes dans les yeux de Judith.

– Tu vois que tu as la zenzibilidé ! s'écrie alors Jacques sur un ton triomphant.

Mais c'est plutôt le chant que Jacques apprend à Sarah ; lui-même possède un fort joli timbre de baryton et sa fille aînée a hérité de ce don. Grande, blonde, le teint clair, le corps aux formes déjà prometteuses, elle est physiquement l'opposé de sa cadette. Rachel est petite pour son âge, sa chevelure foncée est en harmonie avec sa peau mate et elle gardera longtemps une silhouette d'androgyne. Cette maigreur « obstinée » faisait la joie de ceux qui la jalousaient et qui faisaient courir sur elle des histoires pas toujours charitables, telle celle-ci : « Un fiacre s'arrête devant le Café Anglais ; personne n'en descend : c'est Mlle Rachel ! » En tout cas, la maigreur en question ne l'empêchera pas de faire une belle carrière amoureuse, comme le lecteur le découvrira.

Le contraste physique qui existe entre les deux sœurs se retrouve dans un autre domaine. Si Sarah est douée pour le chant, ce n'est pas le cas de Rachel. Sa voix profonde aux tonalités rauques, qui fera merveille lorsqu'elle dira les vers de Corneille et de Racine, se prête mal à l'interprétation des chansonnettes à la mode d'alors. Elle n'en va pas moins chanter en duo avec Sarah aux terrasses des cafés ; la vente des oranges étant d'un rapport médiocre, le père Félix a pensé que les deux fillettes attendriraient davantage leur auditoire en poussant la romance.

Leur répertoire doit plaire à tout le monde ; à côté de ces complaintes destinées à faire pleurer Margot, tellement prisées par le bon peuple du XIXe siècle, les fillettes interprètent des couplets égrillards dont elles ne comprennent d'ailleurs pas le sens. Leurs « exploits » de chanteuses des rues leur vaudront une rencontre inattendue lorsqu'un peu plus tard la tribu émigrera à Paris. Postées sur le boulevard, devant la terrasse de Tortoni, les deux sœurs égrènent les paroles plutôt lestes d'une rengaine à la mode quand un homme de petite taille s'arrête un instant pour les écouter. Il est jeune, brun, et dans son regard brillent les feux d'une vive intelligence. Toutefois, ce sont des signes de réprobation qui apparaissent sur son visage à mesure que se déroule la chanson. À la fin, il ne peut se retenir d'adresser un reproche aux fillettes :

– Quel dommage, mes petites, qu'à votre âge vous connaissiez de pareilles inepties ! s'écrie-t-il.

Rachel n'a alors que dix ans, mais elle possède déjà cet esprit de repartie qu'elle manifestera tout au long de sa vie :

– Mon bon monsieur, si l'on me donnait d'autres chansons, je les chanterais avec plaisir, réplique-t-elle.

L'inconnu sourit alors, tire quelques feuillets de sa poche et les tend à l'enfant :

– Tenez... Voici quelques vers qu'un de mes amis voulait mettre en musique ; vous pourrez les chanter sur un air ancien.

Puis avant de s'éloigner, l'homme brun, avec ses feuillets, glisse dans la main de Rachel un beau louis d'or ! Un louis d'or... Les deux fillettes n'en croient pas leurs yeux...

Quelques années plus tard, Rachel aura l'occasion de retrouver son bienfaiteur inconnu et d'entretenir avec lui les meilleures relations ; il se nommait Victor Hugo et l'histoire ne dit pas de quelle manière elle lui remboursa son louis d'or...

Au XIXe siècle, les pauvres gens menaient le plus souvent une existence de nomades ; sous l'emprise de la nécessité d'abord. Dans les campagnes, pour fuir les menaces de disette qui pesaient sur la vie rurale, ils gagnaient la ville dans l'espoir de trouver du travail. Espoir chimérique, car le chômage régnait de manière endémique ; ils émigraient alors vers d'autres cités, où ils se heurtaient aux mêmes difficultés. Finalement, tout ce monde aboutissait à Paris dont le rayonnement se confondait la plupart du temps avec un miroir aux alouettes.

Un autre élément, d'ordre psychologique celui-ci, pouvait également les inciter à tenter l'aventure en d'autres lieux : le sentiment de fuir la misère qui les avait accablés jusque-là, de rencontrer enfin la chance qui s'était refusée à eux...

C'est à ce genre de pulsion qu'ont obéi les Félix quand ils ont décidé de quitter Lyon. Leur première étape ne les porte pas très loin ; ils s'arrêtent à Chalon-sur-Saône, où ils sont recueillis – le terme n'est pas exagéré – par une vieille dame au cœur sensible, Mme Vanhove, qui s'est émue au spectacle de cette famille en détresse. Jacques a repris son activité de colporteur, Esther raccommode toujours de vieilles nippes, Rachel et Sarah poussent toujours la chansonnette au hasard des rues, mais les ressources additionnées des uns et des autres ne suffisent pas à les faire vivre. « Sans cette charmante Mme Vanhove, confiera plus tard Rachel toujours au prince Jérôme Napoléon, peut-être serions-nous morts de faim. Je crois bien que ma fameuse maigreur date de cette époque ! » Et elle ponctuait cet aveu d'un frisson rétrospectif.

Après Chalon ils se remettent en route, sans autre but que celui d'arriver à vendre au passage les objets de pacotille que Jacques a glanés par-ci par-là et qu'Esther a restaurés du mieux qu'elle a pu. Les voici à Saumur, où ils effectuent un arrêt obligatoire... pour cause d'accouchement ; c'est en effet dans cette cité des bords de Loire qu'Esther met au monde son cinquième enfant. On le voit, l'activité amoureuse du jeune époux ne s'est pas ralentie ; Rachel aura de qui tenir ! C'est Adélaïde – encore une fille – qui fait donc son entrée dans la famille le 6 juillet 1830.

Juillet 1830 ! Sans que son détenteur en ait conscience, le pouvoir des Bourbons n'a plus que trois semaines à vivre. Enfermé dans ses « vieilles idées » – comme lui-même les appelle –, le roi Charles X s'est refusé à comprendre que la France de 1830 n'était plus celle d'avant 1789. Cette obstination lui coûte son trône qu'il doit abandonner à son cousin, le duc d'Orléans. Louis-Philippe professe des idées libérales, héritées de son passé, quand il servait dans les armées de la République. Effectivement, les premières mesures qu'il prend vont dans le sens de ce libéralisme auquel son prédécesseur s'était refusé. De même, renonçant à la pompe dont Charles X aimait à s'entourer, le nouveau souverain mène l'existence paisible d'un bon bourgeois, entre sa femme et ses huit enfants. C'est du moins l'image qu'il s'efforce d'offrir au pays.

En tout cas, la révolution qui s'est accomplie en trois journées – les Trois Glorieuses – a une incidence directe sur le destin de la famille Félix. Jacques a décidé de mettre le cap sur Paris ; le nouvel ordre politique qui vient d'être instauré, pense-t-il, ne peut que favoriser les gens courageux et entreprenants. Et puis, une fois de plus, le mirage de la capitale a agi. Avec son sens des affaires, Jacques ne doute pas d'arriver à se débrouiller. Pourtant lorsqu'il arrive à Paris, au début de l'année 1831, la situation est loin d'y être paisible. Furieux d'avoir été frustré de pouvoir, le parti républicain ne rêve que d'abattre le nouveau régime ; sur ce point, il se rencontre avec les légitimistes qui ne pardonnent pas aux Orléans d'avoir supplanté le vieux roi. Ce conflit permanent explique l'agitation qui perdurera pendant les dix-huit années du règne de Louis-Philippe. Celui-ci sera de surcroît l'objet de neuf attentats qu'il affrontera avec un grand courage physique.

De ces événements, les Félix n'ont cure ; ce qu'ils viennent chercher dans la capitale, c'est une existence moins précaire et l'assurance de pouvoir nourrir leurs enfants. Oui, vraiment, l'avenir de Louis-Philippe est le dernier souci du couple. Comment les Félix pourraient-ils se douter que ce monarque au trône menacé se trouvera mêlé à leur destin, qu'il sera lui aussi – à un moment – le beau-père de la main gauche de Rachel ? Louis-Philippe comme Napoléon ? Un roi et un empereur ? Décidément, pensera le lecteur, la célèbre artiste ne se refusait rien ; dans ce domaine, nous ne sommes pas au bout de nos surprises, tant les conquêtes de Rachel sont aussi nombreuses que brillantes. Là, également, nous aurons l'occasion de revenir.

En arrivant à Paris, tout naturellement, les Félix s'installent dans ce quartier, proche de l'Hôtel de Ville, où ils savent retrouver de nombreux coreligionnaires. Fuyant les pogroms et les persécutions dont ils sont l'objet dans leurs pays d'origine, ils sont des milliers de malheureux à être venus chercher dans la patrie de la liberté les conditions d'une vie décente. Ayant tout perdu, ils recommencent avec courage une existence nouvelle qui, par la force des choses, établit entre eux une certaine solidarité. Grâce à cette solidarité, Jacques a trouvé dans la rue Traversière un logement à la mesure de ses moyens, c'est-à-dire un taudis où les parents Félix et leurs cinq enfants se sont casés comme ils ont pu. Non seulement les petits Félix couchent dans la même pièce, mais dans le même lit !

Sans plus tarder, tout ce petit monde s'est mis à la poursuite d'une pitance quotidienne. Rachel et Sarah ont retrouvé à Paris le chemin de la rue où elles ont rejoint l'immense légion des chanteurs ambulants, tandis que leurs parents reprenaient leur négoce. En cette période de troubles les affaires ne sont pas brillantes, pas plus que les badauds qui les entendent ne sont sensibles au répertoire des deux fillettes. Jacques et sa femme envisagent de reprendre leur activité de colporteurs. Mais comment s'entasser à sept dans une carriole ? C'est alors que la chance va enfin se décider à leur sourire. Oh, il s'agit d'un sourire encore bien timide, mais qui n'en est pas moins chargé d'espérance !

C'est par le truchement de leur progéniture que cette éclaircie apparaît dans le ciel des Félix. Un jour que les deux sœurs viennent de se produire dans leur répertoire habituel et sans avoir recueilli plus de quelques centimes, un homme les aborde et les interroge sur leur famille. Il se nomme Choron. Il dirige un institut de musique religieuse qu'il fait vivre de ses propres deniers. Car ce M. Choron est un mécène qui a décidé de consacrer sa fortune à servir la musique chorale dont il est passionné. Cherchant sans cesse de nouveaux talents, ce mélomane n'hésite pas à parcourir la France pour les découvrir. Plusieurs artistes de grand renom seront ainsi formés par ses soins et feront les beaux soirs de l'Opéra de Paris. Avec un flair qui le trompe rarement, il a pressenti chez les sœurs Félix deux véritables « natures » de théâtre. Quelques jours plus tard, le voici rue Traversière où il propose au père Félix d'accueillir les deux fillettes dans son école de musique. Jacques se fait un peu tirer l'oreille, mais la perspective de voir ses enfants pris en charge – ce qui lui permettra d'exercer de nouveau son métier de marchand ambulant – le séduit très vite.

Voici donc Rachel et Sarah intégrées à la petite troupe d'Aldolphe Choron et abordant un répertoire religieux qui tranche sérieusement avec les romances à l'eau de rose et les couplets de corps de garde qu'elles ont chantés jusqu'alors. L'aventure ne manque pas de piquant si l'on songe, comme l'a écrit Jacques Lucas-Dubreton, que « Sarah et Élisa-Rachel, filles d'Israël, furent appelées à célébrer mélodieusement la grandeur du Dieu des chrétiens » ! Pour pallier ce que cette situation a d'insolite vis-à-vis de ses relations, Adolphe Choron a jugé plus prudent de présenter ses nouvelles élèves comme « Mlles de Saint-

Félix » et de rebaptiser Sarah du prénom de Sophie. Non sans grincer des dents, Jacques a accepté ce stratagème ; c'est que, outre leur entretien, le généreux Choron a promis d'habiller de neuf ses deux petites pensionnaires.

À partir du mois de septembre 1831, Rachel se trouve donc pour la première fois séparée de ses géniteurs ; elle supporte mal cette situation nouvelle et guette avec anxiété les lettres de ses parents auxquelles elle répond en protestant de sa tendresse.

À titre d'exemple, voici l'une de ses lettres dont l'orthographe, volontairement respectée, ne manque pas de pittoresque : « Chers, chers parents, il m'est impossible de vous exprimer toute la joie que j'ai ressentie en recevant de vos nouvelles. Je commençais à craindre qu'il arrivé quelque chose car voilà longtemps que vous m'avez écrit je me réjouis à l'idée que jaurai bientôt le bonheure et montrer les progres que j'ai fait. M. Choron est assez content de moi et a pour nous mille bontés. Je ne puis éprouver toute ma reconnaissance qu'en cherchant à m'apliguer afin de toujours contenter M. Choron autant que je le désire. Adieu, mes bons parents, recevez l'assurance de tout mon res pect. Votre fille soumise vous embrasse sans oublier mon petit frère Raphaël et ma sœur Rébecca. »

Au dos de cette missive, Choron a ajouté pour les Félix quelques explications destinées à calmer l'impatience de Jacques. Fidèle à ses habitudes, cet excellent père de famille s'étonne en effet de ne pas avoir perçu en bon argent la preuve matérielle des progrès de ses enfants.

« Veuillez vous rassurer sur ce qui regarde la prolongation présumée des études de vos enfants, écrit M. Choron. Mes inquiétudes venaient de l'extrême difficulté que je remarquais en elles pour apprendre. Mais je m'aperçois que cette difficulté commence à diminuer, et j'espère que leur talent sera à peu près formé pour l'époque que je vous ai marquée. Voilà quatorze mois qu'elles sont avec nous ; encore deux fois autant et elles devraient être en état d'être utilisées. Surtout Sophie, qui sera même prête avant cette époque. Élisa[1] demandera un peu plus de temps, elle a moins de mémoire et travaille moins que sa sœur qui est beaucoup plus réfléchie et comprend plus facilement ; je vais prochainement m'occuper de les faire entendre et de les produire, mais il faut de la précaution, afin de ne pas leur nuire, le faisant avant l'âge. Je ferai tout pour le mieux, l'intérêt des enfants et le vôtre. »

Remarquons au passage qu'il ne faut décidément pas se fier aux apparences ; en observant que Sarah – dite Sophie – semble promise à un avenir professionnel plus brillant que celui de sa sœur, le brave M. Choron se trompe complètement. Il est vrai que Sarah, qui vient d'atteindre ses quatorze ans, offre un aspect physique qui lui vaut déjà de nombreux succès masculins.

Rachel, au contraire, est toujours une petite fille au visage ingrat. Mais, là encore, on ne doit surtout pas se limiter à cette première impression ; les passions qu'elle allumera sur sa route témoignent du pouvoir d'attraction qu'elle exerçait sur les hommes. D'ailleurs si, à treize ans, elle a encore l'apparence d'une enfant, son esprit, sa verve caustique, son sens de l'adaptation sont les signes avant-coureurs d'une personnalité hors du commun. Cette lettre

1. Élisa est le premier prénom de Rachel, qu'elle porte encore à l'époque.

qu'elle adresse à sa mère au printemps 1833, alors qu'elle est toujours la pensionnaire d'Adolphe Choron, est un exemple de la tournure d'esprit qui lui est particulière.

« Ma bonne mère, tu me pardonneras si je ne t'ai point écrit plus tôt, mais comme ma sœur est plus âgée que moi, tu conviendras qu'il vaut bien mieux qu'elle marque tout ce qu'il y a que moi. Je te dirai seulement que l'on est très content de moi et que l'on m'aime beaucoup ; de plus, j'ai toujours le surnom de Pierrot, mais je le mérite bien car je fais des bêtises comme un vrai Pierrot. Je travaille pour qu'à ton arrivée je mérite les baisers que tu me donneras. Je te prie de bien t'acquitter de la commission que je vais te donner : c'est de ne pas oublier d'embrasser trente millions de fois mon bon papa... Je suis pour la vie ta fille soumise.

Pierrot-Élisabeth Félix. »

Ces lettres, pas plus que les affirmations d'Adophe Choron, selon lesquelles dans un avenir prochain les deux jeunes filles pourront enfin faire leurs débuts, ne réussissent à apaiser « Papa » Félix ; celui-ci estime qu'il est grand temps pour lui de toucher les intérêts du « capital » que représente sa progéniture. « Mes filles ne sortent pas assez vite ! » ne cesse-t-il de répéter.

Une fois de plus, ne blâmons pas avec trop de sévérité ce père exploiteur ; l'état de misère dont il n'arrive pas à se tirer explique pour une bonne part son attitude, si elle ne l'excuse pas. Les Félix sont revenus à Paris, loin d'avoir fait fortune sur les routes ; ils ont planté leurs pénates dans un entresol obscur du quartier de l'Hôtel de Ville et ont repris une existence que domine l'incertitude du lendemain. Pendant ce temps, si Choron s'efforce de calmer les inquiétudes de Jacques Félix, il n'en est pas moins perplexe quant à l'avenir de la plus jeune de ses deux filles. Tandis que Sophie lui donne toute satisfaction, il est arrivé à la conclusion que Rachel n'est pas faite pour une carrière de cantatrice... En revanche, il a remarqué qu'elle disait les vers avec une intonation parfaite et qu'elle exhalait, en les disant, une émotion qu'elle transmettait à ceux qui l'écoutaient. Ce don est d'autant plus étonnant qu'à l'époque Rachel n'a reçu que des embryons d'éducation. Elle sait tout juste lire, écrit avec de nombreuses fautes, comme on a pu le constater, et ne connaît des œuvres poétiques que celles qu'on lui donne à apprendre, mais elle a une connivence naturelle avec la poésie, une habileté à en traduire les intentions les plus secrètes qui n'a pas attendu les secours de la pédagogie pour s'exprimer.

Tout cela, Choron l'a compris, ce qui va l'amener à diriger l'enfant vers la voie qui convient à son tempérament et à ses moyens d'expression : celle de l'art dramatique. Tandis que Sarah va être admise au Conservatoire de musique, Choron adresse Rachel à l'un de ses amis, sociétaire de la Comédie-Française, Saint-Aulaire. Comédien aux moyens limités, Saint-Aulaire est en revanche un excellent professeur et surtout un connaisseur averti de l'expression théâtrale. D'abord fâcheusement impressionné par l'apparence de Rachel, par la manière dont elle est accoutrée, dès qu'elle ouvre la bouche et prononce ses premiers vers, il tombe sous le charme. « Cette voix métallique si pénétrante dans sa sonorité, mais si douce même dans les cordes graves », comme l'écrira Arsène Houssaye, le futur administrateur du Théâtre-Français, cette voix à nulle autre comparable remporte sa première victoire. Ce qui frappe surtout Saint-Aulaire, c'est que Rachel dit les vers d'instinct ; elle ne les interprète pas, ils sortent d'elle comme si elle improvisait à mesure qu'elle parle. À l'époque, les acteurs de la Comédie-Française ont l'habitude de « chanter » leurs tirades ; ils déclament avec emphase, lancent leurs répliques au public avec la satisfaction visible de s'écouter eux-mêmes. Rien de pareil chez Rachel ; pour elle, la poésie est un langage humain, la musique des vers vient du cœur et n'exige nullement des sonorités redondantes. Sans en avoir bien conscience, c'est une révolution dans l'interprétation théâtrale que Rachel va accomplir, c'est une mode nouvelle, qui fait litière des traditions périmées, qu'elle va imposer. L'arrière-grand-mère de l'auteur de ce livre qui, dans sa jeunesse, avait entendu Rachel, avait confié à son arrière-petit-fils qu'elle avait ressenti une telle émotion qu'elle avait éclaté en sanglots bruyants... ce qui lui avait valu d'être promptement expulsée de la salle !

Quand elle auditionne devant Saint-Aulaire, ayant tout juste atteint ses treize ans, Rachel n'a évidemment pas encore acquis la maîtrise de son talent, mais ce qu'il entend suffit à son professeur pour comprendre qu'il a entre les mains une future étoile. Rendons cette justice à Saint-Aulaire que, conscient de la personnalité exceptionnelle de son élève, il ne fera rien pour la modifier ; il lui laissera au contraire la bride sur le cou, se contentant de la guider, mais permettant à son instinct de s'épanouir librement. Son enseignement est d'autant plus bénéfique qu'il s'exerce de manière tout autant pratique que théorique. Ayant loué une petite salle, l'ancien théâtre Molière, rue

Saint-Martin, il y fait jouer ses élèves devant le public du quartier qui, pour être populaire, n'en est pas moins connaisseur. Ces représentations se déroulent le dimanche, tandis que la semaine est consacrée à l'étude des grands classiques du théâtre ; Saint-Aulaire se préoccupe aussi de l'instruction générale de ses élèves, ce qui n'est pas un luxe pour Rachel dont l'ignorance à l'époque est quasi totale. Elle en tirera un large profit, témoignant d'un étonnant sens de l'adaptation et parcourant à vive allure les étapes de sa métamorphose intellectuelle.

Même heureux épanouissement dans le domaine théâtral ; durant les deux années passées sous la férule de Saint-Aulaire, Rachel ne joue pas moins de trente-quatre rôles, interprétant parfois plusieurs personnages dans une même pièce. Excellent apprentissage qui permet à la jeune actrice de donner des exemples de la diversité de ses dons. Ainsi passe-t-elle sans problème des héroïnes de Racine et de Corneille à celles de Molière. Paradoxe, celle qui ressuscitera la tragédie classique éprouve une vive attirance pour les personnages de comédie, qui correspondent à sa nature espiègle. Mais sa voix, sa puissance d'émotion, en font évidemment l'interprète idéale de la tragédie. En tout cas, auprès du bon public du quartier, la jeune artiste a très vite acquis une sympathique popularité, due pour une bonne part à la sincérité qui l'anime.

Parallèlement à sa vie de théâtre, son existence familiale est loin de receler les mêmes satisfactions. Chaque matin, dès six heures, elle est debout, aide sa mère à faire le ménage, puis court acheter des provisions pour le repas qu'elle prépare elle-même, la plupart du temps. En fille scrupuleuse, elle se refuse à puiser la moindre pièce dans la modique somme que lui remet chaque jour Esther pour le ravitaillement de la famille. Une fois, pourtant, elle va s'autoriser une défaillance, comme elle devait l'avouer un jour à Alfred de Musset :

– Oui, une fois seulement, j'ai été voleuse pendant un mois. Quand j'avais acheté pour quatre sous, j'en comptais cinq, et quand j'avais payé dix sous, j'en comptais douze. Au bout d'un mois, je me suis trouvée à la tête de trois francs.

– Et qu'avez-vous fait de ces trois francs ? demanda le poète.

Alors, Esther d'intervenir, non sans fierté :

– Monsieur Musset, imaginez qu'elle s'est acheté les œuvres de Molière.

– Ma foi, oui, ajouta Rachel. J'avais déjà un Corneille et un Racine ; il me fallait bien un Molière. Je l'ai acheté avec mes trois francs, et puis j'ai confessé mes crimes !

Anecdote significative à plus d'un titre ; d'abord, si Rachel s'est autorisée ce petit larcin, elle en a mis le produit au service de son art. Ensuite, si elle a choisi d'acheter les œuvres de Molière, ce choix traduit la frustration qu'elle éprouve à l'égard du répertoire comique, un répertoire qui correspond à la nature profonde de cette tragédienne. Les rares fois où elle abordera le domaine de la comédie lui fourniront l'occasion de mettre en lumière ses dons comiques. Ce qu'il y a aussi de remarquable dans le comportement de notre jeune « voleuse », c'est qu'elle ne cède pas à un réflexe de coquetterie, qui serait bien compréhensible chez une fille de son âge. Elle aurait pu s'acheter quelque colifichet ; elle n'y songe pas. Et pourtant, elle aurait eu quelque excuse, car la pauvre enfant offre une apparence réellement pitoyable, avec sa robe de toile, usée jusqu'à la corde, et ses chaussures lacées par de simples ficelles ! Ajoutons à cela un chapeau qui sort de chez un fripier et nous avons le portrait de celle qui sera bientôt la coqueluche de Paris.

Pour le moment, la fortune semble encore loin ; Jacques est reparti sur les routes de France et sa famille se trouve réduite à la portion congrue, au point que Rachel voit venir le moment où elle devra abandonner ses cours pour trouver à s'employer dans une boutique ou dans un atelier. C'est alors que la Providence se présente sous l'aspect d'un jeune homme de vingt-cinq ans, du nom d'Ancelin. Ayant fait un petit héritage, il a décidé de quitter son emploi de magasinier chez un maroquinier pour suivre sa vocation qui le pousse vers le théâtre. Une vocation qui le conduit au cours de Saint-Aulaire où il va faire la connaissance de Rachel. Tout de suite, il tombe en admiration devant le talent précoce de l'enfant. Ému par la situation précaire de la famille Félix, il va jouer les mécènes et se laisser « taper » fréquemment par sa jeune amie. Au début, seul leur amour commun pour le théâtre unit cette gamine de quatorze ans à peine et le jeune homme. Mais le temps passe et, avec lui, Rachel se métamorphose ; la voici maintenant presque une adolescente. On est précoce, chez les Félix ; Sarah n'a pas attendu d'avoir seize ans pour prendre un premier amant, qui sera bientôt suivi d'un deuxième.

D'ailleurs, si elle poursuit en théorie sa carrière de chanteuse, c'est surtout à sa beauté qu'elle doit de vivre dans une certaine aisance après avoir quitté le giron familial. Rachel n'est pas faite de la même pâte que son aînée ; elle manifeste encore une charmante candeur. Que le lecteur se rassure, cet état ne durera pas !

En attendant, insensiblement, les sentiments qui unissent Rachel et son admirateur glissent de l'amitié à l'amour, tout en demeurant sur le terrain platonique. Ce qui n'empêche pas Rachel de prendre une initiative pour le moins insolite. Un dimanche, alors qu'ils vont bientôt entrer en scène, Rachel se glisse dans la loge d'Ancelin et, sans façon, comme s'il s'agissait de la chose la plus naturelle du monde, elle s'assoit sur ses genoux et lui déclare d'un ton décidé : « Je vous aime et je n'aurai jamais d'autre amant que vous ! »

Serment bien imprudent, qui donne à sourire quand on connaît la carrière amoureuse de Rachel. En tout cas, il ne modifie pas la nature des rapports des deux jeunes gens, dont l'aventure s'achèvera dans un climat qui n'aura plus rien d'idyllique. Ayant fini par épuiser son héritage, Ancelin s'avisa de réclamer le remboursement des sommes qu'il avait avancées. Rachel commençait alors à gagner beaucoup d'argent, ce qui ne l'empêcha pas de trouver incongrue la demande du jeune homme.

Depuis quatre ans que Rachel travaille sous la direction de Saint-Aulaire, si tout le monde s'accorde à lui trouver une personnalité hors du commun, si on lui prédit une carrière prometteuse, elle n'a toujours rien gagné ; voici ce que Félix a bien du mal à accepter. Puisque sa fille a du talent, pourquoi ce talent ne se traduit-il pas en pièces d'or ? La question paraît d'autant plus pressante qu'une nouvelle fille est venue « enrichir » le foyer des Félix.

Un simple épisode suffit à illustrer la vie de bohème des membres de la tribu : chaque dimanche, luxe suprême, la famille prend un bain, mais l'eau coûte cher et il faut aller la chercher à une fontaine dans la cour, aussi les Félix se trempent-ils à tour de rôle dans le baquet. Lorsqu'elle est présente, c'est Sarah qui a droit à une eau bouillante et qui sort du baquet rouge comme une écrevisse. Pour sa part, Rachel attend deux heures et l'eau est devenue glacée. Mais ce ne sont là que de petits mécomptes dont ses quinze ans s'accommodent fort bien. N'oublions pas qu'elle est encore aux portes de l'enfance ; même si elle témoigne d'une étonnante précocité quand elle se métamorphose en reine de théâtre, elle redevient une fille de son âge sitôt la répétition terminée, une fille joyeuse, insouciante, qui ressemble à ses petites camarades et qui partage leurs jeux sans se faire prier. Pourtant, son destin est en marche et, sans même qu'elle s'en doute, lui prépare une prochaine éclosion.

Monval, le régisseur du théâtre du Gymnase, vient un jour assister à un cours de Saint-Aulaire. Il est frappé par le jeu de l'adolescente et n'a rien de plus pressé que de rapporter cette impression favorable à Poirson, son directeur. Monval doit avoir l'enthousiasme communicatif car Poirson décide sur-le-champ d'engager la débutante. Quand le directeur du Gymnase demande à Rachel ce qu'elle veut gagner, c'est évidemment son géniteur qui répond à sa place. Lorsqu'il s'agit de parler d'argent, Papa Félix ne laisse ce soin à personne. Il va pourtant se trouver désarçonné ; ayant demandé deux mille francs par an, il s'en voit proposer trois mille ! S'il avait su ! Jacques se mord la langue d'avoir parlé trop vite. En guise de cadeau de bienvenue, Poirson conseille à sa nouvelle pensionnaire de renoncer à son prénom d'Élisa pour celui de Rachel, ce qui est une façon pour elle de manifester sa fidélité à la religion de ses ancêtres. Et le 24 avril 1837, pour la première fois sur une scène, voici celle qui entame un règne qui la portera au sommet de la gloire.

En voyant cette gamine chétive s'avancer bravement

vers la rampe, combien sont-ils parmi les spectateurs du Gymnase à comprendre qu'ils assistent à un événement capital dans l'histoire du théâtre ? Sans doute, ce soir-là, aucun d'entre eux ne pressent ce que va devenir cette débutante au physique encore infantile, mais dont la voix, le geste, l'assurance sont déjà ceux d'une artiste authentique. Pourtant *la Vendéenne* – c'est le titre de la pièce, est un de ces mélodrames qui n'ont d'autre prétention que d'arracher des larmes d'émotion au bon peuple, en utilisant les pires clichés. Mais, même dans cette œuvre médiocre, Rachel a trouvé le moyen d'affirmer sa personnalité. C'est en tout cas l'avis de Jules Janin, le tout-puissant critique du *Journal des Débats* qui, au lendemain de la première, émet à propos de Rachel ce commentaire flatteur : « Ce qui m'a frappé, c'est sa conscience de la vérité dans l'art ; beaucoup d'âme, de cœur, d'esprit et très peu d'habileté. Nul effort, nulle exagération, point de cris, point de gestes ; une grande sobriété dans tous les mouvements de son corps et de son visage. Rien qui ressemble à la coquetterie ; au contraire, quelque chose de brusque et de hardi, de sauvage même dans le geste, dans la démarche, dans le regard... Voilà Rachel. »

Cette opinion est partagée par tous ceux qui voient jouer la jeune fille, et notamment par Poirson. Ce directeur de théâtre est un honnête homme – il en existe – et il a compris très vite que Rachel perdait son temps chez lui : elle est faite pour un théâtre et un répertoire plus prestigieux que ce qu'il peut lui offrir. *La Vendéenne*, comme on pouvait s'y attendre, a très vite quitté l'affiche. Poirson recommande à la jeune fille d'aller frapper à la porte de la Comédie-Française et pour cela de demander à Samson, illustre sociétaire de la Maison de Molière et professeur non moins renommé, de la guider de ses leçons. Naturellement, pour tout cela, il faut l'accord du père Félix ; celui-ci le donne sans se faire prier. Avec cet instinct qui lui tient lieu de connaissance, il a compris que sa fille était un diamant d'une rare pureté, mais qu'il convenait de le polir, de le tailler, afin de lui permettre de briller de tous ses feux. De même, conscient de l'ignorance de sa progéniture, il accepte de débourser la somme de... vingt francs par mois afin qu'elle apprenne à écrire et à s'exprimer correctement. Ce qui semble urgent si l'on en juge par la manière dont elle s'adressa à Jules Janin quand elle le rencontra pour la première fois :

– C'est moi, m'sieur, que j'étais au Gymnase, l'année dernière.

À quoi, Janin, narquois, répond sur le même ton :

– Je l'savions ben, mam'selle, je l'savions ben !

Oui, elle a vraiment besoin d'être « dégrossie », la fille du colporteur ; ce à quoi va s'employer Samson avec toutes les ressources de sa brillante intelligence. Il avait déjà eu l'occasion de l'entendre au cours Saint-Aulaire et il avait été frappé par les dons qu'elle manifestait ; surtout par l'originalité de son interprétation. Aussi a-t-il accepté de lui faire passer une audition. Celle-ci commence dans des circonstances qui ne manquent pas de pittoresque. Bien entendu, les parents Félix ont décidé d'accompagner leur fille ; Esther, qui redoute que la maigreur de l'adolescente ne soit un obstacle à la réussite de l'audition, a eu l'idée étrange de la « rembourrer » avec un coussin qu'elle a placé sous sa robe. Ainsi attifée, Rachel paraît encore plus petite qu'elle n'est, et surtout, empêtrée dans son coussin, elle a perdu sa grâce juvénile. En la voyant ainsi, Samson est fâcheusement impressionné et ne mâche pas ses mots : « Elle est beaucoup trop grosse pour son âge ! Elle ne grandira plus ! » s'exclame-t-il. Alors, d'un air piteux, Esther avoue son subterfuge et procède au déshabillage de la petite. Telle qu'elle apparaît, elle n'a pas non plus de quoi séduire ; avec ses bras trop longs, son visage aux joues creuses, ses yeux sombres et renfoncés, non, vraiment, Mlle Rachel n'a pas un physique de théâtre. Mais voici qu'elle ouvre la bouche et commence à égrener les vers d'*Andromaque* ; aussitôt, le charme opère. Samson, qui avait sans doute oublié sa première rencontre avec la jeune fille chez Saint-Aulaire, est d'abord surpris, puis séduit, puis bouleversé. Tout de suite, cet excellent professeur perçoit le « trésor » qu'il a entre les mains. Son langage est celui de l'âme, son instinct lui ouvre des horizons que son ignorance aurait pu lui interdire d'explorer. Comme l'a écrit si joliment Louis Barthou : « Sans qu'elle connût la vie, la vie passait par ses lèvres. »

C'est avec une émotion profonde que Samson se livre à ces constatations : jamais, au cours de toute sa carrière, il n'a fait une rencontre d'une telle qualité. Avec passion, il décide de se faire le guide de cette enfant qui n'est encore qu'une chrysalide et qu'il va aider à s'épanouir.

II

PREMIERS SUCCÈS, PREMIÈRES AMOURS

Au moment où le destin de Rachel va aborder un tournant décisif, où sa carrière va connaître une accélération sans précédent dans les annales de l'art dramatique, arrêtons-nous un instant pour la regarder telle qu'elle se présente à nous en cette année 1837. Elle se décide enfin à grandir, mais cette croissance subite lui donne un air emprunté, elle ne sait visiblement comment s'accommoder de sa nouvelle silhouette. D'avoir poussé si vite la fait paraître encore plus maigre qu'elle n'est ; le teint de son visage est toujours aussi terne, ses traits se sont creusés encore davantage ; si l'on ajoute qu'elle est vêtue à la diable, on conviendra qu'elle est rien moins que séduisante. Comment peut-on imaginer que, dans un avenir pas si lointain, les hommes les plus importants seront à ses pieds, quémandant ses faveurs et proclamant sa souveraineté sur le théâtre ? Comment prévoir alors que les salons les plus huppés se la disputeront, que la critique dramatique la couvrira d'éloges dithyrambiques ?... Non, personne ne pourrait pressentir que cette adolescente est aux portes de la gloire ; elle-même est la dernière à s'en douter. Jusque-là, elle a supporté la pauvreté, les privations, la promiscuité avec courage, avec insouciance, sans trop s'interroger sur ce qui l'attend dans la vie. Si elle semble ainsi détachée des préoccupations matérielles, c'est qu'elle est habitée par une passion dévorante, celle du théâtre. Une passion qui la fait vivre et qui, sans doute aussi, la fera mourir. Rachel a du génie, mais elle l'ignore ; et cette ignorance est à la source de cette expression si naturelle qui distingue son jeu de celui des autres. Elle ne joue pas ses rôles, elle les vit ; qu'elle soit Junie, Roxane, Camille ou, plus tard, Phèdre, elle ne donne jamais l'impression de composer un personnage, elle *est* ce personnage, tout simplement. Phénomène inexplicable, et d'ailleurs inexpliqué, comment cette fille de colporteur, qui baragouine le français plus qu'elle ne le parle, qui n'a, répétons-le, aucune instruction, peut-elle trouver ces accents qui bouleversent ceux qui l'entendent ? Comment peut-il s'établir entre elle et les grands auteurs classiques une complicité mystérieuse, une osmose aussi parfaite ? Il y a des questions auxquelles il est impossible de fournir une réponse ; on doit se contenter d'admirer, d'être ému, de ressentir. Si l'on veut à tout prix percer le secret de l'aura de Rachel, peut-être faut-il remarquer avec quelle familiarité enfantine elle parle de ses héros préférés ; quand elle dit « mon ami Racine » ou « mon ami Corneille », elle explique pour une large part les bonnes relations qu'elle entretient avec leurs personnages et sa parfaite identification avec eux.

De tout cela, Rachel n'a sans doute pas conscience quand elle se présente chez Samson pour solliciter ses leçons, mais lui le perçoit aussitôt. Il est vrai qu'il y a dans cette enfant de la balle une sorte de divination dramatique qui lui fait d'emblée trouver le ton juste, le geste qui convient, qui lui permet d'exprimer les sentiments des personnages qu'elle incarne sans avoir besoin de faire appel aux artifices incantatoires dont usent à l'époque les artistes de la Comédie-Française. À ces dons naturels, Samson va apporter les ressources d'une technique qui, évidemment, faisait alors défaut à la débutante : pose de la voix, usage de la respiration, soins dans l'articulation, si bien qu'en quelques semaines son autorité s'affermit, ses intentions se nuancent, toutes qualités qui vont permettre à la fille du colporteur de se glisser sans effort dans la peau des héroïnes mythiques du théâtre classique.

Dans ses *Mémoires*, Samson brosse de son élève un portrait grandeur nature qui nous la restitue avec une parfaite fidélité : « Elle avait le front bombé, les yeux enfouis et, sans être grands, très expressifs, le nez droit, avec une légère courbe cependant. Sa bouche, garnie de petites dents blanches et bien rangées, avait une expression railleuse et fière tout à la fois. Son cou était parfaitement attaché et sa tête, petite, au front bas, s'y reposait gracieusement. Sa démarche et son geste étaient aisés, tous ses mouvements souples, enfin toute sa personne remplie de distinction. Elle avait, pour me servir d'une expression en usage, des mains et des pieds de duchesse. Sa voix, qui était un contralto, avait peu d'étendue, mais grâce à l'extrême justesse de son oreille, elle s'en servait avec une extrême habileté et arrivait aux inflexions les plus fines et les plus délicates. Quand elle commençait à parler, son organe avait un peu d'enrouement qui se dissipait bientôt. »

Samson ne se borne pas à enseigner à son élève les secrets de son art, il entend aussi former sa personnalité, permettre à son intelligence de s'épanouir, combler les trous d'une culture qui, jusqu'à présent, recelait un vide dramatique. C'est lui qui a arraché au père Félix les vingt francs par mois destinés à payer les leçons de français de sa fille.

Samson exerce son action bénéfique dans un autre domaine : avec son épouse, il accueille Rachel à son foyer. Mme Samson prodigue à la jeune fille une tendresse maternelle qui comble celle-ci de gratitude. Dans les lettres qu'elle lui adresse, elle la nomme « ma bonne maman Samson » et signe « votre quatrième fille ». À l'été 1837, les Samson ont loué une maison à Charenton-Saint-Maurice, localité située alors en pleine campagne. Ils y invitent souvent Rachel, escapade appréciée qui lui permet d'échapper aux corvées habituelles que lui réserve sa vie de famille, moments de liberté et d'insouciance qui conviennent à l'enfant qu'elle est encore. Elle, qu'on applaudira bientôt dans des personnages d'une grandeur tragique, se laisse aller à sa nature espiègle et dispute d'acharnées parties de cache-cache avec les enfants Samson.

Si Rachel voue au couple Samson de véritables sentiments filiaux, autour d'elle tout le monde ne partage pas ses sentiments. Les parents Félix sentent que leur fille leur échappe et c'est là une situation que son père ne peut pas tolérer. Il est vraisemblable que le ressentiment que Jacques manifestera par la suite au professeur de sa fille naît à cette époque. Il est pourtant bien obligé de se contenir, car la protection de Samson est indispensable à la carrière de la jeune fille. Jacques remise donc sa rancune dans un coin de son cœur en attendant de lui laisser libre cours plus tard. Samson, ayant jugé que son élève était mûre pour la Comédie-Française, ne va pas épargner ses efforts pour l'y faire admettre. La Maison de Molière est alors dirigée par un personnage pittoresque du nom de Vedel. Vedel est entré plusieurs années auparavant à la Comédie-Française... en qualité de caissier ! Il faut croire que les questions d'argent ne l'accaparent pas trop, car il est plus souvent dans la salle qu'à sa caisse. Il va ainsi acquérir une connaissance et un goût du théâtre qui lui seront fort utiles le moment venu ; mais surtout, il va se lier avec les principaux sociétaires de la maison, ce qui facilitera son accession au fauteuil directorial.

Un jour de février 1838, Samson, qui entretient avec Vedel les meilleures relations, le prie de passer chez lui, car il « désire lui faire entendre une jeune personne au talent prometteur ». Quelque temps plus tard, voici donc Rachel jouant une scène d'*Horace* devant le nouveau directeur du Théâtre-Français qui la reconnaît aussitôt : deux ans auparavant en effet, venu assister à l'un des cours de Saint-Aulaire, il avait entendu dans une scène d'*Andromaque* une adolescente qu'il avait trouvée, selon ses propres termes, « mince, chétive, petite, affublée d'un malheureux costume noir, laide avec un grand front, un œil cave, une voix dure et sèche ». Est-ce en raison de cette fâcheuse impression qu'il n'avait pas répondu à la demande d'audition que Rachel lui avait adressée au mois de décembre 1837 ? C'est bien possible. Mais aujourd'hui tout est différent ; il y a le patronage de Samson et puis, dès les premiers mots qu'elle prononce, Vedel est frappé par cette diction « sans déclamation, sans emphase, franche, naturelle, et pourtant avec ce ton soutenu qu'exige la haute poésie... », comme il le dit alors. Il faut ajouter qu'en quelques mois l'aspect de la jeune fille s'est transformé à son avantage ; elle n'a plus ce physique ingrat qui lui infligeait un si redoutable handicap.

Cette fois, c'est gagné ! Le 17 avril 1838, Rachel est engagée comme pensionnaire à la Comédie-Française aux appointements de quatre mille francs par an. Bien entendu, comme elle est mineure, ce sont ses parents qui ont signé le contrat et ce sont eux aussi... qui encaisseront le montant de ses appointements. « Puisque ma fille a du talent, il est normal qu'elle me rapporte ! » ne cesse de répéter Jacques Félix, qui ne doute plus d'avoir procréé une « poule aux œufs d'or ». S'il entend être récompensé de ses « mérites », il s'investit dans la réussite de sa carrière. Parallèlement aux leçons que Rachel reçoit de Samson, lorsqu'elle rentre le soir au logis familial son père la fait répéter et lui prodigue ses conseils. Là aussi, il s'agit d'un phénomène étonnant : où ce bonhomme a-t-il pêché ce sens de l'intonation, ce goût précis des effets, cette connaissance du théâtre qui lui permettent de si bien pénétrer les intentions des auteurs classiques ? En tout cas, le travail que sa fille effectue avec lui se révélera précieux.

Mais c'est évidemment avec Samson qu'elle prépare ses grands débuts. Elle a dû attendre que son professeur la juge prête pour s'y risquer, et quand enfin il estime que le moment est venu elle ne perd pas une minute pour aller trouver l'honorable M. Vedel. Le directeur du Français devait conserver le souvenir de ce moment, qu'il rapporta dans ses *Mémoires*[1] :

« Quand vous voudrez, lui dis-je. Après-demain, cela vous convient-il ? Une subite rougeur couvrit son visage et, avec un éclat de plaisir dans les yeux que je n'oublierai jamais, elle me répondit vivement :

– Oui, je veux bien.

– Par quel rôle ? lui demandai-je.

– Par celui que vous voudrez.

– Eh bien, Camille d'*Horace*, par exemple ?

– Soit, me dit-elle, Camille.

– Eh bien, mon enfant, allez prévenir M. Samson que votre début sera annoncé demain sur l'affiche, pour après-demain. »

Quelle joie doit-elle ressentir lorsque, le lundi 11 juin 1838, elle voit en effet son nom sur l'affiche et l'annonce de ses débuts dans la pièce de Corneille ! En tout cas, si elle est émue, elle parvient à dominer son émotion et c'est avec un plaisir enfantin qu'elle procède à l'aménagement de sa loge, une pièce exiguë, située tout en haut du théâtre. Bien sûr, elle aurait préféré que ses débuts se déroulassent sous le signe de la comédie plutôt que sous celui de la tragédie. « J'avais le physique qui convenait, expliquera-t-elle plus tard à Alfred de Musset, des yeux en points, un nez en virgule, une bouche en points de suspension... Et je vous laisse à penser du reste ! »

Malgré son insistance, Samson a été inflexible ; c'est pourquoi Camille aura, le 12 juin 1838, les accents de

1. Cité par Sylvie Chevalet dans *Rachel*, Éditions Calmann-Lévy, 1992.

Rachel. En vérité, débuter au mois de juin n'est pas la meilleure date. Les abonnés de la Comédie-Française ont déjà délaissé les moiteurs de la capitale pour leurs confortables résidences champêtres. La première représentation d'*Horace* ne réalise que 753,50 F de recettes ! Mais si les spectateurs ne sont pas nombreux, l'accueil qu'ils réservent à la nouvelle venue fait oublier les absents. Malgré la température élevée qui règne dans la salle et l'âge avancé de la plupart des spectateurs, la fougue de Rachel, ses accents dramatiques, en même temps que la façon si personnelle qu'elle a de dire les vers réveillent ceux qui auraient eu tendance à s'assoupir.

Jules Janin, dès son retour de vacances, lui consacrera la totalité de sa critique du *Journal des Débats* : « Étudiez avec une attention sincère, recommande-t-il, la plus étonnante petite fille que la génération présente ait vue monter sur un théâtre ; cette enfant, c'est Mlle Rachel. Il y a un an, à peu près seul, je disais que c'était là un talent sérieux, naturel, profond, un avenir sans bornes. Notez bien que cette enfant est petite, assez laide, point de poitrine, l'air vulgaire, la parole triviale... Plus tard, nous reviendrons à cœur reposé sur les débuts très remarquables de Mlle Rachel. Il faudra veiller avec soin sur la nouvelle arrivée du Théâtre-Français ; il faudra être sévère pour elle après l'avoir encouragée. Car ce n'est pas là l'une de ces personnalités subalternes à qui la critique jette en passant l'aumône de quelques éloges pour ne plus s'en occuper. C'est une puissante et vive intelligence mue par de faibles organes, une lame d'or dans un fourreau d'argile, un exemple admirable de ce que peuvent obtenir l'âme et le cœur dans les arts, indépendamment du corps... »

Dans le succès qui va bientôt mettre sur toutes les lèvres le nom de Rachel, Jules Janin s'attribue le rôle principal. C'est là une de ses habitudes de jouer les prophètes, en volant allègrement au secours de la victoire. Quelques jours après son premier article, il récidive : « Point de cris, point de gestes, écrit-il. Quand commence cette grande colère, Camille se parle à elle-même tout bas et vous entendez gronder de loin ce profond désespoir. Plus cette colère est contenue, plus elle est terrible et pourtant, chemin faisant, dans ses imprécations épouvantables, elle trouve le moyen d'avoir quelques accents tendres et passionnés, elle se souvient jusqu'à la fin que c'est l'amour qui l'a conduite à cette misère. » Jules Janin a tout de suite compris que le théâtre avait trouvé en Rachel une étoile, son étoile. Pourtant ses louanges ne sont pas désintéressées, loin s'en faut ; s'arrogeant le mérite de l'avoir découverte, il estimera qu'il a droit à une « récompense », et Rachel n'ayant nulle envie de la lui accorder il changera de ton et lui décochera quelques flèches perfides.

Le critique du *Journal des Débats* n'est d'ailleurs pas le seul à magnifier le talent de Rachel ; une autre plume prestigieuse se met au service de sa renommée, celle d'Alfred de Musset. « Ceux qui ne se représentent une reine de théâtre qu'avec une encolure musculaire et d'énormes appas, noyés dans la pourpre, ne trouveront pas leur affaire ; la taille de Mlle Rachel n'est guère plus grosse qu'un des bras de Mlle George. Ce qui frappe d'abord dans sa parole et dans sa démarche, c'est une simplicité parfaite, un air de véritable modestie. Sa voix est pénétrante et, dans les moments de passion, extrêmement énergique. Elle n'a que dix-sept ans et semble n'avoir eu pour maître que la nature. »

Musset sera plus heureux que Janin ; pour lui, la « récompense » viendra un jour prochain, mais ce n'était pas dans ce but qu'il avait couvert de compliments la débutante ; comme tant d'autres, il est frappé par le talent inné de Rachel et ne peut dissimuler son émerveillement. Fait quasi exceptionnel dans le monde du spectacle, les comédiennes consacrées, laissant pour une fois leur jalousie au vestiaire, portent aux nues la nouvelle venue. Mlle Mars, cette « survivante » de tant de batailles, fait elle-même l'apologie de la nouvelle pensionnaire. Elle ne tardera d'ailleurs pas à changer d'attitude lorsqu'elle se rendra compte que Rachel est pour elle une rivale redoutable, aussi bien en raison de son talent... que de son âge !

En attendant sa prochaine consécration, ils sont encore peu nombreux ceux qui ont le privilège de découvrir et d'applaudir Rachel, comme en témoignent les recettes du Théâtre-Français en ce mois de juillet : 558,50 F pour la représentation de *Cinna*, 736,85 F pour celle d'*Andromaque*. Mais qu'importe, la légende de Rachel est en marche et rien ne l'arrêtera, même si, durant cet été 1838, elle doit continuer de jouer devant une salle aux trois quarts vide. Il faut dire qu'avant l'article de Janin aucun journal n'a averti le public. Si les nombreux absents ont eu tort de ne pas se déplacer pour assister à l'éclosion d'une nouvelle étoile, les rares spectateurs présents, eux, ne s'y trompent pas et ne ménagent pas leurs applaudissements. Dans le rôle d'Émilie, de *Cinna*, elle est tout aussi émouvante, aussi impressionnante que dans celui de Camille. Samson ne dissimule pas l'admiration qu'il éprouve pour son élève quand il écrit : « Je me rappelle l'étonnement des spectateurs, je vois tous ces regards dirigés sur la jeune fille, toutes ces oreilles tendues pour mieux jouir de cette diction qui semblait si nouvelle et dont l'originalité consistait à être à la fois naturelle et grandiose. » Le rapprochement de ces deux termes sous la plume de Samson peut sembler paradoxal et même contradictoire ; pourtant, de la simplicité du jeu de Rachel, de son dépouillement, se dégage une grandeur qui n'a pas besoin d'artifices pour toucher le cœur de l'assistance.

Et puis arrivent le mois de septembre, le retour à Paris des habitués du Français et avec eux se produit un phénomène qui ressemble à un raz de marée. Les dix-huit premières représentations données par Rachel depuis le 12 juin n'avaient produit que 13 042,90 F ; les recettes des dix-huit de la série suivante s'élèveront à 88 911,40 F ! Quelle explication donner à un tel engouement ? Elle est toute simple : à partir du moment où le public découvrait la personnalité de Rachel, il n'allait plus cesser de lui être fidèle.

C'est à un nouvel article de Jules Janin que l'on doit ce renversement de tendance. Le 24 septembre, dans le *Journal des Débats*, il attire à nouveau l'attention de ses lecteurs sur « le précoce génie de Rachel ». Des louanges que relaieront, un peu plus tard, celles d'Alfred de Musset dans *la Revue des Deux Mondes*. Après les critiques, le bouche-à-oreille fait le reste. Du jour au lendemain, comme le dira Vedel, l'heureux directeur du théâtre, « le nom de Rachel fut une lettre de change de six mille francs tirée sur le public ».

Devant le bureau de location de la Comédie-Française, les files d'attente sont tellement denses qu'il faut faire appel à un service d'ordre. Tout Paris veut applaudir le petit prodige. Consécration suprême : pour voir Rachel dans *Cinna*, le roi Louis-Philippe, qui n'avait pas mis les pieds à la Comédie-Française depuis trois années, s'y rend en compagnie de son épouse, la reine Marie-Amélie, de son gendre et de sa fille, le roi et la reine des Belges, de ses deux autres filles et de ses fils. Parmi ceux-ci, le prince de Joinville qui, à cette occasion, rencontre pour la première fois cette jeune personne dont il sera un jour fort épris. Sans doute est-ce ce soir-là, sans qu'aucun des deux ne s'en doutât, que Rachel a marqué ses premiers points dans le cœur de Son Altesse Royale...

Après la représentation, Louis-Philippe se rend au foyer afin de féliciter la reine de la soirée. Rachel est tellement émue qu'aux compliments du roi elle ne sait que répondre : « Oh merci, monsieur ! Merci beaucoup, monsieur ! »

À Samson, que ces « monsieur » ont beaucoup amusé et qui se moquera gentiment d'elle, Rachel réplique : « Que voulez-vous, je sais m'adresser aux rois de la Grèce et de la Rome antique, mais pas aux grands hommes d'aujourd'hui ! » On le voit, remise de ses émotions, Rachel n'a pas tardé à retrouver ce sens de la repartie qui fait la joie de ceux qui la connaissent.

Bientôt, elle démontrera qu'elle est aussi à l'aise avec les potentats de son époque qu'avec les héros de l'Antiquité.

Ainsi, du jour au lendemain, voici Rachel sur l'Olympe, proclamée la plus grande tragédienne qu'on ait connue. Par essence, le public est un ingrat, il brûle allègrement l'idole de la veille au profit de celle du jour. Enterrées les artistes qui ont fait la gloire du théâtre ! Aux oubliettes la Champmeslé, Mlle George, la Clairon, Adrienne Lecouvreur, la Rancourt ! Ce qui contribue à élever la jeune tragédienne sur un piédestal, c'est qu'elle personnifie la revanche que les nostalgiques du théâtre classique brûlent de prendre sur les romantiques. Après que le succès d'*Hernani*, de *Marion Delorme*, d'*Henri III et sa cour* les eut remisés au placard, les tenants de l'ordre ancien attendaient qu'une bonne fée vînt réveiller leur répertoire favori ; ils l'ont trouvée de manière inattendue en la personne de la fille du colporteur. Ainsi, bousculées par les « gilets rouges » de Théophile Gautier, vaincues lors de la « bataille d'Hernani », les « vieilles barbes » vont, si l'on peut dire, relever la tête.

Puisqu'elle en est la principale responsable, Rachel est donc la première à recueillir les fruits de cet engouement ressuscité pour le théâtre classique. Mais, ce qui est paradoxal, c'est qu'elle réussit la gageure de remettre à la mode un genre en désuétude tout en jouant « moderne ». Comme on l'a dit, son style est en rupture complète avec celui que des générations de comédiens français avaient pratiqué jusqu'alors. Théophile Gautier, pourtant partisan convaincu du théâtre romantique, a su fort bien définir ce qui faisait l'attrait du jeu de Rachel : « Elle n'a jamais dit les vers prosodiquement et mélodiquement, elle les a toujours récités selon le sens et non selon la mesure, ce qui ne veut pas dire qu'elle est fausse. Les périodes poétiques deviennent des phrases dans sa bouche, et elle les prononce sans déclamer, sans chanter, plus soucieuse de la parole que de la musique ; en un mot, elle débite une tirade en vers comme si elle était écrite en dehors du rythme et de la rime. Sa façon de dire nette, serrée, saccadée, rageuse, si l'on peut s'exprimer ainsi, est en opposition avec les amples périodes, les circonlocutions élégantes, les phrases à longs plis de la poésie classique, et c'est de ce contraste même que résulte son succès. » Il est vrai que la déclamation hurlante et la gesticulation désordonnée de ses interprètes avaient tué la tragédie ; Rachel la ressuscite par la sincérité de son expression, par la justesse de ses intonations, par la sobriété de ses gestes.

Voici donc Rachel devenue le « centre du monde » pour le Tout-Paris des snobs et aussi pour le Paris populaire. Cette réussite soudaine qui lui tombe dessus pourrait tourner la tête d'une adolescente de dix-sept ans ; il n'en est rien et là encore Rachel montre un des aspects les plus remarquables de sa personnalité. Le rideau tombé, les lumières éteintes, la représentation terminée, elle redevient la gamine qui aime jouer à la marelle ou à cache-cache. Par la même occasion, elle redevient aussi la fille obéissante de Jacques Félix, soumise à la tyrannie paternelle et lui apportant sa « paye » aussi ponctuellement qu'elle lui remettait chaque soir à Lyon le produit de la vente des oranges ou de sa quête dans les rues.

De même, lorsqu'elle quitte les toilettes somptueuses qu'elle a portées durant le spectacle, elle reprend ses vieilles nippes sans trop d'amertume et regagne un logis familial des plus vétustes. Grâce aux appointements de sa « vedette », la tribu Félix a déménagé pour le troisième étage d'une maison du passage Véro-Dodat. C'est loin d'être le grand luxe et les enfants Félix en sont toujours réduits à dormir à plusieurs dans le même lit, mais Rachel semble s'accommoder de cette existence de bohémienne. Elle ne rechigne pas non plus aux travaux domestiques ; tout en épluchant des pommes de terre ou des carottes, on peut l'entendre lancer à sa casserole les imprécations de Camille ou les sanglots d'Hermione.

Étrange comédie de l'existence, pied de nez que le destin adresse parfois aux convenances, pendant qu'elle recoud pour la dixième fois son éternelle robe de toile les personnages les plus en vue de la capitale mendient comme une faveur sa visite dans leurs somptueux hôtels. Le comte Mollé, plusieurs fois ministre sous le règne de Louis-Philippe, lui déclare avec solennité :

– Mademoiselle, vous avez sauvé la langue française !

Et Rachel de répliquer avec son plus beau sourire :

– Quelle chance j'ai de pouvoir la sauver sans l'avoir jamais apprise !

Son humour naturel est tout entier dans cette réponse.

Non seulement elle est invitée dans les demeures les plus prestigieuses par une société mondaine toujours avide de découvrir le mouton à cinq pattes, mais certains de ses plus brillants représentants n'hésitent pas à grimper les trois étages du passage Véro-Dodat pour venir lui exprimer leur admiration à domicile. Ainsi Berryer, le célèbre avocat légitimiste, a trouvé un prétexte pour être admis dans l'intimité de l'artiste ; il entend lui enseigner quelques-uns des secrets de l'art oratoire. Tableau pittoresque : Rachel le reçoit en déshabillé, entourée de sa marmaille fraternelle qui court dans les jambes de l'illustre visiteur sans que celui-ci s'en montre offusqué.

Toujours passage Véro-Dodat, une voitures aux armes du roi s'arrête ; un officier en descend qui vient frapper à la porte des Félix et remet à Rachel une enveloppe, marquée elle aussi du sceau de Louis-Philippe. Dans l'enveloppe, un mot de félicitations du roi et... un billet de mille francs.

D'autres visiteurs prestigieux se pressent dans le logis du colporteur. Barbey d'Aurevilly, qui compare Rachel aux héroïnes les plus gracieuses de l'Antiquité. Le farouche Lammenais lui-même, qui confesse qu'il trouve « dans le jeu de Mlle Rachel un dérivatif à [*ses*] préoccupations métaphysiques ». Autre personnage important, autre admirateur passionné de la tragédienne : le duc de Noailles. Lui aussi s'est institué le répétiteur de Rachel, corrigeant certaines de ses intonations et s'efforçant d'en faire disparaître toute trace de vulgarité ; ce langage des rues, qui a été celui de sa jeunesse, fait parfois de fâcheuses réapparitions au milieu d'une conversation, à la grande confusion de la jeune fille.

Au début, Samson ne voit pas d'un très bon œil les succès mondains de son élève ; il craint qu'ils ne l'éloignent de sa tâche principale qui consiste à travailler ses rôles, sans se laisser distraire par le bruit fait autour d'elle. Il constate aussi que, parallèlement à son évolution intellectuelle, l'aspect physique de la jeune fille se modifie peu à peu. « Lorsqu'elle parut pour la première fois sur la scène française, devait-il rapporter dans ses *Souvenirs*, sa taille n'avait pas encore reçu le développement qu'elle atteignit plus tard ; il y avait dans ses traits petits, dans ses yeux rapprochés, une sorte de confusion, s'il est permis de s'exprimer ainsi, et on la déclara laide. Plus tard, on la déclara belle. Elle n'était cependant ni l'un ni l'autre tout à fait, mais tous deux, selon l'heure, le jour, l'expression qui dominait son visage. »

C'est un fait que Rachel possède l'étonnant privilège de traduire physiquement les sentiments qui l'animent et de faire subir à son aspect une infinité d'avatars. Bientôt, on fera d'elle une description résolument opposée à celle qu'on en faisait lors de ses premiers pas sur scène ; ainsi parlera-t-on de sa taille élancée, de l'harmonie de son visage, de la grâce de son maintien et même de son étrange beauté. C'est en tout cas telles que les verront les postulants à ses faveurs. Et ils furent nombreux, si l'on en croit l'opinion de ses biographes. L'un des plus célèbres parmi ces derniers, Louis Barthou, écrivait à ce propos : « Rachel eut trop d'amants pour que j'aie l'intention ou la prétention d'en épuiser la liste qui reste ouverte. »

Réprouve-t-elle cette vie amoureuse tumultueuse ? Parfois, un regret vient ternir sa joie de vivre. C'est ce qui ressort d'une confidence qu'elle fit un jour à l'écrivain Legouvé : « Ah, si j'avais été élevée autrement... Si j'avais été entourée autrement... Si j'avais vécu autrement... » s'était-elle écrié. Revenant sur son passé, elle regrettait certaines erreurs qu'elle avait commises. Faisait-elle allusion à sa rencontre avec le docteur Véron, qui fut à la fois son mécène, son mentor et surtout son premier amant officiel... sans avoir été pour autant le premier qui l'ait tenue dans ses bras ? Ou bien, plus sûrement, à un personnage du nom de Charles-Maurice, qui l'avait « repérée » dès l'époque où elle était l'élève de Saint-Aulaire ? Ce Charles-Maurice exerçait en principe le métier de chroniqueur théâtral, mais il tirait plutôt ses revenus d'une autre activité : celle de maître chanteur. Laissant traîner ses oreilles un peu partout, furetant à droite et à gauche dans un milieu par essence peu discret, celui des gens de théâtre, il arrivait à apprendre des secrets qu'il gardait sous silence... contre espèces sonnantes et trébuchantes. À cette forme de chantage, il en ajoutait une autre qu'il réservait aux comédiennes débutantes auxquelles il faisait croire qu'elles grimperaient vite en haut de l'affiche grâce à son influence.

C'est ce système qu'il emploie avec Rachel pour l'attirer

dans ses filets ; la petite vient d'entrer à la Comédie-Française et elle ignore encore tous les pièges auxquels elle est exposée. Elle va sauter à pieds joints dans celui que lui tend le triste individu. Elle, qui fera tourner tant de têtes, en est encore à l'âge des illusions, et elle s'abandonne sans retenue à un sentiment qu'elle prend pour de l'amour. Elle n'en est que plus meurtrie quand elle s'aperçoit qu'elle a été bernée ; au point que son humiliation a des répercussions sur sa carrière. Par un de ces coups de tête dont elle sera de plus en plus coutumière, Rachel décide d'abandonner le rôle de Pauline dans *Polyeucte*, car elle se juge à présent indigne de l'incarner ! Toujours à Legouvé, elle devait en confier les raisons : « C'était par respect pour elle ! Je suis une fille plus bizarre que vous ne le croyez. Il y a eu dans ma vie un hasard fatal qui m'a fait rencontrer un homme bas de sentiments et d'idées, mais puissant d'intelligence et qui prit bientôt sur moi une emprise que j'ai toujours maudite en la subissant. Il m'avait persuadée qu'il pouvait beaucoup pour mon avenir de théâtre... Faut-il tout vous dire ? Je ne suis pas sûre que sa puissance de perversité ne fut pas une force à mes yeux... Si je quittai brusquement le rôle de Pauline, c'est qu'à un certain moment je me sentis indigne de représenter une créature si noble, d'exprimer des sentiments si purs ! »

Ce phénomène d'identification entre une actrice et son personnage est assez fréquent et dénote chez celle qui l'éprouve une évidente sincérité.

Alors qu'elle est encore toute meurtrie de sa mésaventure, le docteur Véron présente sa candidature aux bonnes grâces de la tragédienne. Oh, il n'est pas beau, le docteur ! Il est même franchement laid avec son nez tordu sur des joues pendantes, son gros ventre et surtout ses écrouelles qu'il dissimule sous une cravate aux larges plis, ce qui lui vaudra de recevoir un jour de Roger de Beauvoir une lettre ironiquement adressée à « Monsieur Véron dans sa cravate à Paris ».

Véron n'a donc rien d'un Adonis, mais il a quelque chose de mieux et en tout cas de plus efficace : il possède une grosse fortune. Comment le personnage s'est-il hissé jusqu'au pinacle ? Grâce à une pâte pharmaceutique qui faisait, disait-on, des miracles. En tout cas, elle a fait la richesse du docteur et l'a conduit aux fonctions, plutôt inattendues pour un médecin, de directeur de l'Opéra, où il a trouvé le moyen de gagner encore de l'argent. Propriétaire de *la Revue de Paris* et du *Constitutionnel*, il a fait de ces deux journaux la base de son pouvoir et de son influence sur le Tout-Paris. Aujourd'hui, il joue volontiers les mécènes et entretient les plus hautes relations. Ce qui ne l'empêche de se prêter aussi à des fréquentations peu recommandables et d'organiser chez lui des réunions d'où la morale est rigoureusement exclue. Ajoutons, lorsqu'il jette son dévolu sur Rachel, qu'il a une bonne vingtaine d'années de plus que celle qu'il convoite, mais il n'est pas homme à s'arrêter à ce détail. De son côté Rachel ne lui oppose pas une résistance farouche. Loin s'en faut. Si l'on en croit les mauvaises langues – mais elles ont souvent raison, hélas –, quand l'actrice s'aperçut de l'intérêt que lui manifesta Véron, elle fit ce qu'il fallait pour se l'attacher. Comme on ne peut pas imaginer qu'elle ait été amoureuse de ce personnage ventripotent, il faut bien admettre que c'était l'intérêt qui l'avait guidée.

Elle ne sera pas déçue. Outre son influence sur la presse qu'il met au service de sa carrière, le « bon docteur » se montre fort généreux. Sérieusement « accroché » par sa conquête, il est fier de la montrer à ses relations. Ainsi, au mois d'octobre 1838, il organise un bal où il l'invite avec sa mère et Samson, son professeur. Vêtue de blanc, sans un bijou, Rachel observe, tout au long de la soirée, un maintien discret qui séduit l'assistance. Cette première exhibition est suivie de nombreuses autres dans la vaste maison que Véron possède rue Taitbout. Bientôt, la liaison de la tragédienne et du docteur est devenue le secret de Polichinelle pour le Tout-Paris qu'elle divertit fort. Véron est d'ailleurs ravi qu'il en soit ainsi. Lorsqu'ils sont en public, il l'appelle « sa petite diablesse » ou « sa pierre précieuse ». Précieuse en effet, elle l'est, comme en témoigne la générosité de son protecteur. Outre les bijoux et les robes, il lui achète au printemps de 1839 une villa à Montmorency. Rachel s'y installe avec toute sa famille. Comme on est loin du taudis de la rue Traversière ! Le père Félix s'y pavane, sans être gêné apparemment par la manière dont sa fille s'y est prise pour l'acquérir. Quant à Rachel, elle s'épanouit au grand air et retrouve, dans le jardin de Montmorency, son âme d'enfant pour jouer avec ses sœurs et son turbulent petit frère Raphaël.

Si, au début, la générosité de son protecteur et les gratitudes qu'elle en éprouvait lui faisait fermer les yeux sur ses disgrâces physiques, avec le temps qui passe Rachel change de ton. Sûre de son pouvoir sur son vieil amant, il lui arrive de le traiter sans ménagement. Un jour qu'il a annoncé sa venue à une réception qu'elle donne dans sa maison de Montmorency, il arrive en retard. Mécontente, Rachel l'apostrophe à voix basse :

– Ah, te voilà, vieux cochon ! lui lance-t-elle.

Puis, des invités s'étant approchés, elle retrouve son ton de femme du monde pour lui dire :

– Docteur, comme je suis honorée de votre présence sous mon modeste toit !

Si Véron se laisse traiter de « vieux cochon », son infortune est encore plus grande qu'il ne l'imagine, car il n'est plus seul à partager les faveurs de la belle. Un poète, qui est aussi un dandy, est passé par là ; le plus charmant, le plus séduisant, le plus cynique et le plus talentueux des dandys : Alfred de Musset.

Quand Musset avait couvert d'éloges les débuts de Mlle Rachel, c'est à l'artiste que ces éloges s'adressaient ; il ne connaissait pas encore la femme... Lorsqu'il la rencontre un peu plus tard, il a, pour parler comme l'un de ses personnages, « le mois de mai sur les joues mais le mois de janvier dans le cœur ». Tout de suite, il est séduit « par cette créature toute d'instinct, ignorante, vraie princesse bohémienne, une pincée de cendre où il y a une étincelle sacrée ».

Un peu plus tard, au printemps 1839, il va souper chez elle ; la famille habite encore passage Véro-Dodat. De ce souper, Musset devait laisser un récit plein de charme et de tendresse :

« On avait joué *Tancrède* ce soir, et j'étais allé dans l'entracte lui faire compliment sur son costume. Au sortir du théâtre le hasard m'a fait la rencontrer. Je la salue ; elle me répond : “Je vous emmène souper...”

» Nous voilà donc arrivés chez elle... Rachel va se déshabiller et passe à la cuisine. Un quart d'heure après, elle rentre en robe de chambre, jolie comme un ange, tenant à la main une assiette dans laquelle sont trois biftecks qu'elle a fait cuire elle-même. Puis, elle retourne à la cuisine, et revient, tenant une soupière et de l'autre une casserole où sont les épinards. "Voilà le souper... Les biftecks sont durs comme du bois. Dans le temps, j'étais meilleure cuisinière que cela. C'est un talent de moins ! J'ai perdu d'un côté, mais j'ai gagné de l'autre..." Ici finissent le verbiage et les propos d'enfant. Un mot va suffire pour changer le caractère de la scène et pour faire paraître dans ce tableau la poésie :

» Moi : Quel rôle étudiez-vous, maintenant ?

» Rachel : Eh bien, je veux jouer *Phèdre !* On me dit que je suis trop jeune, que je suis trop maigre, et cent autres sottises ; c'est le plus beau rôle de Racine, je prétends le jouer... Voulez-vous que j'aille chercher le livre, nous lirons la pièce ensemble ?

» Rachel se lève et sort ; au bout d'un instant elle revient, tenant dans ses mains le volume de Racine ; son air et sa démarche ont je ne sais quoi de solennel et de religieux, on dirait un officiant qui se rend à l'autel, portant les ustensiles sacrés. Elle s'assoit près de moi...

» Rachel et moi commençons à lire *Phèdre*, le livre posé sur la table entre nous. D'abord, elle récite d'un ton monotone, comme une litanie. Peu à peu, s'elle s'anime ; elle arrive enfin à la déclaration... Le front posé sur la main gauche, appuyée sur son coude elle s'abandonne entièrement. Cependant, elle ne parle encore qu'à mi-voix. Tout à coup, ses yeux étincellent, le génie de Racine éclaire son visage ; elle pâlit, elle rougit. Jamais je ne vis rien de si beau, de si intéressant ; jamais, au théâtre, elle n'a produit sur moi tant d'effets. La fatigue, un peu d'enrouement, le punch, l'heure avancée, une animation presque fiévreuse sur ces petites joues entourées d'un bonnet de nuit, je ne sais quel charme inouï, répandu dans tout son être, ces yeux brillants qui me consultent, un sourire enfantin qui trouve moyen de se glisser au milieu de tout cela ; enfin, jusqu'à cette table en désordre, cette chandelle dont la flamme est tremblante, cette mère assoupie près de nous, tout cela compose à la fois un tableau digne de Rembrandt et un souvenir de la vie d'artiste qui ne s'effacera jamais de ma mémoire. »

À minuit et demi, l'arrivée du père Félix vient rompre le charme. Autoritaire comme à son habitude, il envoie sa fille se coucher, tandis que Musset se retire et que Rachel, dépitée, proteste contre la tyrannie paternelle. L'un et l'autre auraient sans doute souhaité que la soirée se terminât autrement. Heureusement, ils vont se rattraper. Quelques semaines plus tard, Rachel a intégré la maison que Véron lui a offerte à Montmorency. Musset vient lui rendre visite, s'attarde, et cette fois Papa Félix, absent, ne gâchera pas la soirée de sa fille. Le poète ne repartira qu'au matin. À Mme Jaubert, qu'il appelle sa « marraine », il rendra compte de sa nuit en termes enthousiastes : « Qu'elle était jolie l'autre soir, courant dans son jardin avec mes pantoufles et un petit bonnet noir et rouge en laine tricotée. Je l'ai pourtant quittée et c'est vrai. Je ne veux plus rien ; je ne suis plus fou en amour. » Il est vrai qu'entre deux personnages aussi versatiles, aussi impulsifs, aussi passionnés que le sont la tragédienne et le poète, les amours ont le plus souvent un caractère provisoire. Comme l'a écrit Musset : « À partie égale entre amants, il y en a toujours un qui est le propriétaire ; l'autre n'est que l'usufruitier. » Leur aventure est condamnée à plus ou moins brève échéance.

En attendant, toujours aussi éclectique dans ses affaires de cœur, tout en assumant son rôle de maîtresse officielle de Véron... et en le trompant avec Musset, Rachel songe à se marier. En quelques mois, elle va « user » successivement deux prétendants, deux fils de familles bourgeoises tout fiers d'avoir fait sa conquête, mais dépourvus du caractère et du charme indispensables à la conquête d'une personnalité comme celle de la tragédienne. Leur déconvenue n'en est que plus grande quand Rachel les dépose en chemin. A-t-elle une fois de plus obéi à l'une de ses lubies en prétendant qu'elle aspirait au bonheur conjugal ? En vérité, elle n'a jamais été amoureuse d'aucun de ses deux prétendants ; ce sont des considérations matérielles qui lui ont dicté sa conduite. Rachel est en effet de plus en plus lasse de la tyrannie que son père exerce sur elle ; elle est surtout lasse de jouer auprès de lui les « vaches à lait », de devoir lui remettre l'intégralité de ses salaires, salaires de plus en plus élevés à mesure que son étoile monte au firmament. Hélas, elle est mineure et se trouve, de ce fait, placée sous la tutelle du père Félix ; seul le mariage pourrait l'émanciper et lui permettre de profiter elle-même de l'argent qu'elle gagne. Seulement, à la dernière minute, au moment de s'engager auprès d'un garçon pour qui elle n'éprouve aucun sentiment, elle prend peur et préfère demeurer dans le giron familial.

C'est alors qu'une nouvelle occasion de se marier se présente, celle-ci beaucoup plus flatteuse pour sa vanité que ses deux tentatives précédentes. Dans l'un de ces salons où elle est fréquemment invitée, celui de la duchesse de Berwick, elle a fait la connaissance, au cours de l'année 1839, du marquis Astolphe de Custine. Signe particulier, ce dernier, outre un grand nom, possède une fortune encore plus grande, deux « ingrédients » auxquels Rachel ne peut être que sensible. Bien qu'âgée seulement de dix-huit ans, la petite a du talent à la ville comme à la scène. Avec habileté, elle se glisse dans le personnage d'une ingénue dont l'esprit laissé à l'abandon a fort besoin d'un guide. Custine, d'une façon générale, a bonne opinion de lui-même. Cette confiance que lui manifeste la jeune fille ravit son orgueil et quand, des larmes dans les yeux, Rachel lui demande s'il l'aime, le marquis ne se tient plus et tombe allègrement dans le panneau. Pour l'appâter plus sûrement, Rachel croit habile de se laisser faire la cour – et peut-être un peu plus – par un dénommé Goureschi, qui disparaîtra de sa vie aussi vite qu'il y était entré. En tout cas, le stratagème doit avoir du bon puisque le marquis, soudain jaloux, demande sa main à Papa Félix qui n'en croit pas ses oreilles. L'assiduité de M. de Custine auprès de Rachel est d'autant plus surprenante que, jusqu'alors, le noble gentilhomme passait pour plus sensible aux charmes des jeunes gens qu'à celui des jeunes filles ; il devait ainsi jeter son dévolu sur Frédéric Chopin, sans d'ailleurs obtenir de celui-ci ce qu'il en espérait.

Quoi qu'il en soit, il faut croire que Rachel a su adopter le comportement qui convenait pour frapper au cœur le gentilhomme, puisque celui-ci, se trouvant alors à Berlin, entretient avec elle une correspondance abondante. Le marquis lui ayant demandé de ne plus le nommer « Monsieur » dans ses lettres, Rachel prend le ton de la vertu effarouchée pour lui répondre : « J'ai été bien malheureuse et je n'avais point d'ami ; j'ai maintenant un nom et les amis accourent... On ne s'occupe que trop de mes moindres démarches et comme on ne tient pas beaucoup compte à Rachel de son âge et qu'on la juge dans le monde comme au théâtre, je sens moi-même qu'il m'est impossible de ne pas donner quelque prise à la méchanceté, du moins je tâche de faire le mieux que je peux. »

Bien entendu, ce projet de mariage plutôt insolite n'aura pas de suite, ce qui n'empêchera pas Rachel et le marquis de demeurer d'excellents amis.

Quant au docteur Véron, toujours ignorant des incartades de sa belle amie, il continue de dormir sur ses deux oreilles... dans la mesure où les cornes qui ornent son front le lui permettent !

III

LE SUCCÈS SE CONFIRME

Les aventures amoureuses de Rachel nous ont parfois éloignés du récit de sa carrière ; nous allons donc en reprendre le fil, en observant toutefois que la vie professionnelle de la tragédienne est souvent mêlée à sa vie sentimentale et à sa vie mondaine. Efforçons-nous pourtant de les dissocier ; Rachel elle-même nous y invite puisqu'elle mena jusqu'au bout sa brève existence à un rythme infernal, l'artiste et la femme se confondant en elle sans que jamais son art souffrît de son appétit d'amour. Un aveu qu'elle fait à Samson et qui lui échappe comme un cri nous dit pourtant que le théâtre sera toujours son centre de gravité : « Renoncer au théâtre ? Mais ce serait renoncer à la vie ! »

Il est vrai que son succès auprès du public se confirme semaine après semaine ; sa présence à l'affiche est synonyme de record de recettes, ce qui ne manque pas de chatouiller l'appétit de son père. Quand il voit les files de spectateurs s'allonger devant la Comédie-Française, les soirs où sa fille s'y produit, quand il entend les acclamations qui saluent ses sorties de scène, le cher Jacques calcule l'argent qu'il perd tant que sa progéniture ne voit pas son traitement augmenter en conséquence de son succès. Aussi vient-il pleurer dans le gilet de Samson pour qu'il intervienne, mais il se fait sèchement rabrouer : « Je donne des leçons de théâtre, pas de chicane ! » lance-t-il. Le ressentiment du père Félix contre le professeur de sa fille a pris certainement ses racines dans ces discussions de chiffonnier.

Cependant, Rachel poursuit son ascension ; comme pour *Horace*, ses créations dans *Cinna*, *Tancrède*, *Mithridate* ou *Andromaque* lui valent une nouvelle moisson de lauriers et à chacune de ses victoires correspond son ambition de se surpasser encore davantage. Manifestation d'orgueil ? Sans aucun doute mais l'accomplissement de soi, la conquête de la gloire peuvent-ils se réaliser sans que l'orgueil y trouve sa part ? C'est encore ce sentiment qui va pousser Rachel à accepter, fin 1838, le rôle de Roxane dans *Bajazet*. La gageure est de taille ; jamais le personnage n'a été interprété par une si jeune artiste, n'ayant, de surcroît, qu'une année d'expérience professionnelle. Autour de Rachel, nombreux sont ceux qui lui prédisent un échec ; nombreux aussi sont ceux qui s'en réjouissent par avance. La constance – on a envie d'écrire l'insolence – de son succès ne lui vaut pas que des amitiés dans ce « panier de crabes » qu'est une troupe permanente. Mlle Mars, entre autres, qui au début l'a portée aux nues, s'aperçoit à présent de la différence des recettes qu'elles réalisent et en tire les plus fâcheuses conclusions. Comme son âge lui interdit de lutter avec sa jeune rivale, elle a recours à l'arme classique des comédiennes « sur le retour » : la perfidie. Vaincue sur scène, elle espère prendre sa revanche en coulisses. Et la voici qui affirme que le succès de Rachel sera éphémère, que cette étoile est une étoile filante et que son répertoire se limite à un petit nombre de personnages. En même temps, elle fait travailler fébrilement une de ses élèves, du nom de Maxime, dans l'espoir de la voir supplanter Rachel. Cette tentative sombrera dans le ridicule.

Autre sociétaire en renom, Provost a pris ombrage de la réussite de la nouvelle venue. Un jour, à l'issue d'une répétition d'*Andromaque*, il lui déclare que le personnage d'Hermione qu'elle incarne n'est décidément pas pour elle et lui conseille de « retourner vendre des bouquets dans la rue comme elle le faisait jadis ». Sur le moment, Rachel ne réplique pas, mais le lendemain soir, à l'issue de la représentation, elle ramasse toutes les fleurs qu'on lui a jetées et, les apportant à son « camarade », elle lui lance : « J'ai suivi votre conseil, monsieur Provost ; je vends des bouquets. Voulez-vous m'en acheter ? »

Comme on le voit, en dépit de son jeune âge, Rachel est déjà de taille à faire front devant les cabales. Cependant, les répétitions de *Bajazet* se déroulent dans une atmosphère lourde, presque hostile. Vedel, le directeur du Théâtre-Français, est ouvertement critiqué pour avoir confié un tel rôle à une quasi-débutante. Ce climat, heureusement, ne décourage pas Rachel. Au contraire, elle travaille son rôle avec ardeur, avec une sorte de rage même, tant elle entend remettre ses détracteurs à leur place. Et le vendredi 23 novembre 1838, le rideau se lève devant une salle vibrante de passion. À son entrée, Rachel est longuement applaudie comme d'habitude, mais elle n'en mène pas large, car elle devine qu'au milieu d'un public plutôt bien disposé, elle a aussi de nombreux ennemis qui guettent sa chute avec impatience. Cette atmosphère n'est pas sans influence sur son jeu ; sa voix – cette voix au pouvoir magique – n'exerce pas son emprise coutumière sur l'assistance.

À l'issue de la représentation, Rachel tombe en pleurs dans les bras de Vedel ; elle s'est trouvée mauvaise et cette opinion est encore renforcée par certaines rumeurs. Au foyer, Janin, n'ayant toujours pas reçu la « récompense » qu'il espérait, plastronne en affirmant qu'il avait prévu cet échec. En revanche, Musset, Custine, Mme de Girardin et quelques autres tressent des lauriers à la jeune artiste. Quant à celle-ci, elle est incertaine sur ce qu'elle doit faire ; doit-elle accepter de tenter une nouvelle épreuve, comme le souhaite Vedel ? Son père y est farouchement opposé ; il redoute qu'à une altération de la popularité de sa fille corresponde... une diminution de son traitement ! Le lendemain, Jacques Félix vient trouver le directeur de la Comédie-Française pour lui annoncer qu'il interdit à sa fille de rejouer *Bajazet* ; mais Vedel le prend de haut et annonce à son interlocuteur que si Rachel n'obtempère pas à ses ordres il prélèvera sur son traitement la somme nécessaire au remboursement du public. Une menace qui, on s'en doute, ne saurait laisser Félix indifférent.

Trois jours plus tard paraît l'article de Janin qui, comme on pouvait le prévoir, éreinte copieusement la jeune actrice. Cet article, loin de décourager cette dernière, réveille au contraire son esprit combatif. Commentant les propos de Janin, elle déclare : « Il m'habille joliment, mais c'est une raison de plus pour me montrer. »

Les réactions de certains de ses amis l'y encouragent également. Ainsi, Mme de Girardin, l'épouse du tout-puissant directeur de *la Presse*, qui écrit dans le journal de son mari : « Ses détracteurs prétendent que son immense succès est une affaire d'association nationale. "Mademoiselle est juive – disent-ils – et chaque fois qu'elle joue la moitié de la salle est occupée par ses coreligionnaires." Cela est vrai et nous ne pouvons nous empêcher d'admirer cette belle union de tout un peuple qui se parle et se répond d'un bout du monde à l'autre... Quoi qu'il en soit, par son génie, Mlle Rachel obtient un succès mérité, les triomphes factices n'ont pas cet ensemble ni cette durée. Nous entendons chaque soir vanter la jeune tragédienne par des vieux messieurs qui ont vu Talma et qui ne sont pas juifs du tout. »

Même son de cloche chez Musset qui, quelques jours plus tard, réfute avec une ironie cinglante l'opinion des critiques. Là-dessus, nouvelle colère de Janin qui fait au poète une réponse fort peu amène. Aussitôt Musset se lance à la recherche de son contradicteur dans tous les lieux publics où il pense le rencontrer, mais Janin demeure introuvable. Alors Musset lui adresse quelques lignes qu'il rend publiques : « Vous m'avez fait une réponse qui n'a ni mesure ni convenance, votre article est grossier. Littérairement, vous êtes un enfant à qui il faudrait mettre un bourrelet, et personnellement un drôle à qui on devrait interdire l'entrée du Théâtre-Français. »

Après quoi le poète indique au journaliste qu'il est prêt à lui rendre raison de ses propos, mais Janin, prudemment, ne relève pas l'invitation et préfère arrêter là la polémique. D'ailleurs, entre-temps, a eu lieu la seconde représentation de *Bajazet* et le triomphe qu'y a remporté Rachel rend vaines à présent toutes les malveillances. De même, elle a reçu le soutien inattendu de Sainte-Beuve, ravi de pouvoir donner libre cours à sa célèbre mauvaise langue qui, pour une fois, s'exerce à bon escient : « Janin

– écrit-il – à l'endroit de Rachel ne compte pas (entre nous et ne le dites pas), mais c'est affaire d'argent et de lit ; si elle lui faisait pension ou si elle avait fait litière quelconque, l'animal ne brairait plus, car plutôt brairait sur une autre gamme. Janin est décrié, surtout à l'endroit de Rachel. »

Mais ce qui fait taire les envieux et transforme en éloges dithyrambiques les critiques qui ont suivi la première, c'est Rachel elle-même, sublime en cette soirée du 26 novembre. D'abord accueillie avec moins de bravos que d'habitude, elle impose tout de suite sa présence. À mesure que l'action se déroule, sa puissance d'émotion bouleverse l'assistance et quand le rideau tombe, à la fin de l'acte V, la salle se dresse d'un seul élan et lui fait un succès qui touche au délire, tandis que la scène disparaît sous une pluie de fleurs. Très émue, Rachel salue le public durant de longues minutes et, rentrée dans sa loge, elle savoure son triomphe, sans perdre pour autant un équilibre étonnant pour une fille de son âge, ainsi qu'elle le démontre dans cette lettre adressée à son ami Custine : « ... Malheureusement ce succès ne durera pas toujours. Le public, qui aujourd'hui est si bon pour moi, demain peut-être en aimera une autre, et faut-il que je vous le dise ? Eh bien, je suis jalouse et s'il me quittait, j'en mourrais ! »

Mais le public ne semble pas près de la quitter ; les recettes de *Bajazet* battent tous les records et Rachel va en recueillir sa part, ce qui n'est que justice. Ses appointements, déjà doublés au mois d'octobre, sont portés à vingt mille francs par an, ce qui ne semble pas exagéré à Stendhal qui – à son tour – s'est rangé résolument parmi les admirateurs de l'actrice. Comme il le clame à tous les échos : « Elle a un génie qui me confond d'étonnement toutes les fois que je la vois jouer ; il y a deux cents ans que l'on n'a pas vu pareil miracle en France. »

Bérenger, pour sa part, n'est pas moins enthousiaste, et analyse avec lucidité le « phénomène » Rachel : « J'ai passé une soirée de grand salon à étudier ce phénomène dramatique – explique-t-il à l'un de ses amis – que j'ai tout d'abord admiré passionnément au théâtre. Jamais femme n'a dit la tragédie comme cela. Elle n'est pas encore aussi grande actrice que Talma fut grand acteur, mais elle dit mieux que lui, qui pourtant disait si bien. Et puis quel événement littéraire ! Corneille et Racine ressuscités, devant un public naturellement empressé à courir voir un grand miracle, et ce public, sur qui les vieux chefs-d'œuvre font plus d'effet que les ouvrages nouveaux ! »

La personnalité de Rachel s'enrichit à mesure que son succès s'affirme. Nous savons déjà qu'elle possède un don d'assimilation quasi miraculeux qui lui permet de pallier son ignorance originelle en saisissant au vol, dans les conversations de ses amis, tout ce qu'elle n'a jamais appris. De même, elle feuillette des livres, cueillant ici et là des phrases qui lui permettront de briller dans le monde. Seule son orthographe présente encore de sérieuses lacunes, mais là encore son esprit pratique lui souffle un ingénieux stratagème ; lorsqu'elle doit écrire à un personnage important, elle demande à l'un de ses admirateurs du moment de rédiger la lettre à sa place. Ses amoureux n'ont pas l'exclusivité de cette charge ; pendant plusieurs années son « épistolier » favori sera un avocat célèbre, Adolphe Crémieux, qu'elle considère comme son deuxième père et auquel elle fait appel sans gêne ni retenue. Pour enjôler « papa Crémieux », comme elle le nomme, elle sait s'y prendre et le brave homme n'y résiste pas. Sûre de son pouvoir sur lui aussi bien que sur son épouse, pour faire pardonner ses défaillances elle use de la plus exquise des mauvaises fois ou simule la plus touchante des contritions. Cette lettre est un exemple de son habileté : « Oh, pour cette fois, je suis coupable, bien coupable, mais voyez combien j'ai de l'amour-propre ; je ne puis pas croire que vous m'en punirez et pourtant je mérite tous les châtiments les plus durs que Dieu a inventés, mais non celui de perdre votre amitié, car il faut punir, mais non tuer. J'attends un petit mot de réponse avec la plus vive impatience. Celle qui vous aime quand même. »

Séduits par la grâce de la jeune fille autant que par son intelligence primesautière, les époux Crémieux ont tout de suite adopté Rachel et entrepris de lui apporter ce que ses propres parents sont dans l'incapacité de faire : leur culture, leurs relations, et aussi une affection dépouillée de toute considération matérielle. Juriste renommé, né en 1796, Adolphe Crémieux est originaire d'une vieille famille juive de Provence ; en 1870, il sera ministre de la Justice dans le gouvernement de Défense nationale. Au foyer des Crémieux, Rachel se sent comme chez elle, Mme Crémieux s'étant prise pour elle d'une vraie tendresse maternelle. De surcroît, dans le salon de ses amis elle a l'occasion de rencontrer des personnages importants et de faire son profit de leur exemple. Ces lignes, qu'elle adressera quelques années plus tard à Raphaël, son petit frère bien-aimé, témoignent de la lucidité avec laquelle elle jugeait son propre cas : « Une femme peut arriver à une position honorable, estimable et convenable, sans peut-être ce vernis que le monde appelle à juste titre l'éducation ; pourquoi cela, me demanderas-tu ? C'est qu'une femme ne perd pas de son charme, au contraire, en gardant une grande réserve de maintien, de langage ; une femme répond et n'interroge pas ; elle n'ouvre jamais une discussion, elle l'écoute. Sa coquetterie naturelle lui fait désirer de s'instruire ; elle retient et, sans avoir eu un commencement solide, elle a alors le vernis qui peut passer pour de l'instruction. »

Ce vernis, précisément, elle a su l'acquérir et, en attendant d'y être parvenue, elle a su éviter les gaffes et garder le silence lorsque s'engageait devant elle une discussion dont son manque de connaissances lui interdisait l'accès. En veut-on encore un exemple ? Lorsque Scribe écrit pour elle sa pièce *la Czarine*, elle ignore évidemment tout de l'histoire de la Russie. Alors, pour approfondir le personnage qu'elle doit incarner, elle consulte la *Biographie universelle* et bientôt elle en sait autant sur celle qui fut la première impératrice de Russie qu'un historien chevronné, ce qui amènera de sa part cette réflexion non dépourvue d'ironie ni de réalisme : « N'est-ce pas ainsi que bien des gens dans le monde, sans excepter celui des lettres, font de la science. Ils possèdent une *Biographie universelle*. Retenir quelques vieilles dates avant l'ère de Jésus-Christ ; avec cela, savoir par cœur une douzaine de mots des dernières pages du dictionnaire français, mots un peu difficiles à prononcer, vous voilà mis au rang des gens les plus lettrés, et dignes, à quelque fautes d'orthographe près, d'entrer à l'Académie. Voilà les ignorantes de mon espèce. »

Guidée par un instinct sûr, Rachel évite donc de tomber dans les pièges de toute sorte qui guettent les jeunes femmes montées trop vite au mât de la popularité. Son sens du théâtre, sa science des attitudes viennent compléter sa finesse naturelle et diriger son comportement dans sa vie mondaine. Ce qui ne l'empêchera pas parfois de commettre quelque bévue due à son jeune âge. Ainsi, une fois, revenant d'une promenade en calèche aux Champs-Élysées dans la voiture d'une duchesse de ses relations, pour remercier la grande dame du plaisir qu'elle lui a procuré Rachel n'hésite pas à lui jouer « la grand'scène du II ». De retour dans l'hôtel particulier de la duchesse, elle s'agenouille devant elle et, des larmes dans la voix, lui témoigne sa reconnaissance sur un ton mélodramatique. La duchesse est très émue, sa fille également, tandis que Rachel, après un dernier geste d'adieu, s'éloigne, majestueuse. Arrivée à la porte du salon, elle se dépouille alors de sa panoplie de petite fille bien sage et, pour se soulager de la contrainte qu'elle a observée jusque-là, lance en direction de son hôtesse un geste fort peu respectueux. Ce dont elle ne s'est pas rendu compte c'est qu'une grande glace la reflète complètement et que la duchesse a tout vu ! Stupéfaction de la dame et de sa fille qui manquent s'évanouir d'indignation, tandis que Rachel s'éclipse prestement.

Ce genre de faux pas est exceptionnel, répétons-le, et Rachel est de plus en plus recherchée par l'aristocratie, aussi bien celle de l'Ancien Régime que celle plus récente des bonapartistes et des orléanistes. Ainsi, par la seule magie de sa présence, elle réunit dans un même sentiment les salons du faubourg Saint-Germain et ceux du faubourg Saint-Honoré. Peu après son triomphe dans *Bajazet*, elle est conduite à l'Abbaye-aux-Bois, chez l'illustre Mme Récamier. Comme bien d'autres, la « belle dame au canapé » tombe sous le charme de la tragédienne et l'invite à plusieurs reprises. Lors d'une de ses visites, Chateaubriand est présent. Devant lui et un aréopage de quelques privilégiés, Rachel récite *le Songe d'Athalie* avec une telle puissance d'émotion dans la voix que l'auteur du *Génie du Christianisme* ne peut dissimuler son admiration :

– Quel dommage, mademoiselle – lui dit-il – de voir naître de telles choses au moment où l'on va mourir.

À quoi, Rachel réplique avec beaucoup d'à propos :

– Monsieur, il y a des hommes qui ne meurent jamais.

Ajoutons au passage que l'illustre maître s'était montré trop pessimiste dans son pronostic, car il lui restait encore près d'une dizaine d'années à vivre !

En même temps que s'opère dans l'esprit de Rachel la plus remarquable des métamorphoses, on peut observer une mutation du même ordre dans son physique. Alors qu'à seize ans, comme on l'a vu, les portraits qu'on fait d'elle ne dissimulent pas une certaine laideur, deux ans plus tard tout le monde s'accorde pour la trouver jolie. Est-ce surtout là l'effet de sa gloire qui la fait paraître belle aux yeux de ses contemporains ?

Édouard Devrient, acteur et metteur en scène allemand, de passage à Paris, s'est précipité à la Comédie-Française pour la voir dans *Bajazet* ; voici ce que furent ses impressions qu'il rapporta à un ami : « Parlons de Rachel dans Roxane ; une taille souple et élancée ; un visage d'une grande jeunesse qui me fit penser à un portrait mauresque ; le nez rond, légèrement resserré entre les deux yeux ; la partie inférieure du visage un peu en avant ; la bouche petite, les sourcils quelque peu surélevés, son visage est animé par une intelligence magique qui excite un intérêt plus puissant que cent autres femmes plus belles... Elle paraît extrêmement jeune, à peine formée, comme si elle sortait de pension ; cependant, elle montre en elle quelque chose d'achevé, une personnalité, une conscience de sa supériorité... Il suffit de la regarder pendant quelques instants pour se rendre compte de sa particularité. Le front, le nez, le menton tout est délicat dans la forme, et pourtant, l'ensemble des traits a quelque chose de mordant et de résolu. L'œil brun clair, d'un éclat presque inquiétant, semble dire aux gens avec son regard scrutateur : "Attendez un peu, je vais vous lancer quelque chose." »

Il est vrai que plus les jours passent, et plus Rachel acquiert cette assurance qui est la marque des fortes personnalités. Elle se dégage peu à peu des influences qui ont régi son existence jusqu'à présent, à commencer par celle de son père, dont elle a bien du mal à supporter l'autorité. Félix, de son côté, entend bien conserver le gouvernement de cette source de revenus que représente sa fille. Ce désir va le conduire à la pire des maladresses : la Comédie-Française ayant proposé à Rachel l'accession au sociétariat, son père émet des prétentions financières exorbitantes dont la presse parisienne se fait l'écho. Samson est outré et ne cache pas à Félix ce qu'il pense de sa conduite. Une dispute violente éclate à l'issue de laquelle le professeur interdit à Félix de jamais reparaître chez lui.

Rachel est désespérée ; elle sait ce qu'elle doit à l'enseignement de Samson, à sa tendresse paternelle également. Tiraillée entre son père et son maître, elle confie à son fidèle ami Custine les tourments de son cœur : « Je n'avais confiance qu'en M. Samson – lui écrit-elle – Je lui dois tout ; il m'a reçue misérable, il m'a fait ce que je suis ; il ma traitée comme sa fille, sa famille était la mienne ; maintenant j'ai tout perdu... Je ne puis m'élever seule, je suis trop inexpérimentée, trop jeune... M. Samson avait un esprit si lumineux ; il m'éclairait sans jamais me gêner. Je vous le répète, j'ai tout perdu en perdant M. Samson. »

Comme pour donner raison à ces sombres pensées, dans son interprétation d'*Esther*, dont le Théâtre-Français a affiché la reprise, elle est moins convaincante qu'à son habitude et la critique, comme le public, se montre plus réservée à son égard. Il est vrai que l'absence de son professeur et de ses conseils s'est fait sentir. De son côté, Samson souffre de cette rupture et Mme Samson, qui s'est beaucoup attachée à elle, également. Seule une question d'orgueil empêche une réconciliation. Rachel, de son côté, est très malheureuse ; quand elle travaille un nouveau rôle, elle se sent perdue ; mais, plus encore que sur le plan professionnel, c'est sur le plan affectif qu'elle ressent les effets de la séparation. Et voici qu'à la Comédie-Française, Vedel a décidé une reprise de *Polyeucte*. Qui peut interpréter le personnage de Pauline, si ce n'est Rachel ? Mission exaltante, mais combien périlleuse pour une jeune personne de dix-neuf ans, que celle qui consiste à traduire le trouble d'une âme en présence de Dieu. Comment la tragédienne pourra-t-elle y parvenir sans celui qui a guidé ses pas jusqu'à présent ? La lettre qu'elle adresse à Samson en ce mois de décembre 1839 reflète à la fois sa détresse et sa solitude : « Jamais je n'oublierai tout ce que vous avez fait pour moi. Je dirai partout que s'il est vrai que je suis quelque chose aujourd'hui, c'est à vous que je le dois. Mes sentiments pour vous sont toujours les mêmes et ne changeront pas. Je me flatte que vous n'attendrez pas pour revenir à moi que j'aie besoin de vous comme vous le dites dans votre épître en vers[1]... Si le ciel m'entend, qu'il me rende dans votre cœur la place que je n'ai pas mérité de perdre... Il va de soi que j'accepterai de devenir sociétaire comme votre amitié semble le désirer[2]... »

Samson a déjà fourni à Rachel de nombreuses preuves de son attachement ; malgré le juste ressentiment qu'il éprouve pour son père, il ne résiste pas à l'appel au secours qu'elle lui adresse et l'invite à venir le retrouver. Le « retour de l'enfant prodigue » a lieu un dimanche. En présence de son maître, Rachel pleure beaucoup. Elle n'est pas la seulc : Mme Samson, les filles Samson, Samson lui-même, y vont de leurs larmes... Après quoi on passe aux choses sérieuses et le professeur met sur le chantier la préparation de *Polyeucte* que son élève doit jouer au printemps prochain.

Avant de tenter cette nouvelle aventure, Rachel voit sa situation avec la Comédie-Française enfin réglée à des conditions extrêmement avantageuses pour elle... ou plutôt pour son père ! Après des semaines de discussions qui font penser à celles des maquignons, Félix obtient pour sa fille un traitement annuel de soixante mille francs, assorti de trois mois de congés annuels également, qui permettront à Rachel d'honorer de fructueux contrats en province et à l'étranger. Il a raison d'en profiter, le père Félix ; l'année prochaine, elle sera majeure et pourra enfin recueillir le salaire de sa gloire. Comme on l'a vu plus

1. Après leur rupture, Samson avait rédigé une *Épître à Mademoiselle Rachel* où, en cent quatre-vingt-douze vers, il prodiguait à la jeune fille les conseils les plus judicieux.

2. Cité par Sylvie Chevalet dans *Rachel*, Éditions Calmann-Lévy, 1992.

haut, Rachel aspire souvent à se délivrer de cette tutelle paternelle, non que ses liens avec sa famille se soient distendus, mais sa nature indépendante, son goût de la liberté s'accommodent mal des contraintes, quelles qu'elles soient, d'où ces projets matrimoniaux qui lui traversent l'esprit, auxquels il a déjà été fait allusion. Revenons-y pour un instant, car ils suscitèrent dans la presse de nombreux échos durant l'existence de l'artiste. Pour la plupart, il s'agissait de rumeurs sans fondement, qui faisaient partie de ce « folklore » amoureux qui accompagne par tradition la vie des vedettes du spectacle.

On va donc fiancer Rachel successivement à un grand d'Espagne, deux ou trois députés, un pair de France, etc. ! Rachel elle-même, au printemps de 1839, semblait avoir porté son choix sur un journaliste influent, le directeur du *National*, Albert Degouve-Dennucques. En vérité, l'homme correspondait fort mal à la personnalité de Rachel. La mine grave, l'air compassé, il nourrissait pour lui-même une profonde estime qui se reflétait dans son comportement. Il n'en fut pas moins agréé par la tragédienne et sa famille, et le dîner de fiançailles se déroula dans un restaurant à la mode, le Rocher de Cancale. Mais revenue à la maison, Rachel éclata en sanglots et supplia sa mère de rompre un projet qui soudain lui faisait horreur : l'aspect solennel de son « fiancé » qui, d'abord, l'avait impressionnée, semait à présent en elle un ennui incoercible.

Si l'on ajoute à toutes ces velléités de mariage la demande du marquis de Custine, on voit que le petit cœur de Rachel avait, si l'on ose dire, « du pain sur la planche ». Avant même qu'elle ait entamé quelques-unes des liaisons qui feront entrer sa vie amoureuse dans la légende, une kyrielle de candidats se présente, tous également attirés par le pouvoir de séduction de Rachel. L'un de ses plus fidèles amis, Alfred Pourchel, analysait cette étrange attraction en ces termes : « Les vieillards, comme les jeunes gens, enviaient un regard de la jeune fée qui les attirait, souvent sans s'en douter, dans un cercle magique. Ses amis les plus graves se défendaient avec peine de devenir ses courtisans, et ses familiarités d'enfant, une heure après qu'elle avait tiré des acclamations frénétiques de trois mille poitrines, avaient un charme irrésistible. »

Tout en semant les désirs sous ses pas – et en ne les repoussant pas toujours – le grand amour de Rachel demeure le théâtre. Sous la conduite de Samson, elle travaille fébrilement son rôle dans *Polyeucte*, attendant à la fois avec griserie et angoisse le moment de montrer au public un nouvel aspect de son talent. Enfin, le 15 mai 1840, ce moment est arrivé. Rachel donne du personnage de Pauline une version que personne avant elle n'avait imaginée. Pour atteindre aux effets qu'exige ce rôle exceptionnel, elle n'a recours à aucun artifice ; une fois de plus, elle laisse parler son cœur et son langage simple, dépouillé, apporte à la pièce une profondeur qu'elle n'avait jamais eue jusque-là. Ce rôle de Pauline, elle le retrouvera souvent au cours de sa carrière, tant son interprétation avait frappé les esprits. Il devait par ailleurs avoir pour Rachel une autre conséquence, assez inattendue, qui met une fois de plus en relief son sens de l'à-propos.

Si le public bien-pensant, celui du faubourg Saint-Germain notamment, réserve un accueil chaleureux à chaque apparition de Rachel sur scène, il est un point qui « chatouille » désagréablement l'épiderme de ces messieurs et de ces dames de la haute société : son appartenance à la religion juive. Le fond d'antisémitisme ancestral qui est en eux vient ternir un peu le plaisir de ses admirateurs. De même, dans la presse, il n'est pas rare que, de manière plus ou moins perfide, il soit fait allusion à ses origines. Ah, si seulement Rachel acceptait de se convertir, comme tout le monde serait content ! Son identification si parfaite avec l'héroïne de *Polyeucte*, la conviction qu'elle apporte dans sa profession de foi religieuse, notamment lorsqu'elle clame le vers fameux :

« Je vois, je sais, je crois, je suis désabusée... »

Tout cela laisse penser que la tragédienne est peut-être prête à abjurer la croyance de ses pères. C'est en tout cas ce que supposent ceux qui souhaitent ardemment qu'il en soit ainsi. Cet espoir va donner naissance à un petit complot dont la puérilité surprend de la part de ceux qui le fomentent et dont Rachel va se tirer avec esprit.

Pendant qu'elle joue *Polyeucte* sur la scène du Français, Chateaubriand lui fait savoir qu'il serait heureux de l'entendre dans un extrait de la pièce. Bien entendu, il n'est pas question que l'illustre vieillard se déplace jusqu'au théâtre, aussi est-il convenu que la tragédienne se rendra à l'Abbaye-aux-Bois et qu'elle déclamera les vers de Corneille dans le salon de Mme Récamier. Elle se montre ravie de l'aubaine et ne se doute pas un instant de la conspiration dont elle est l'objet. Le mécanisme de cette conspiration a été réglé comme un mouvement d'horlogerie : au moment où Rachel dira les vers cités plus haut, la porte du salon s'ouvrira et l'archevêque de Paris en personne fera son entrée. Les organisateurs du complot sont certains que la présence du haut dignitaire de l'Église, coïncidant avec l'exaltation de Rachel au moment le plus pathétique de l'action, ne manquera pas d'impressionner la jeune fille et qu'il sera alors possible de lui arracher la conversion tant désirée.

Voici donc Rachel devant un aréopage où trône le maître, jouant sa scène avec cette simplicité pathétique dont elle a le secret, mais au moment où elle lance le cri attendu la porte du salon demeure close : comme on dit au théâtre, l'archevêque a raté son entrée ! Il survient quelques instants plus tard, désolé de son retard. Pour rattraper l'effet perdu, Mme Récamier prie la jeune fille de redire sa tirade. C'est sans compter avec la subtilité de Rachel qui devine soudain le piège qui lui était tendu. Avec un sourire candide, s'adressant au prélat, elle lui propose :

– Monseigneur, s'il plaît à Votre Éminence, je lui réciterai la prière d'*Esther* ?

D'un seul coup, elle a renversé la situation à son profit et fait entendre à l'assistance qu'elle demeurait fidèle à sa religion. Beau joueur, l'archevêque fait contre mauvaise fortune bon cœur et, après l'avoir écoutée, déclare à la jeune artiste :

– Mademoiselle, nous autres, prêtres du Seigneur, nous n'avons pas souvent le plaisir d'approcher de grands artistes. J'aurai eu cependant deux fois cette bonne fortune dans ma vie : à Florence, dans un salon, j'ai entendu Mme Malibran, et je devrai à Mme Récamier d'avoir pu entendre aujourd'hui Mlle Rachel... Pour dire si bien de si beaux vers comme vous venez de le faire, il faut éprouver tous les sentiments qu'ils expriment, n'est-il pas vrai ?

Rachel a parfaitement saisi le sous-entendu et réplique du tac au tac :

– C'est ce que je crois, monseigneur.

Belle réponse, propre à satisfaire un père de l'Église... avec cette nuance que la croyance de la jeune fille n'est pas celle de l'archevêque !

Tout de suite après *Polyeucte*, Rachel fait sa première infidélité au théâtre classique en jouant dans une reprise de *Marie Stuart*, de Lebrun. Ce qui lui donne l'occasion de démontrer qu'elle est aussi à l'aise dans un répertoire différent de celui dans lequel elle s'est illustrée jusqu'à présent. Et pourtant, là encore, elle est l'objet d'un complot. Mais celui-ci est provoqué par la jalousie que suscite son succès chez certains sociétaires. Mlle Mars – qu'on continue de nommer « mademoiselle » bien qu'elle soit à présent une demoiselle sur le retour – a saisi l'occasion de lui opposer une rivale ; elle a fait attribuer le rôle de la reine Elisabeth à l'une de ses élèves, Mlle Maxime, qu'elle faisait travailler depuis longtemps dans l'espoir qu'elle supplanterait un jour Rachel dans le cœur du public. Que les temps ont changés depuis l'époque où la même Mars proclamait la nouvelle venue comme l'astre qui se levait sur la tragédie classique !

L'épreuve va tourner à la confusion de celle qui l'a provoquée. Rachel, avec sa finesse habituelle, a perçu le défi. Du coup, ses moyens se trouvent décuplés ; elle joue son personnage avec une vigueur, une passion, une conviction qui font apparaître bien pâle la pauvre Mlle Maxime. La malheureuse ne se relèvera pas de son échec, tandis que Rachel a glané un nouveau triomphe.

Ainsi, comme en témoignent les recettes qui sont au zénith à chaque fois qu'elle est à l'affiche, le succès de Rachel auprès du public ne se dément pas plus qu'elle ne laisse apparaître le moindre fléchissement dans ses diverses interprétations. Cette intégration absolue à son art est d'autant plus étonnante que, la plupart du temps, elle ne connaît des pièces qu'elle joue que ses propres rôles et les répliques de ses partenaires qui s'y rapportent. Quand Adolphe Crémieux, son maître à penser, va découvrir cette incroyable lacune, il n'en croira pas ses yeux. C'est Rachel elle-même qui va la lui dévoiler. Elle lui rapporte qu'à un dîner, la veille, son voisin de table l'avait entretenue de la mort de Curiace en insistant sur les vers fameux :

Que vouliez-vous qu'il fît contre trois ? Qu'il mourût !
Ou qu'un beau désespoir alors le secourût.

Bien qu'elle eût joué souvent *Horace*, Rachel n'avait jamais eu la curiosité de lire la pièce en entier et elle avait observé un silence prudent lorsque son interlocuteur avait commenté ce « qu'il mourût », dont elle ignorait la signification.

Interloqué, le brave Crémieux se met en devoir aussitôt de lui raconter l'histoire d'une pièce qui, depuis deux ans, lui avait valu les plus vibrants éloges. Un peu plus tard, il lui expliquera de même le sujet de *Phèdre* qu'elle s'apprêtait à jouer... en prenant d'infinies précautions pour que le postulat de l'œuvre, un peu scabreux, ne troublât pas l'innocence de la jeune fille !... Ce bon M. Crémieux est décidément bien naïf. Il est vrai que Rachel s'y entend comme personne pour jouer les ingénues... tout en continuant de ne pas résister à la « tentation » du moment. Il faut croire que le docteur Véron pas plus qu'Alfred de Musset ne suffit à apaiser sa « curiosité ». Ainsi vient-elle de rencontrer un nouvel amoureux en cette fin d'année 1839, dont malheureusement l'identité ne nous a pas été révélée mais qui, si l'on en croit la confidence que Rachel fait à sa sœur Sarah, n'est ni plus ni moins que « l'homme de sa vie ». Heureusement, si Rachel, comme chacun de nous, n'a qu'une seule vie, de nombreux hommes auront le privilège de l'occuper et, à chaque fois, la tragédienne sera convaincue que c'était celui-ci qu'elle attendait et pas un autre.

En tout cas, amoureuse ou pas, Rachel va devoir se séparer de son préféré du moment, car son père a signé pour elle un fructueux contrat avec le théâtre des Arts, à Rouen, au mois de juin 1840, où elle va donner des représentations d'une des œuvres les plus fameuses du père de la tragédie française, qui est en même temps sa pièce mascotte : *Horace.* Naturellement, Papa et Maman Félix accompagnent leur précieuse progéniture et remarquent qu'elle est d'humeur morose. La raison ? La séparation d'avec l'élu de son cœur. D'autant que celui-ci ne donne plus de ses nouvelles en dépit des billets passionnés qu'elle lui adresse. Cet abandon la jette dans un désespoir spectaculaire – ce qui est la moindre des choses pour une tragédienne –, un désespoir qu'elle confie à un fidèle ami : « Je n'ai presque pas la force de vous écrire ; l'ennui me tue ; j'ai du succès, il est vrai, mais pas un seul ami... Il me semble que je préférerais la mort à cette vie que je traîne comme un forçat traîne sa chaîne. Priez pour la pauvre Rachel, elle est à plaindre, non à blâmer. »

Les malheurs de la « pauvre Rachel » ne sont pas terminés ; lorsqu'elle regagne Paris, l'inconnu se montre toujours aussi réticent. Il a appris qu'il partageait les faveurs de la belle avec Véron et avec Musset, et il n'a pas apprécié cette « communauté de biens ». Rachel ne se résout pas à la perte de cet amoureux si pointilleux ; mettant de côté son orgueil, elle le relance : « C'est donc la fin ? Qu'ai-je donc fait pour que vous soyez si méchant avec moi et que vous me laissiez ainsi sans nouvelles ? Vous ne voulez donc plus me voir ? Mais, par Dieu, répondez-moi ! C'est de la cruauté... »

Il doit être bien fâché, ce monsieur, car il ne répond pas plus à ce billet qu'il n'a répondu aux précédents. Alors, que va-t-elle faire, notre tragédienne ? Se jeter à l'eau, comme elle en a menacé l'infidèle dans un autre billet ? Elle préfère une autre solution, moins dramatique heureusement : elle le remplace ! À ce nouvel amant elle n'épargne pas non plus les démonstrations : « Toutes les tendresses de mes lèvres et de mon cœur... Et un bon baiser pour te faire prendre patience en attendant ceux de minuit... » lui promet-elle. Rachel possédera toujours la faculté de se consoler vite ; il est vrai qu'elle n'a qu'à puiser dans le « vivier » de ses admirateurs.

Il est certain que ses nombreuses pérégrinations amoureuses ne peuvent être ignorées de ses parents ; ceux-ci, que ce soit à Paris ou à Montmorency, surveillent étroitement leur fille, mais il semble que cette surveillance, étrangement, s'arrête aux limites de sa vie privée. Autrement dit, ils préfèrent fermer les yeux. Déjà à l'égard de Sarah, Jacques et Esther ont témoigné une tolérance qui frise la complaisance. Ils sont parfaitement au courant que l'activité artistique de leur fille aînée n'est qu'un alibi pour une autre activité, plus rémunératrice et moins absorbante. En ce qui concerne Rachel, pourquoi contrarier ses petites distractions dès l'instant où les distractions en question ne nuisent pas à sa carrière ? Un modus vivendi tacite s'est donc établi entre Rachel et ses géniteurs qui se contentent du bien-être matériel que leur fille leur procure sans chercher à en savoir davantage.

Durant son séjour à Rouen, Rachel a eu la preuve que son succès ne s'arrêtait pas aux portes de Paris et que le public de province était tout aussi sensible à son art que celui de la capitale. Elle est si fière de cette première victoire sur un nouvel auditoire qu'elle souhaite le faire connaître à certaines de ses relations parisiennes et, comme d'habitude, c'est au brave Crémieux qu'échoue la corvée de rédiger les lettres que Rachel recopiera ensuite et qui feront l'admiration de tous par la qualité de leur style et des idées qu'elles expriment. Pendant plus de deux années, le futur ministre joue ainsi les « nègres » auprès de la tragédienne, un rôle qu'il accepte de bonne grâce, tant Rachel sait comment s'y prendre pour le lui faire tenir :

« Le monde m'assiège ; il vient de toute impossibilité de vous embrasser encore une petite fois, je suis bien malheureuse, n'est-ce pas ? Mais je demande encore un petit service : Mademoiselle Déjazet m'écrit à l'instant une lettre charmante que je vous envoie ; une réponse de grâce, mais bien aimable, car je refuse son invitation, mais dites-lui bien que j'en suis désolée et que tout n'est pas perdu, ce sera pour une autre fois. Mais une lettre comme il y en a peu car elle la fera voir à toutes ses camarades. Mille baisers pour vous. »

Admirons au passage la dernière phrase. Rachel sera toujours soucieuse de sa réputation ; elle entend briller dans sa correspondance comme elle brille dans la vie et à la scène... même si c'est par plume interposée ! M. Crémieux est prié de s'appliquer !

Parfois, elle se rend compte qu'elle exagère peut-être avec ses sollicitations permanentes, alors elle laisse entendre que bientôt elle pourra voler de ses propres ailes : « Je vous accable bien, n'est-ce pas ? Mais encore quelques mois et j'écrirai tout cela moi-même. Mes études ne sont pas tout à fait achevées. J'espère que vous ne me laisserez pas en route. Je sais déjà accepter des dîners, bientôt viendront les soirées et mon tour du monde sera complet. »

Comment résister à des prières formulées à la fois sur le ton de l'innocence et celui de la coquetterie ? Adolphe Crémieux, qui a pourtant bien autre chose à faire, répond toujours présent à chaque nouvelle demande de sa petite amie. Certains ont voulu voir dans cette obligeance à répétition d'autres raisons que l'affection paternelle qu'il lui portait... Rien pourtant dans leurs rapports ne vient étayer semblable supposition. En étudiant la correspondance qu'ils échangent on ne trouve nulle trace d'une quelconque intimité ; jamais la jeune fille ne nomme son bienfaiteur autrement que « mon bon monsieur Crémieux », ou encore « papa Crémieux » et lui-même, bien qu'étant d'un quart de siècle plus âgé qu'elle, ne se permet pas la moindre familiarité. Ajoutons d'ailleurs qu'il n'est pas seul « de service épistolaire » auprès de l'actrice. Rachel a d'autres « fournisseurs », et pas n'importe lesquels : le comte Duchâtel, le ministre de l'Intérieur, l'abreuve de ses conseils, et le duc de Noailles s'est institué son professeur de littérature et de diction, fonctions qu'il partage avec le marquis de Custine.

Qu'on se figure ce qu'il y a de quasi miraculeux, au XIXe siècle, dans l'influence qu'exerce une petite Juive, qui n'a pas vingt ans, sur des personnages aussi importants...

D'autant que les hommes ne sont pas les seuls à subir le charme qui se dégage d'elle : Mme Duchâtel, Mme Crémieux, la duchesse de Berwick, la duchesse de Mouchy, la vicomtesse de Noailles font chorus. George Sand, venue l'entendre au Français, déclare que « seule la présence de Mlle Rachel sauve de la médiocrité l'ensemble de la représentation ». Oui, il y a vraiment un « phénomène Rachel » qui exerce ses sortilèges aussi bien sur le public que sur son entourage.

À Rouen – première expérience de la tragédienne hors Paris –, elle a donc fait sa moisson d'ovations, et aussi de gerbes de fleurs ; durant la représentation, elles n'ont cessé de pleuvoir sur la scène. Comme Rachel le rapportera à la comtesse Duchâtel, « les bouquetières sont dans le ravissement ». Mais son passage dans la capitale de la Normandie ne lui réserve pas que des moments agréables ; il va même se passer un petit drame, dû une fois de plus à l'irascibilité de son père.

En dépit du conflit qui les a opposés, Samson éprouve toujours la même tendresse pour son élève préférée ; il a décidé de faire le voyage de Rouen pour la voir jouer dans *Andromaque*. Mais en arrivant, le 12 juin, il rencontre à l'hôtel le père Félix et une violente dispute éclate entre les deux hommes, aggravée encore par les rumeurs propagées par la presse. Dès le lendemain, Rachel écrit à Mme Samson pour essayer de réparer le mal causé par son père : « Il n'y a pas de mot assez fort pour qualifier la conduite de mon père, affirme-t-elle. Il a osé me dire qu'il était impossible de défendre un homme, comme je défendais Monsieur Samson, sans être sa maîtresse. Je vous avoue qu'à ce mot, maîtresse, il me prit un rire nerveux qui fut accompagné de sanglots... Enfin, je perdais la tête. » Auprès de Mme Samson également, le terme de « maîtresse » passe mal, car il lui est arrivé parfois de se demander quelle était la nature exacte des sentiments que son mari nourrissait pour la jeune fille.

Malgré ce regrettable incident, deux jours plus tard Samson assiste à la représentation d'*Andromaque*, pour le plus grand bonheur de Rachel, qui l'en remercie aussitôt : « On ne m'a pas jeté de couronne aujourd'hui, mais je suis contente. Vous m'avez applaudie ; je vous ai vu car je ne vous quittais pas des yeux. Si ma représentation a été plus satisfaisante que l'autre jour, c'est encore à vous que je le dois. Vous voyez donc bien que, quoi qu'il arrive, je ne puis vous quitter. »

Parmi les spectateurs qui sont venus applaudir Rachel, il y a un jeune apprenti journaliste de dix-neuf ans qui, à cette occasion, va rédiger sa première chronique. Il a assisté à la représentation de *Bajazet*, qui clôturait les prestations de Rachel à Rouen, et il est sorti ébloui du théâtre des Arts, comme il le rapporte dans son article : « Mademoiselle Rachel, hélas, a pris congé de nous, hier soir. L'adieu que nous lui avons donné, triste pour tous, était plein d'enthousiasme et de regrets. On l'a rappelée comme de coutume, on lui a jeté des couronnes ; les plus rustres se sentirent émus, les plus grossiers étaient touchés ; les femmes applaudissaient ; dans les loges, le parterre battait de ses mains sans gants, la salle trépignait, et à l'heure où je vous écris ceci à la hâte, j'en suis encore tout troublé, tout ravi. J'ai encore la voix de la grande tragédienne dans les oreilles et son geste devant les yeux. Je me la rappellerai longtemps, ainsi qu'une statue grecque, largement drapée, qui eût ouvert les livres et dit des vers d'Euripide. »

Le jeune adolescent qui témoigne d'un goût aussi sûr et d'une admiration aussi prophétique s'appelle Gustave Flaubert. Ce n'est là jamais qu'un admirateur de plus pour la divine...

IV

SÉJOUR ROYAL ET FILS DE ROI

Rouen fut la première ville de province à applaudir Rachel ; Londres sera la première ville étrangère. Il n'est évidemment pas dans l'intention de l'auteur de ce livre d'énumérer tous les déplacements de la tragédienne, tant ces déplacements furent nombreux. Par ailleurs, le succès qui attendait Rachel à chacune de ses apparitions se répétait avec une telle régularité qu'il finirait par engendrer une sorte de monotonie à force d'être cité. Cependant, certaines villes justifient qu'on leur consacre quelques lignes car elles ont contribué elles aussi à la légende de la tragédienne : Londres est de celles-ci.

Engagée à prix d'or – selon son habitude – pour se produire au Queen's Theatre, Rachel est traitée comme un véritable ambassadeur extraordinaire. C'est d'abord le président du Conseil Guizot qui la reçoit et lui remet une série de lettres d'introduction pour les plus hautes personnalités britanniques ; puis c'est le ministre des Affaires étrangères qui lui adresse d'ultimes recommandations. Toute émue par ces honneurs officiels, Rachel en rend compte dans une lettre du mois d'avril 1841 : « Je viens de voir M. le ministre des Affaires étrangères qui m'a reçue avec beaucoup de bienveillance et de bonté. Il doit me donner plusieurs lettres pour Londres qu'il me faudra chercher vendredi. Je suis toute contente de voir cette affaire terminée, qui, je vous l'avoue, me gênait un peu. Les ministres intimident toujours tant soit peu ; au reste, il a parlé beaucoup, cela m'arrangeait assez... » Cette lettre, on le voit, reflète la confusion que Rachel ressent encore lorsqu'elle se trouve devant un personnage officiel. Bientôt, elle s'habituera à traiter d'égal à égal avec les grands de la terre.

Quelques semaines plus tard, à Londres, l'accueil qui lui est réservé par le public anglais lui procure une telle fierté qu'elle ne peut la dissimuler dans les comptes rendus qu'elle adresse à ses amis, tel celui-ci : « Me voici à Londres, avec un succès des plus brillants, puisqu'ils disent tous n'en avoir jamais vu un pareil au mien... J'ai fait un premier début sur le théâtre anglais pour *Andromaque*, et je vous assure qu'à ma première entrée en scène je n'étais pas très solide sur mes pieds, et je serais, je crois, tombée de frayeur, si un tonnerre d'applaudissements n'était venu me soutenir et me faire comprendre encore davantage tout ce qu'il me fallait faire pour mériter cet accueil qui n'était que bienveillant, puisqu'ils ne m'avaient pas encore entendue... Les bravos et les applaudissements m'ont accompagnée jusqu'à la fin de mon rôle, puis on m'a rappelée. Les chapeaux et les mouchoirs s'agitaient hors des loges, et plusieurs bouquets sont tombés à mes pieds... Un engagement magnifique vient de m'être offert pour la saison prochaine de 1842... »

Sera-t-il plus mirobolant encore que celui de cette année

1841 ? Rachel – ou plutôt son père – perçoivent trois mille cinq cents francs par représentation, somme considérable pour l'époque. En tout cas, quand elle évoque son succès, l'artiste n'exagère pas ; on dit les Anglais réputés pour leur flegme... Voici une opinion qu'ils sont en train de démentir lorsque le rideau tombe, tant leur enthousiasme, leurs acclamations pourraient laisser croire que l'on se trouve devant un public méditerranéen.

Naturellement, la gentry n'est pas la dernière à plébisciter Rachel et à faire pleuvoir sur elle les invitations. L'aristocratie anglaise, tout comme son homologue de France, se l'arrache et souvent, à l'issue d'un dîner, Rachel dit une scène de son répertoire. Elle s'est fait un devoir de ne jamais accepter le moindre cachet pour sa prestation... ce qui est contraire à ses habitudes, comme nous le savons. Ces va-et-vient continus d'une réception à l'autre sont évidemment préjudiciables à sa santé. La voici obligée de s'aliter pendant plusieurs jours ; elle se rétablit, mais c'est là un premier signe avant-coureur du mal qui l'emportera prématurément. Elle n'y prend pas garde, bercée par le tourbillon d'adulations dont elle est l'objet. Parfois l'enfant qu'elle est presque encore aspire à goûter des plaisirs plus simples. Au sortir d'une des réceptions données en son honneur, elle retrouve les camarades de sa troupe et quelques jeunes gens qui songent davantage à s'amuser qu'à se préoccuper d'étiquette. Alors, rejetant un magnifique châle en cachemire, don de la reine-mère d'Angleterre, elle lance toute joyeuse à l'assistance : « Ah, mes amis, que j'ai donc besoin de me désenducailler (*sic*) un peu ! »

Toute son existence, même parvenue au faîte des honneurs, Rachel ne perdra pas cet esprit primesautier, ce sens de l'humour qui sont un de ses charmes, et non des moindres.

L'apothéose du séjour de l'artiste en Angleterre ne se déroule pas sur une scène de théâtre mais au palais royal de Windsor où la jeune reine Victoria a manifesté le désir de la rencontrer. Quittant Londres en calèche découverte, Rachel arrive en vue du château ; elle monte alors dans un carrosse aux armes royales qui va la mener au palais. Admirons au passage l'aisance avec laquelle la jeune fille évolue au milieu de ces solennités qu'elle ignorait jusque-là, la carriole du père Félix dans laquelle elle circulait tout enfant sur les routes d'Alsace et de Suisse n'avait qu'un rapport lointain avec la voiture de la reine Victoria...

Au château de Windsor, la tragédienne va enthousiasmer son auditoire ; mais laissons-la nous conter elle-même avec une joie naïve cette soirée mémorable, par le truchement d'une lettre qu'elle adresse à son « cher papa Crémieux » : « ... En vérité la force manquait à ce désir pressant de vous apprendre mon nouveau triomphe, car les autres prendraient pour orgueil une franchise toute naïve avec vous que je répète aimer plus que tout au monde, après mon art (ne montrez pas cette lettre à mon père). Oui donc, mon triomphe !... Je croyais rêver, mais non, tout cela était vrai... Tous se lèvent, la reine entre lentement, jette un regard charmant de tous côtés et prend place au milieu de l'assemblée muette... Le grand chambellan me dit en assez mauvais français que la reine attendait. Ma peur redouble, mais enfin il fallait vaincre ou mourir... *Roxane*, la scène d'ironie entre Pyrrhus et Hermione, ont obtenu des applaudissements unanimes, ce qui ne se fait jamais à cause de l'étiquette, mais Sa Majesté la reine a bien voulu commencer et donner le signal... Elle me dit qu'elle avait éprouvé encore plus de plaisir à m'entendre répéter à Windsor que chez la reine douairière et termina par un fort joli bracelet où son nom était gravé ainsi que la date... Ainsi finit pour moi cette soirée brillante pour tout le cours de ma carrière. On m'avait préparé un splendide souper que je ne touchai pas, tant j'étais accablée par la fatigue, les émotions et la chaleur accablante qui existait dans cette chambre qui avait contenu près de trois cents personnages, les uns plus illustres que les autres. »

Le public londonien n'est pas moins enthousiaste que la reine et ses invités. Pour la dernière représentation qu'elle donne à Londres le 14 juin, en interprétant *Marie Stuart*, la recette atteint plus de trente mille francs sur lesquels Rachel reçoit le cachet, incroyable pour l'époque, de treize mille francs. C'est Papa Félix qui doit être content !

Ce succès s'accompagne d'une correspondance à la mesure de la ferveur que l'artiste provoque ; lord Normanby, le ministre de l'Intérieur, entre autres, se montre particulièrement empressé et lui offre une fort jolie bague en témoignage de son admiration. Il aura droit, comme tous les personnages importants qui lui ont écrit, à une lettre de remerciement... Et bien entendu, c'est encore à la plume de cet excellent M. Crémieux qu'elle fait appel.

À Londres, où elle reviendra l'année suivante, elle reçoit un autre hommage d'une grande qualité, celui du vieux duc de Wellington. Ce qui a posteriori ne manque pas de piquant si l'on songe que, grâce au fils qu'elle eut du comte

Walewski[1], Rachel allait donner naissance à une lignée de descendants directs de Napoléon Ier que ce même Wellington avait vaincu à Waterloo ! Le vieux lord ne dissimule pas l'admiration qu'il ressent pour la tragédienne ; il lui rend de fréquentes visites. Lors d'une de ces visites, c'est une jeune femme morose qui l'accueille ; il s'informe de la cause de cette humeur chagrine et Rachel lui apprend qu'elle souffre des nerfs. L'illustre vieillard lui conseille alors d'essayer... les bains d'eau sale.

– Comment des bains d'eau sale ? demande Rachel interloquée.

Et comme son interlocuteur persiste, l'actrice l'interroge :

– Mais, milord, de quelle sorte de saleté faut-il que l'eau soit mêlée ?

Finalement, on s'explique. Wellington, bien qu'il possédât une excellente pratique du français, avait oublié un accent aigu : c'est l'eau salée dont il avait recommandé les bienfaits.

Lui aussi entretient une correspondance assidue avec la tragédienne. À titre d'exemple, voici un billet qu'il lui adresse rédigé de sa main, le 9 juillet 1842 : « Le maréchal duc de Wellington présente ses hommages à Mademoiselle Rachel ; il a fait prévenir au théâtre qu'il désirait y retenir sa loge, enfin de pouvoir y assister pour la représentation au benéfice de Mademoiselle Rachel. Il y assistera certainement si il lui devient possible de s'absenter

1. Pour mémoire, rappelons que ce comte Walewski était le fils donné à Napoléon par la comtesse Walewska, « son épouse polonaise ».

ce jour-là de l'assemblée du Parlement dont il est membre. Il regrettera beaucoup si il se trouve impossible ainsi d'avoir la satisfaction de la voir et de l'entendre encore une fois avant son départ de Londres [1]. »

Mais revenons à cette année 1841 marquée pour Rachel par des péripéties qui impliquent autant sa vie privée que sa vie professionnelle. Ayant quitté Londres le 18 juillet, elle ne fait que passer par Paris, et au lieu de prendre un repos que son état de fatigue justifierait elle file à Bordeaux où l'attend un contrat mirifique. Le succès qu'elle rencontre dans la capitale de l'Aquitaine finit par tourner à la monotonie ; où qu'elle se présente, en effet, ce sont toujours les mêmes applaudissements, les mêmes couronnes de fleurs qui atterrissent sur la scène, les mêmes éloges dithyrambiques de la part des spectateurs et de la presse locale. À Bordeaux, ses admirateurs ont ajouté un fleuron de plus à sa couronne ; ils lui offrent une sérénade sous les fenêtres de son hôtel. C'est en rentrant à Paris que la situation va s'assombrir.

Jusque-là, servie par son aspect d'adolescente et par ce masque d'innocence qu'elle sait appliquer à son visage, Rachel a pu protéger sa réputation contre ces ragots qui sont monnaie courante dans le monde du spectacle. Alors qu'à vingt ans, elle a déjà un « palmarès » bien fourni, ses amis sont toujours prêts à lui donner le Bon Dieu sans confession ! En effet, elle a été assez fine pour égarer les

1. L'orthographe et la tournure de la lettre sont ici authentiquement reproduites.

soupçons qui auraient pu affecter son aura. Certes, autour d'elle, on se demande parfois comment un être si jeune, sans expérience des choses de la vie, peut être aussi convainquant dans des personnages d'amoureuses passionnées. Où trouve-t-elle ces accents bouleversants pour traduire les soubresauts de l'âme ? On met sur le compte de son talent les secrets de sa conviction. Dans son entourage, personne ne se hasarderait à douter de sa vertu. Après le ménage Samson, le ménage Crémieux est convaincu de la pureté de cette enfant prodige.

Mais ce climat ne saurait durer éternellement ; voici qu'à son retour sur la scène du Théâtre-Français, à l'automne 1841, Rachel perçoit dans le public une certaine réserve. Certes, elle est toujours très applaudie, mais dans les bravos qui l'accueillent, il y a, dirait-on, moins de spontanéité. Sans doute a-t-elle eu tort de ne pas se méfier assez des femmes de chambre renvoyées, des habilleuses rabrouées ou même de quelque amant ayant cessé de plaire et qui a mal pris sa disgrâce. En tout cas, des bruits courent et finissent par atteindre les Crémieux. La brave Mme Crémieux en est toute retournée ; croyait-elle donc que sa protégée était toujours vierge ? Avec l'aide de son mari – décidément il est condamné aux travaux forcés épistolaires –, elle rédige à l'adresse de sa « troisième fille » une lettre qui est tout autant une prière qu'un avertissement : « Ma chère enfant je suis navrée ; ce soir mon mari arrive de Paris [1], où il a recueilli la triste certitude que les bruits, dont nous avons parlé, prennent une effroyable consistance. Rachel, mon enfant, il n'y a plus à balancer ;

1. Les Crémieux séjournaient alors à Enghien.

il faut opter pour une rupture éclatante, ou bien il faut tomber du faîte. Mais non, celle qui a été si haut ne peut pas vouloir perdre dans un jour une si belle renommée. Mon mari a vu aujourd'hui, d'une heure à quatre, les personnes les plus distinguées, les journalistes les plus honorables, la froideur du public n'a d'autre cause que la nouvelle hautement donnée du triomphe de M. Véron. Bien des grandes dames étaient venues de leur château les mains remplies de fleurs, mais dans la salle il n'était question que de votre chute... Il faut rompre, rompre avec éclat... Si grand qu'on soit, il faut pourtant courber la tête, Rachel, je vous en supplie à mains jointes, ne sacrifiez pas une existence si magnifique à je ne sais quel entraînement fatal... Que voulez-vous que fassent quelques voix amies dans ce tumulte ? L'on vous accuse ; chacun dit : "Elle est allée chez M. V... elle y a passé des heures entières... Dimanche encore, elle s'est fait conduire par lui à Montmorency, elle est revenue la nuit avec lui dans la voiture..." Il ne faut plus voir M. V... ou renoncer à l'amitié et à l'estime de tous les honnêtes gens. Rachel, croyez-moi, vous vous préparez un affreux avenir. Vous allez déchoir rapidement... Vous si haut, vous l'objet de l'estime et de l'admiration générale, vous réduite à gémir ? Oh, non, cela n'est pas possible !... Ma chère enfant, si mes prières ont quelque pouvoir sur vous, dites-moi que vous ferez ce que nous vous demandons... Vous ne voudrez pas être à Paris et à Londres la femme délaissée, que l'on va voir seulement comme actrice au théâtre pour son talent supérieur. Vous qui avez été, jusqu'à ce moment, l'enfant si pure et si charmante qu'appelaient dans les salons, dans les palais, les reines et les plus hauts personnages, vous ne voudrez pas que les jeunes filles vous évitent. Rachel, mon enfant, vous êtes au bord de l'abîme. Reculez en arrière, il en est temps aujourd'hui ; n'attendez pas à demain... »

Pauvre Mme Crémieux ! Sa lettre à la fois touchante et un peu ridicule témoigne d'une innocence que sa protégée, elle, est loin de partager. Que diraient les époux Crémieux, s'ils pouvaient alors connaître ce que sera l'existence amoureuse de Rachel, les tempêtes qu'elle provoquera sur son passage, les mille petits drames qu'elle vivra ? Si son passé est déjà bien rempli, ce n'est rien en comparaison de ce que sera son avenir... Sans que sa carrière en subisse les conséquences, le public, et c'est heureux, jugeant avant tout l'artiste sans trop se préoccuper des agissements de la femme.

Faut-il pour autant condamner Rachel pour avoir déçu ses amis ? Pour avoir mené une vie libre ? Pour avoir obéi aux pulsions de son cœur... et aussi de son corps ? Pour avoir méprisé la bienséance ? Ce serait une grave erreur et un manque de psychologie. Il ne faut pas mesurer le comportement de Rachel à l'aune du comportement de tout un chacun ; vouloir lui imposer des règles, limiter ses élans, serait méconnaître cette nature d'exception. Ce génie quasi miraculeux qui l'animait, cette exaltation, cette passion qu'elle mettait dans ses rôles ne pouvaient s'accommoder de sentiments paisibles, d'une conduite bien sage, de réactions de petite-bourgeoise. Il faut accepter Rachel telle qu'elle est, avec ses défaillances, ses fautes, son attitude souvent critiquable, mais aussi son génie...

Cela dit, on peut comprendre que les braves Crémieux tombent de haut quand le domestique, qu'ils ont chargé de remettre leur lettre à la tragédienne, revient en leur disant qu'il n'y a pas de réponse ! Adolphe Crémieux va insister, mais il se heurte au même refus : « Mademoiselle Rachel a dit qu'il n'y avait pas de réponse. » C'est la rupture, et les Crémieux méditent douloureusement sur l'ingratitude de celle qu'ils avaient accueillie comme leur enfant. Et puis, un jour, ils comprendront... Ils comprendront que Rachel, pour servir son art, avait besoin de côtoyer cet abîme auprès duquel elle se plaisait à vivre. Ils comprendront et ils lui rouvriront leurs bras.

Coïncidence : au moment même où Mme Crémieux conjure la jeune femme de s'éloigner de Satan, autrement dit du docteur Véron, c'est celui-ci qui prend l'initiative de la séparation. Que s'est-il passé pour que le docteur rompe soudain avec sa « petite fée » ? Rien que de très classique : éprouvant des doutes sur la fidélité de la tragédienne – il y a mis le temps –, Véron a eu recours aux bons offices d'un détective privé. Ce que ce dernier lui rapporte change ses soupçons en certitudes. Il faut dire que Rachel, ayant goûté aux plaisirs, prend de moins en moins de précautions pour dissimuler. Certes, quand elle est avec le docteur, elle proteste de son attachement envers lui, mais ses paroles sont rarement suivies d'effets.

Voici donc Véron au courant de ses « malheurs », si l'on peut qualifier ainsi un fait en vérité assez banal. D'ailleurs lui-même, sur le moment, n'en souffle mot à la coupable. Davantage porté sur la comédie que sur le drame, il attend le moment propice pour révéler ses intentions. De son côté, avec insouciance, Rachel continue de se divertir comme elle l'entend.

À quelque temps de là, cependant, ayant réuni quelques amis pour un souper joyeux au Café Anglais, Véron réserve une surprise à ses invités comme devait le rapporter l'un des biographes de Rachel : « Ce fut au dessert d'un de ces festins dont la réputation faisait le plus solide de sa gloire – écrivait-il – que Véron dénoua le paquet de lettres qu'il conservait de “sa chère petite grande” et se mit à lire des déclarations, des protestations d'amour dont l'expression enflammée semblait d'une bouffonnerie extrême. Quand on eut savouré le plus succulent de cette littérature, Véron révéla les notes de l'enquête. Les détails amusaient follement les convives que la bonne humeur de l'amphitryon dispensait de toute contrainte. »

L'histoire se répand vite dans le Tout-Paris, mais la position de Rachel et son auréole sont telles que la rumeur s'en éteint vite. Certes, à partir de ce jour, il lui sera difficile de continuer de passer pour un « ange pur », mais les conséquences pour sa réputation se borneront aux quolibets ironiques de quelques chroniqueurs en mal de copie. Quant à ses relations mondaines, elles ne songent pas à s'offusquer de la révélation des « turpitudes » de leur idole ; il est vrai que parmi les membres de l'aristocratie certains font bien pis, mais s'abstiennent de le crier sur les toits. Rachel continue donc d'être l'objet de toutes les sollicitations, le « clou » de toutes les fêtes auxquelles elle consent à assister. Les invitations tombent sur elle à une telle cadence qu'elle s'efforce d'en diminuer le cours. Son activité théâtrale constitue un excellent prétexte pour refuser les sorties, mais aussi sa santé, qui déjà donne des signes alarmants. L'existence trépidante qu'elle mène, la générosité qu'elle met dans l'interprétation de ses rôles commencent à l'épuiser, d'où l'obligation pour elle de limiter ses mondanités, d'où aussi ses refus successifs qui plongent dans le désespoir ceux qui en sont l'objet. Avec l'aide d'Adolphe Crémieux, avant qu'ils ne fussent séparés,

Rachel avait établi un modèle de ce genre de lettres d'excuses. Voici, à titre d'exemple, ce qu'elle écrivait, le 31 janvier 1841, à l'une de ses admiratrices les plus enthousiastes... et les plus obstinées, la comtesse Walsch : « Je ne vous dirai pas, Madame, que je suis désespérée de ne pouvoir aller chez vous, pour assister à votre aimable invitation. Vous n'avez pas besoin que je vous l'écrive. Vous savez avec quel plaisir je l'accepterais et combien j'apprécie l'honneur que vous me faites en m'appelant à vos charmantes soirées. Mais hélas, Madame, je joue cette semaine *Marie Stuart* et *Polyeucte*, j'ai promis pour vendredi une réunion et ma santé, croyez-le bien, ne me permet pas une fatigue, quelle qu'elle soit. Il faut bien qu'il en soit ainsi, Madame, pour que je vous envoie des excuses au lieu d'une acceptation. Pardonnez-moi donc, Madame, et plaignez-moi ; surtout ne m'en veuillez pas ; car si l'attachement le plus vrai me porte vers vous, la nécessité la plus rigoureuse m'éloigne cette fois. Agréez, Madame, pour vous et Monsieur le vicomte, l'hommage de mon dévouement respectueux. »

Sa fatigue n'est pas seulement un prétexte pour éviter certaines visites qui ne l'amusent pas ; elle est souvent bien réelle, mais la nature impétueuse de Rachel, l'ardeur de ses désirs lui font oublier sa faiblesse quand il s'agit de suivre ses envies. Il est, à ce propos, amusant de mettre en parallèle avec les lignes ci-dessus ce billet qu'elle adresse à Alfred de Musset, trois semaines plus tard : « N'est-ce pas que vous viendrez dîner chez moi jeudi prochain à sept heures moins un quart ? Il me semble que vous m'aimez assez pour ne pas manquer cette occasion nouvelle de me voir, de me serrer très fort la main et de me regarder dans le très blanc de l'œil... Voilà ce qui vous apprendra de me conduire en voiture, de m'attendre et d'être vraiment le plus charmant des amis. »

Comme le ton de cette lettre le laisse deviner, le poète et la tragédienne en étaient encore au temps de l'idylle où tout est prétexte à ravissement. Hélas, avec Rachel, nous savons que les amours ne jouissent pas du privilège de la pérennité. Un an plus tard, le climat a tourné à l'orage peu après sa rupture avec Véron ; Rachel éprouve soudain une sorte de lassitude à l'égard de Musset, et elle va le lui faire savoir par personne interposée. La scène se déroule à l'automne 1842, à la porte de la Comédie-Française ; Rachel attend un fiacre que son père est allé quérir avec empressement. Depuis quelques mois, en effet, l'artiste est majeure et l'argent que Félix reçoit de sa fille dépend désormais du bon plaisir de celle-ci ; ce qui a pour effet de rendre l'humeur de Papa Félix beaucoup plus doucereuse. Rachel attend donc en compagnie d'un obscur journaliste. Et voilà que vient à passer Buloz. Le directeur de *la Revue des Deux Mondes* semble surpris de voir Rachel avec un tel personnage et il lui en fait la remarque :

– Bah, réplique Rachel, quand j'en ai assez des gens, je sais le moyen de m'en débarrasser. Voyez M. de Musset : s'il ne vient plus chez moi, c'est que je lui ai donné à entendre !

Comme il se doit, Buloz, quelques jours plus tard, ne peut s'empêcher de rapporter ces propos au poète. Musset le prend très mal et, comme il tient à garder le beau rôle, il adresse à sa maîtresse de la veille un billet peu amène : « Permettez-moi de vous dire, Mademoiselle, une chose que vous ignorez peut-être : c'est qu'il est rare qu'un homme bien élevé dise ou fasse quelque chose d'assez inconvenant pour qu'on lui défende sa porte. » Et de s'en aller partout raconter que cette porte, c'est lui qui l'a claquée ! Rachel, à son tour, se vexe et affirme haut et fort que c'est elle « qui l'a planté la première ». La querelle s'envenime. Ainsi que le rapporte Musset lui-même, « il y eut alors lettres échangées, tapages, criailleries et finalement eau de boudin » !

Comme le lecteur le constatera, il y a dans cette rupture un côté farce qui peut surprendre de la part de deux protagonistes de cette qualité et qui explique peut-être que leur fâcherie fut provisoire. Pour en finir avec le récit de leurs démêlés anticipons quelque peu sur le cours de ce récit. Un jour de 1843, les anciens amants se retrouvent lors d'une réception chez Buloz. Rachel caresse le poète de son beau regard et, de cette voix qu'elle sait si bien rendre câline, lui demande s'il est toujours en colère contre elle.

– Pourquoi ne m'avez-vous pas regardé ainsi et fait la même question plus tôt ? réplique le poète. Vous sauriez que je ne connais pas la rancune.

– Que de temps perdu ! murmure alors Rachel.

Leurs retrouvailles débouchèrent-elles sur la reprise complète de leurs relations ? On n'en a aucune preuve ; en tout cas, à partir de là, ils se revoient assez régulièrement, relations mouvementées entre deux caractères peu ordinaires, mêlées de brouilles spectaculaires et de réconciliations qui ne le sont pas moins. En fait, si Rachel continue de fréquenter Musset, elle n'est pas totalement désintéressée ; le poète lui a promis d'écrire pour elle une tragédie qui lui permettrait, pour une fois, de jouer l'œuvre d'un auteur vivant. S'inspirant d'un livre d'Augustin Thierry, Musset a commis « une grosse machine » qui se situe à l'époque carolingienne et qu'il a intitulée *la Servante du roi.* Mais cette servante ne semble guère pressée de prendre son service ; les mois passent et l'auteur n'a toujours écrit que la première scène de la pièce. À la fin, Rachel perd patience et informe Musset qu'elle renonce à être jamais... la servante du roi. Alors Musset abandonne l'entreprise et, comme un poète romantique ne saurait se passer de formule, il écrit à la jeune femme : « Adieu ? Rachel, c'est toi que j'ensevelis pour jamais dans ce tiroir. »

De cette liaison orageuse, il nous reste un souvenir attendrissant : un dessin représentant les amants terribles avec cette légende symbolique : « C'est une belle chose que l'amour, poète ; c'est Dieu qui a fait l'amour. C'est le diable qui a fait la femme. »

Digne conclusion d'une aventure entre deux amoureux hors du commun.

Pour en revenir à l'époque où la liaison de Rachel et de Musset prend fin – comment s'étonner encore des brusques revirements de Rachel –, celle-ci n'a pas tout à fait renoncé à Véron. Même la lecture publique de ses lettres ne l'a pas tellement contrariée si l'on en croit un billet qu'elle lui adresse le 29 décembre : « Je vous aime plus que jamais, je crois en vous, en votre tendresse. Si par hasard on venait à me nuire dans votre esprit et votre cœur, j'arriverais pour me justifier et me consoler. »

Dans une autre missive, elle va même encore plus loin puisqu'elle laisse entendre qu'elle serait prête à épouser celui qu'elle nomme « mon Rodrigue de la rue Taitbout ». Certes, le docteur habite rue Taitbout et Rachel répète alors *le Cid*, mais de là à assimiler ce personnage ventripotent au héros de Corneille, il y a une comparaison qui ferait sourire si l'on ne connaissait le caractère fantasque de celle qui la formule.

Ce ne sont là d'ailleurs que propos en l'air que l'irruption d'un nouvel « homme de la vie » de Rachel va bientôt ranger aux oubliettes ; nous y viendrons bientôt. Arrêtons-nous d'abord au seuil de cette année 1842, riche pour la jeune femme en événements de toutes sortes ; le principal : elle est enfin majeure ! C'est-à-dire qu'elle peut disposer librement de sa personne... et aussi de l'argent qu'elle gagne. Papa Félix va devoir mettre de l'eau dans son vin et se contenter d'être entretenu par sa fille sans pouvoir désormais régenter les faits et gestes de cette dernière. Avec le sens des réalités qu'il possède, il passera en virtuose du rôle de père tyran à celui de père serviteur, l'essentiel pour lui étant de sauvegarder les avantages acquis !

Pour Rachel, cette émancipation est la bienvenue ; on connaît son goût de la liberté. Mais, plus encore peut-être que sur le plan moral, elle est satisfaite sur le plan matériel. De son père, elle a hérité le goût de l'argent ; sans doute le souvenir de son enfance de pauvre y est-il pour quelque chose. Pourtant, on ne peut pas la taxer d'avarice ; le mot avidité serait mieux venu. D'où la pugnacité avec laquelle elle discute ses contrats ; dans ce domaine, elle a été à bonne école !

Avec ses amis, elle est souvent généreuse, surtout en paroles, promettant volontiers des cadeaux... qu'elle ne fait jamais. Ou bien encore, si l'on en croit ce que rapporte le docteur Véron, quelque temps après avoir fait un cadeau elle vient le redemander ! Cette étrange manie est bien connue de son entourage ; elle souffre pourtant de temps à autre quelques exceptions. Un soir, pendant une représentation d'*Adrienne Lecouvreur*, une des interprètes de la pièce, Mme Allan, a oublié chez elle une bague qu'elle doit porter au premier acte ; Rachel ôte alors de son doigt un superbe anneau de diamants et de rubis et le tend à Mme Allan en lui disant :

– Veuillez me faire le plaisir de vous servir de cette bague et de la garder !

Étonnement de la dame qui, elle aussi, connaît la réputation de Rachel :

– Pas toujours ? demande-t-elle.

– Si fait, toujours, réplique Rachel, car en vous la redemandant je reprendrais aussi le plaisir que j'aurais à vous la voir porter !

Deux autres anecdotes illustrent le sens de l'économie de l'illustre tragédienne. Parvenue au faîte de la gloire, elle donnait des dîners somptueux au Tout-Paris. Pour l'un de ces dîners, comme dessert, elle veut un ananas, denrée exotique fort rare à l'époque sur les marchés parisiens. Quand le commerçant lui en communique le prix, soixante-dix francs, Rachel fait la moue et soudain une idée lui traverse l'esprit :

– Ne pourriez-vous me le louer ?

Bien qu'étonné par cette proposition insolite, l'homme accède à ses désirs. Pendant le dîner, l'ananas fait l'admiration des invités, tout en étant surveillé étroitement par Rachel. Mais voilà qu'à la fin du repas un des invités, le duc de Noailles, s'avise d'enlever le fruit caraïbe à la pointe de son couteau. Du coup, la location est caduque ; il va falloir payer ! Rachel lance au duc un regard assassin, ce qui fait dire à l'un des assistants :

– Mademoiselle Rachel aurait-elle un ananas à la place du cœur ?

Une autre anecdote savoureuse : celle de la guitare. Elle a remarqué chez un ami une guitare ancienne dont l'aspect l'a séduite. Elle fait en sorte de se la faire offrir et, sitôt chez elle, l'installe bien en vue. À quelque temps de là, M. Fould, le ministre d'État [1], lui rend visite et son regard tombe sur la guitare :

– C'est sur cet instrument que je jouais dans les rues, lorsque j'étais enfant et que je demandais la charité, lui apprend Rachel, avec des larmes dans la voix.

Ému à son tour, le ministre laisse entendre qu'il serait bien heureux de pouvoir acquérir cette véritable « pièce de musée ».

– Je ne la vendrai à aucun prix, se récrie l'artiste, même pour mille louis !

Devant la mine désolée de son interlocuteur, elle semble prise soudain de remords :

– Enfin si cela vous fait tellement plaisir, je veux bien vous la céder à ce prix, mais c'est mon cœur que vous emportez pour mille louis !

Son sens des affaires, Rachel va avoir l'occasion de l'exercer dès le début de l'année 1842, lors du renouvellement de son contrat avec la Comédie-Française. Toutes les exigences qu'elle a formulées sont acceptées ainsi qu'il ressort de cette lettre qu'elle reçoit du commissaire du roi aux Beaux-Arts : « ... J'ai décidé que vous serez admise dans la Société des comédiens français, en qualité de socié-

1. Cette anecdote se situe après le coup d'État de Louis-Napoléon.

taire, à partir du 1er avril 1842, et qu'à cette époque une part de quarante-deux mille francs vous sera attribuée par les fonds subventionnels accordés par l'État à cet établissement... Vous jouirez également, en qualité de sociétaire, d'un congé annuel de trois mois qui sera délivré aux époques fixées par l'article 80 du 15 octobre 1812[1]. Il est entendu que d'ici à cette époque, vous devrez être réengagée comme pensionnaire à la Comédie-Française qui devra supporter les frais de cet engagement... »

C'est donc encore en tant que pensionnaire qu'elle a joué *Chimène* et y trouve une nouvelle source de satisfaction. Théophile Gautier la couvre d'éloges et Jules Janin lui-même, qui n'a pas toujours été tendre pour la jeune femme, écrit qu'il ne sait pas ce qu'il a préféré « de l'étonnant pouvoir d'émotion de Mlle Rachel lorsqu'elle écoute les battements de son cœur ou de la vigueur qu'elle met quand elle réclame vengeance et écoute la voix de son devoir ».

Tandis qu'elle s'apprête ainsi à recueillir de nouveaux lauriers à la scène, elle va connaître d'autres péripéties dans sa vie privée, en inaugurant la liste de ses soupirants royaux avec le second fils du roi, le prince François de Joinville. Au mois de septembre 1841, pour la première fois, le prince vient l'applaudir. C'est Rachel elle-même qui lui a adressé une invitation sur le conseil de sa sœur Sarah qui comptait le prince parmi ses relations... plus ou

1. Rédigé par Napoléon lui-même pendant la campagne de Russie. Et pourtant, il avait autre chose à faire !

moins intimes. Si Joinville, sur le moment, ne lui adresse que de brefs compliments, c'est qu'il doit quitter la France dès le lendemain pour retrouver le navire qu'il commande. Le second fils du roi est en effet un marin accompli qui a trouvé sur la mer le moyen de satisfaire sa soif d'aventures. Victor Hugo nous le décrit comme ayant « des manières franches, le goût des plaisirs bruyants, une belle taille, une belle figure, de l'esprit, du cœur »... Bref, de quoi séduire une jeune personne romanesque comme Rachel. De surcroît, il est encore auréolé par la gloire d'avoir ramené deux ans plus tôt les cendres de Napoléon de Sainte-Hélène. C'est un joyeux luron, habitué aux amours faciles qu'il rencontre dans chaque port, selon une tradition maritime solidement établie. Lorsqu'il est à Paris il n'est guère plus sage et, avec ses frères, il fait les belles soirées du Café Anglais, de Tortoni et de quelques autres établissements que fréquentent jeunes lions et courtisanes. Le jeune fêtard retrouve Rachel au mois de janvier suivant, au retour d'une croisière ; il en est profondément troublé. Le coup de foudre ? Sans aucun doute ; cette fois, il ne s'agit plus d'une de ces amourettes auxquelles le prince est accoutumé. La meilleure preuve en est que ce coureur des mers... et des filles en a conservé le souvenir jusque dans sa vieillesse. Dans ses *Souvenirs*, il ne cache pas l'admiration qu'il a éprouvée :

« Je n'ai jamais vu sur la scène, écrivait-il, une perfection aussi complète. Presque sans geste, par le jeu de sa physionomie, le feu de ses regards, les intonations de sa voix, elle exprimait les passions avec une intensité communicative. Elle avait le génie du costume, de la draperie ; sous le péplum, on croyait voir une statue antique et la femme enfin savait s'envelopper en tout, même dans les rôles féroces, d'un charme incomparable. Elle aurait assassiné qu'on aurait aimé l'assassine ! »

Si, dans ses *Souvenirs*, le prince adopte un langage pudique, ce langage l'était beaucoup moins quand sa jeunesse lui permettait toutes les audaces. Après être venu applaudir Rachel trois soirs de suite à la fin du mois de janvier 1842, en vrai marin, Joinville va se lancer... à l'abordage ! En sortant du Théâtre-Français, il fait passer sa carte à la tragédienne sur laquelle il n'a tracé que trois mots, mais combien significatifs : « Où ? Quand ? Combien ? » Tout autre femme que Rachel se serait peut être offusquée de ces manières cavalières, mais Rachel n'est pas une femme comme les autres ; elle nous l'a souvent démontré et nous le démontrera encore. Son sens de l'humour lui dicte au contraire une réponse dans le même ton : « Chez toi. Ce soir. Pour rien. »

Outre ce jeu qui l'amuse, on peut supposer que ce robuste garçon de vingt-quatre ans doit lui plaire, autant que la façon directe qu'il a de manifester ses désirs. Et puis quand dix ans auparavant on chantait dans les rues en quémandant quelques liards des passants, se trouver la « belle-fille » du roi des Français a quelque chose d'incroyable, même si cette « parenté » est provisoire et officieuse. L'aventure nous prouve une fois de plus que Rachel se trouve à l'aise dans les situations les plus scabreuses.

L'aventure sera brève et ardente, entre deux personnages qui dévorent la vie à belles dents. Ils donnent libre cours aux passions qui les animent et mènent une liaison qui n'est pas de tout repos. Leurs jours et leurs nuits voient se succéder les étreintes et les conflits, mais quand ils se sont heurtés ils ne s'en réconcilient qu'avec plus d'ardeur. Les lettres de Rachel reflètent ce climat paroxysmique : « J'étais bien souffrante ces derniers jours. La cause t'en sera facile à deviner si tu commences à comprendre combien je suis capable de t'aimer... »

Tout en guettant avec impatience la venue du prince, Rachel n'en assume pas moins ses responsabilités professionnelles. Pour y satisfaire, elle n'épargne pas sa peine, toujours soucieuse de tenir le rang auquel elle s'est hissée. Quand Joinville est absent, appelé lui aussi par les exigences de son service, elle éprouve le besoin de lui raconter sa vie par le menu. « Jamais journée n'a été plus fatigante pour moi et pourtant j'ai éprouvé une certaine distraction à voir dérouler devant moi tant de gens différents. Je suis montée jusqu'à Monsieur de Chateaubriand et descendue jusqu'au portier le plus obscur, tous les deux me demandent la même chose ; différer de place [1]... Croiriez-vous que dans un salon on m'est redemandé bis pour le IVe acte de Monime dans *Mithridate*, jamais je ne me suis vue une pareille fête, ce qu'il y a de mieux à Paris, même ces femmes honnêtes étaient réunies à la Folie Saint-James. J'y répétai le IIIe acte d'*Ariane* et le IVe des Horaces, aussi étais-je rendue après. Mais il est impitoyable, ce grand monde, sans doute que ses applaudissements sont agréables, mais il les vend bien cher... La dernière représentation de *Mithridate* a été une des heureuses de l'année... J'étais en scène lorsque la loge du Roi s'ouvrit, je sentis mon cœur battre avec force sous mon gros manteau de drap ; bientôt je fus désillusionnée car

1. Il s'agissait d'échanger leurs places de théâtre, dont ni l'un ni l'autre n'étaient satisfaits.

je ne pus apercevoir que des têtes grises, sans doute les professeurs s'étaient donné rendez-vous ; je leur en veux de l'émotion qu'ils m'ont donnée... "Voilà, belle Émilie, à quel point nous en sommes..." Je t'aime plus que tout au monde, fais qu'il en soit de même pour moi ; mais non, cela me regarde, aussi vais-je faire mon possible pour qu'il en soit ainsi... »

En venant applaudir la tragédienne, Louis-Philippe est-il au courant des liens qui l'unissent à l'un de se fils ? C'est vraisemblable ; bien qu'il s'abstienne de la moindre allusion lors de la visite de courtoisie qu'il rend aux artistes après la représentation. Étiquette oblige...

Quoi qu'il en soit, la liaison continue de plus belle. Seule ombre au tableau : les fréquentes absences de Joinville, dues à ses obligations militaires. Quand il revient, il a le cœur en fête et, avant d'aller retrouver sa maîtresse, il lui adresse des monceaux de fleurs qu'accompagnent de brûlantes protestations de son amour. Ses passages à Paris sont très brefs et ses lettres reflètent la détresse qu'il en ressent. « Mon enfant, lorsque je pense que nous allons nous quitter, mon cœur se serre et je suis pris de tristesse. Nous serons si loin l'un de l'autre après avoir vécu si heureux ensemble. Va donc, suis ta destinée, cours à de nouveaux triomphes. Tu ne manqueras pas de gens qui te parleront d'amour, nul d'entre eux ne t'apportera une affection plus désintéressée ni plus vive que moi... »

Connaît-il la réputation de Rachel ? Sait-il que la fidélité n'est pas sa qualité dominante ? On pourrait le supposer d'après cette lettre. Rachel s'efforce aussitôt d'apaiser ses craintes : « Pauvre Joinville, pauvre chéri, lui répond-elle. Tu emporteras mon présent et mon dernier amour. Tu as éveillé mon cœur aux plus douces espérances. Même lorsque je suis en scène, prêtant mon souffle et ma vie à un autre personnage, c'est à toi que je pense, c'est toi qui es en moi. Sois bien convaincu qu'il en sera toujours ainsi. Je n'aimerai jamais aucun autre que toi. » Serment bien imprudent étant donné ses habitudes !

Au moment d'embarquer sur le navire qu'il commande, le prince adresse un ultime adieu à la femme qu'il aime : « Tu as eu ma dernière visite avant que je quitte Paris, tu auras ma dernière lettre avant que je quitte la France. Je te répète que, quels que soient les événements, tu auras de par le monde un vieil ami qui conservera un doux souvenir du temps passé avec toi. J'emporte ton image comme le plus précieux des présents... »

Dès qu'il revient, les deux amants se retrouvent avec la même ardeur. Rachel arrive à en oublier le théâtre pour courir jusqu'à lui : « Je plante tout de côté et je file n'importe comment. Tu es là et cela seul compte pour moi. Je ne veux pas perdre un instant du temps que je peux passer auprès de toi. Je t'aime tant. Tu le sais bien, n'est-ce pas ? Je te le répète quand même toujours avec le même plaisir. Vendredi, je serai là dans ta petite chambre, assise sur ce petit fauteuil rouge d'où j'aime tant te contempler... »

Hélas, la frégate que commande le prince doit appareiller pour l'île Bourbon, imposant aux amants une nouvelle et longue séparation. Or l'adage selon lequel les absents ont toujours tort trouve avec Rachel sa complète illustration. Très abattue par le départ du jeune homme, Rachel s'ennuie horriblement... pendant une semaine. Après quoi les représentations du *Cid*, les satisfactions que lui procure le personnage de Chimène exercent à nouveau sur elle leur pouvoir magique. À chaque fois qu'elle aborde un rôle, Rachel lui apporte toutes les ressources de sa sensibilité, met à son service les ressorts les plus secrets de son cœur ; le chef-d'œuvre de Corneille est donc pour elle une nouvelle source de bonheur.

Par ailleurs, la jeune femme est très occupée par son déménagement. Puisqu'elle est majeure, elle entend ne pas perdre de temps pour profiter de sa liberté, d'où sa décision de ne plus vivre en famille, d'être enfin chez elle sans avoir à supporter les intrusions continuelles de Félix ou les jérémiades d'Esther. Elle va donc louer, au premier étage d'un bel immeuble du quai Malaquais, un vaste appartement dont toutes les fenêtres donnent sur la Seine. Esther verse bien quelques larmes à l'idée d'être séparée de sa fille, mais celle-ci a veillé à installer sa mère dans un logement confortable de la rue d'Hauteville ; quant à Jacques Félix, il s'accommode fort bien de la villa de Montmorency où il établit ses pénates. Rachel se montre d'ailleurs très généreuse avec sa famille ; outre une rente mensuelle de mille francs, elle a pris entièrement à sa charge les frais d'éducation des autres enfants Félix ; Raphaël, Rébecca et Léa. Quant à Sarah, elle fait elle aussi de fréquentes ponctions dans la bourse de sa cadette.

Pour mettre ses affaires en ordre, notamment pour négocier la location de son nouvel appartement, Rachel a fait appel au concours d'un jeune avocat, Adrien Delahante. Il s'est occupé de tout avec un zèle qui méritait une récompense... Rachel la lui accorde et le jeune Adrien s'installe quai Malaquais. Il n'y demeurera pas longtemps mais, durant son séjour, joignant l'utile à l'agréable, Rachel le charge de différentes missions, notamment celle de liquider certaines dettes qu'elle a laissé traîner soit par négligence, soit parce qu'elle recule toujours le plus qu'elle peut le moment de s'en acquitter.

C'est ainsi qu'elle a jusqu'à présent opposé une fin de non-recevoir au pauvre Ancelin. Revenu d'Algérie où il était allé soigner sa santé défaillante, à bout de ressources, son ancien admirateur s'efforce de récupérer les quelque vingt mille francs qu'il a jadis dépensés pour elle. Il lui adresse à cet effet mémoires sur mémoires ; en vain. J'ai eu sous les yeux les comptes faits de la main même d'Ancelin des sommes qu'il avait dépensées pour que la débutante qu'elle était alors pût se vêtir. Dans cette énumération, il y a quelque chose de pathétique, le reflet de l'admiration qu'Ancelin avait vouée à la tragédienne quand elle était encore une fillette. Pourquoi Rachel, qui maintenant roule sur l'or, s'obstine-t-elle à laisser ce malheureux dans le dénuement ? On regrette que cette grande artiste, que cette femme à laquelle la Providence a fait don des qualités les plus rares, ait manifesté parfois une telle médiocrité dans ses réactions.

À force de ténacité, et surtout parce qu'Adrien Delahante représente à Rachel le tort que lui causerait l'affaire si elle s'ébruitait, Ancelin finira par obtenir le remboursement d'une somme de douze mille francs. Pour cela, outre les conseils de l'« avocat-amant », il fallut que Samson lui-même intervînt. Après quoi, Ancelin regagna l'Algérie où il avait trouvé un emploi qui lui permit de vivre décemment. Il devait survivre trente années à Rachel et mourir au mois de février 1888. Dans le *Journal de ma vie* qu'il avait rédigé, nulle trace de rancune ne devait subsister, mais au contraire la fidélité au souvenir de celle qui avait été le grand amour de sa vie, alors qu'elle était encore une enfant.

Durant toute cette année 1842, tandis que les représentations de Rachel au Théâtre-Français continuent de battre des records de recettes, la grande affaire pour la tragédienne, c'est ce rôle de Phèdre auquel elle pense depuis longtemps et que tous ses amis la pressent d'interpréter. Avant de se lancer dans cette aventure, Rachel a voulu faire un essai. Au mois de décembre, devant une poignée de privilégiés, elle joue l'acte II du chef-d'œuvre de Racine. Si l'on veut savoir ce que l'assistance en pense, il suffit de regarder ce portrait que brosse d'elle l'un des invités présents à la soirée, le duc de La Rochefoucauld-Doudeauville : « Il y a tristesse et mélancolie au fond de votre âme – lui écrit-il. Personne ne vous connaît bien, enfant jetée dans la vie sans expérience, et qui éprouvez tant avec une violence difficile à vaincre. La carrière dramatique est pour vous une passion, et la gloire votre but unique. On n'a pas plus de noblesse et de dignité que vous au théâtre ; vous êtes plus qu'un admirable acteur, vous devenez le personnage lui-même ; vous grandissez alors de toute la hauteur de votre beau talent, et vos gestes, simples et expressifs ne sont jamais exagérés. Vous croyez à peu de choses, et ne prenez les hommes que pour ce qu'ils valent... Chaque nouveau rôle est pour vous la source d'un triomphe, dont vous êtes heureuse sans en être fière, et votre modestie justifie vos succès... Vous êtes nerveuse, mobile, irascible avec une apparence calme, et plus passionnée que profondément sensible... Votre regard est scrutateur ; il cherche à lire et veut connaître le fond des cœurs... Partout, autour de vous, des flatteurs, des admirateurs, des courtisans, des adorateurs, et pas un appui, pas un ami ! On ne demande ordinairement à un artiste que du talent ; on attend plus de vous, Rachel, on vous veut digne de votre renommée, digne de vous-même, et telle enfin que vous devez être pour justifier l'estime que vous inspirez [1]... »

Quand elle a connaissance de ce portrait, Rachel est très émue et c'est sous le coup de cette émotion qu'elle répond au duc de La Rochefoucauld : « Je viens de lire mon portrait ; est-ce bien moi ? Vous m'avez flattée, beaucoup flattée, mais vous m'avez devinée. J'aurais pu être ce que vous croyez que je suis. Me trouvez-vous bien présomptueuse d'ajouter que j'espère accomplir une partie au moins de ce que votre indulgence et votre galanterie veulent bien me prédire ? »

Rachel, bien qu'elle soit trop jeune pour le rôle de Phèdre, est bien décidée à aborder enfin le personnage. La sorte d'audition qu'elle a passée devant ses amis et leur réaction l'y ont décidée. Elle se prépare donc à cette nouvelle et redoutable bataille quand une complication d'ordre intime survient : le prince de Joinville revient plus vite que prévu. Son navire étant victime d'une avarie, il a dû embarquer sur un autre bateau, tout heureux de la surprise qu'il fait à sa bien-aimée. Celle-ci est d'ailleurs ravie de ce retour inopiné... en dépit de « l'entracte » qu'elle s'est autorisé avec Adrien Delahante. Le jeune homme est prié de déménager du quai Malaquais ; il n'y reviendra plus. *Requiescat in pace...*

En débarquant à Toulon, Joinville a trouvé une lettre de Rachel qui l'a rassuré sur les sentiments de la jeune femme : « J'étais bien souffrante ces derniers jours ; la

1. Cité par Sylvie Chevalet dans *Rachel*, Éditions Calmann-Lévy, 1992.

cause t'en sera facile à deviner, si tu commences à comprendre combien je suis capable de t'aimer... Je t'aime tant fort que je puis. Les marquis et les ducs seront enfoncés par toi... »

De temps à autre, on le constate, le côté « gamin des rues » de Rachel resurgit ; mais Son Altesse Royale ne s'offusque pas du ton familier qu'elle utilise. Cet autre billet, envoyé aussi à Toulon, nous dit assez que la reine de la tragédie oublie parfois l'étiquette : « ... Tu feras qu'il en soit autrement, mon vieux chien, et puisque tu veux bien remuer ta queue en mon honneur, remue aussi les quatre pattes pour arriver à Paris... » On ne sait si le prince a suivi le conseil si « personnel » de Rachel, mais de toute façon, il n'a guère le temps de s'attarder à Paris ; une fois encore son service l'éloigne. Le nouveau départ lui sera fatal. Après le fils du roi est venu le tour du fils de l'Empereur...

V

VICTOIRE IMPÉRIALE ET FILS D'EMPEREUR

En cette année 1842, outre ses représentations à la Comédie-Française, Rachel est retournée en Angleterre ; elle a joué aussi dans les plus grandes villes de Belgique. Partout elle a connu le succès ; cela devient banal de l'écrire. Mais la grande affaire pour elle, le défi qu'elle se lance à elle-même en même temps qu'au public, au début de l'année suivante, c'est *Phèdre*. Depuis le temps qu'elle a le désir de prêter son talent à l'héroïne de Racine, elle ne peut pas reculer... Pourtant, c'est bien ce qu'elle a envie de faire lorsqu'elle apprend que la pièce est mise au programme du Français. Elle comprend qu'en une seule soirée c'est toute sa carrière qu'elle remet en jeu, qu'elle jette en pâture au redoutable jugement des Janin et des Sainte-Beuve. C'est sa jeune réputation qu'elle risque de perdre en se mesurant à l'un des personnages clefs du théâtre classique. Or, elle n'a ni l'âge, ni l'expérience, ni le physique qui correspondent à l'infortunée reine de Grèce, mais elle a en elle une flamme ardente, un génie à l'état pur qui la conduisent à se surpasser dans les grandes occasions.

C'est ce qui se produit le 21 janvier, quand elle entre en scène. Le public, qui pressent l'enjeu dont il est le témoin, retient son souffle. Que va-t-il se passer ? Demandons à Théophile Gautier de nous l'apprendre : « Au premier pas qu'elle a fait hors de la coulisse, le succès n'était plus douteux – écrira-t-il au lendemain de cette soirée mémorable –, jamais physionomie d'un rôle ne fut mieux composée. Quand elle s'est avancée, pâle comme son propre fantôme, les yeux rouges dans son masque de marbre, les bras dénoués et morts, le corps inerte sous ses belles draperies à plis droits, il nous a semblé voir, non pas mademoiselle Rachel, mais Phèdre elle-même. Son costume était d'une élégance sévère. Le diadème, le voile, le péplum moucheté d'étincelles d'or, la tunique, le manteau de pourpre, tout était du meilleur goût. Pendant deux heures, elle nous a représenté *Phèdre* sans que l'illusion cessât une minute, malgré cette abominable colonnade dans le goût messidor qui sert, ou plutôt qui ne sert pas de décoration, malgré ces affreux fauteuils de comptoir qui ont des serviettes dans le dos, malgré la nuance intermédiaire entre l'abricot et le potiron de la tunique d'Hippolyte, malgré les rideaux de salle à manger qui formaient le vêtement d'Œnone... Le succès a été immense... Redemandée après le quatrième acte, mademoiselle Rachel a eu le bon goût de ne pas reparaître, de peur de détruire l'illusion en se produisant sous sa propre physionomie. Des tonnerres d'applaudissement l'ont récompensée de cette réserve, à la chute du rideau. »

Théophile Gautier n'est pas seul à chanter les louanges de la tragédienne ; Sainte-Beuve, qui n'est pas toujours gentil avec elle – d'ailleurs avec qui Sainte-Beuve est-il gentil, à moins que ses intérêts ne soient en jeu ? – s'écrie : « Elle a gagné sa bataille de Marengo ! Cette bataille générale que le talent, après les premiers succès, doit livrer un certain jour et qu'il perd si souvent. N'écoutez rien de ce que dit Jules Janin... » Sainte-Beuve était satisfait, il avait fait coup double : s'attirer la reconnaissance de Rachel et donner au passage un coup de griffe à un confrère... Il est vrai que, dans ce concert général, le critique du *Journal des Débats* est l'un des rares à faire la fine bouche. Le public, – le brave public populaire du « paradis » comme le public snob des loges – lui, est unanime pour tresser des couronnes à la tragédienne... pendant que les recettes de la Comédie-Française grimpent en flèche.

L'influence de Rachel dans la Maison de Molière suit la même courbe ascendante ; elle va en profiter pour faire recevoir une bien médiocre tragédie commise par son amie Delphine de Girardin. Épouse d'un puissant directeur de journal, fille de Sophie Gay, dont le salon vit défiler les plus illustres gloires littéraires du début du XIXe siècle, Delphine de Girardin se croit auteur dramatique ; elle est la seule à partager cette opinion, ce qui, malheureusement, ne l'empêche pas d'écrire *Judith*, la pièce qu'elle destine à Rachel, une espèce de grosse machine biblique qui distille un ennui soporifique. Si Rachel a accepté de prêter son talent à cette œuvre languissante, c'est sans doute parce que Mme de Girardin a pris la défense de ses coreligionnaires, position courageuse à une époque où l'antisémitisme se nourrit des plus basses calomnies. Rachel éprouve donc une réelle affection pour Delphine de Girardin... Ce qui ne l'empêchera pas, quelques années plus tard, d'avoir une aventure avec son mari ! Mais après tout, il s'agit là, dans le milieu du spectacle, d'une sorte de tradition !

Nous n'en sommes pas encore là et, pour le moment, Rachel redouble d'amabilité à l'égard de l'auteur de *Judith*. Grâce à elle la pièce sera jouée au Français et, toujours grâce à sa prestigieuse interprète, fera des recettes très honnêtes, malgré une presse défavorable.

Cependant, voici que l'existence amoureuse de l'actrice va s'enrichir d'un nouveau chapitre. Joinville, « le gros chien », naviguait sur des mers lointaines ; l'aventure avec Adrien Delahante n'avait été qu'une aimable transition ; Rachel n'était pas femme à demeurer sans homme. C'est alors qu'un nouvel admirateur apparaît à l'horizon... Et pas n'importe quel admirateur, puisqu'il s'agit du propre fils de Napoléon Ier.

Le comte Alexandre Walewski, lorsqu'il « met le siège » devant la tragédienne, est un fort bel homme de trente-trois ans qui ressemble de façon saisissante à son illustre père. C'est un enfant de l'amour puisqu'il est né de la passion qu'a nourrie l'Empereur pour la jolie comtesse Marie Walewska. Leur rencontre impromptue, dans l'hiver glacé sur une route de Pologne, le 1er janvier 1807, tient du conte de fées : dès le premier instant Napoléon est séduit par cette jeune femme de vingt ans qui s'est jetée à ses pieds en le suppliant de ressusciter sa patrie. La Pologne alors a disparu de la carte de l'Europe, partagée entre des voisins voraces : la Russie, la Prusse et l'Autriche. Entre l'ardente patriote et l'Empereur, c'est le début d'une folle aventure que vient couronner, en 1810, la naissance du petit Alexandre. Les vicissitudes que connaissent bientôt l'Empire et son chef ne peuvent interrompre la liaison de Napoléon avec celle qu'il nomme son « épouse polonaise ». Marie aime Napoléon dans l'adversité comme elle l'a aimé lorsqu'il était au faîte de sa puissance ; elle ira jusqu'à le rejoindre à l'île d'Elbe, lorsqu'il sera proscrit.

Alexandre Walewski est un jeune homme qui mène une vie brillante et qui ne se prive de rien. Les propriétés que son père lui avait allouées lui assurent une belle fortune dont il use sans compter. Bien qu'il se consacre à la carrière diplomatique, le théâtre constitue pour lui un centre d'intérêt constant en raison des rencontres agréables qu'il procure, et la Comédie-Française en particulier. Il y a d'ailleurs fait jouer une comédie, *l'École du monde*, acceptée en raison de la personnalité « historique » de son auteur, mais d'une qualité très discutable. À défaut de pouvoir persévérer dans la carrière d'auteur dramatique et de faire jouer les actrices de la Maison de Molière, Walewski étudie leur talent sur un autre plan. C'est ainsi qu'il est devenu l'amant de Mlle Anaïs, une des ingénues en titre du Théâtre-Français. Si elle joue les ingénues à la scène, Mlle Anaïs abandonne ce personnage à la ville pour le plus grand plaisir du comte. C'est en venant lui rendre visite dans sa loge que le fils de l'Empereur croise Rachel. Un simple regard de la tragédienne suffit à l'enflammer ; il tombe amoureux fou du jour au lendemain.

De son côté, Rachel n'est pas insensible à la prestance, à la parole facile et au nom de ce nouvel admirateur, et le lui laisse entendre. Walewski ne se fait pas prier pour profiter de l'aubaine. Alors, exit Mlle Anaïs ! Non sans quelques jérémiades, l'ingénue cède la place à la tragédienne. Voici pour Rachel un « homme de sa vie » de plus ! Parce que la réputation de la jeune femme commence à être sulfureuse, son irruption dans la vie du comte ne va pas sans provoquer des commentaires plus ou moins malveillants qu'elle s'efforce de démentir la main sur le cœur. Provisoirement rassuré, Walewski se lance à corps perdu dans l'aventure. Il commence par multiplier les présents, ce que Rachel apprécie ; puis il lui offre un petit hôtel particulier, rue Trudon, ce qu'elle apprécie encore davantage !

À chaque médaille, il y a un revers ; Walewski est du genre « amoureux jaloux ». Il est vrai qu'avec une femme comme Rachel, il n'a que l'embarras des soupçons ; Rachel a beau protester de son innocence, le ferment de la jalousie est si fortement implanté dans le cœur de son amant qu'elle n'arrive pas à l'en extirper. Alors elle perd patience et le lui écrit : « Si vous m'aimez assez pour ne pas croire toutes ces sornettes, je ne vous en aimerai que davantage ; mais si le contraire se fait apercevoir dans la réponse que j'attends à ma lettre, vous trouverez bien naturel, n'est-ce pas, que je vous conserve toujours la même amitié, mais loin de vous ? C'est à vous de prononcer le beau temps ou la pluie. Choisissez puisqu'une nouvelle année commence, mais avant de formuler votre choix réfléchissez que je vous aime et que je n'espère qu'à vous en fournir toutes les preuves que vous pourrez désirer. En tout cas, voici pour ma part les vœux que je formule... »

Comment résister à une telle lettre lorsqu'on est épris de la personne qui la rédige ? Le comte n'y résiste pas et s'engage à abandonner tous ses soupçons. Promesse qu'il s'empresse de ne pas tenir ! On ne peut lutter contre sa nature profonde. Dans les rapports de la tragédienne et du diplomate, il y aura toujours un décalage ; il est passionnément amoureux d'elle, elle le trouve à son goût, sans plus... On voit la nuance.

Cependant, Rachel s'attelle à l'agréable tâche de meubler la demeure que son amant lui a offerte. Elle n'a pas perdu son goût de « saltimbanque » et encombre chaque pièce d'une infinités de bibelots, de lampes, d'objets exotiques qu'elle a ramassés chez tous les antiquaires de Paris, si bien que l'hôtel revêt très vite l'apparence d'un « bric-à-brac » de luxe. Rachel, ou plutôt son généreux « commanditaire », n'a pas regardé à la dépense. Un grand escalier « façon Versailles » mène à la chambre à coucher arrangée comme une bonbonnière Louis XV. La salle de bains est en marbre de Carrare et le boudoir est meublé d'objets en provenance de Chine. Mais la pièce la plus remarquable est le salon, évidemment de style Louis XIV, théâtre classique oblige. Dans ce salon, Rachel va recevoir la fine fleur du Tout-Paris. Les dîners qu'elle donne sont autant de petits événements où il est de bon ton d'être invité. Servis par des laquais en livrée, dans de la vaisselle en argent, les plus hauts personnages des deux faubourgs – Saint-Germain et Saint-Honoré – s'y rencontrent et admirent l'aisance et la verve de leur hôtesse. Que de progrès accomplis en moins de cinq ans par celle qui n'était alors qu'une pauvresse ! Aujourd'hui, tout cela semble bien loin et Walewski, qui joue volontiers les maîtres de maison, est très fier de sa compagne.

Parfois une faille apparaît, démontrant ce qu'il y a encore de superficiel dans l'éducation de Rachel. Ainsi, au duc de Noailles, elle écrit avec une simplicité évidente : « Venez donc un matin me demander à déjeuner sans façon. Vous aurez du chocolat ; tous mes domestiques en prennent ! » Une autre fois, elle a prié à dîner une demi-douzaine de personnages importants. À sept heures, ses invités sont là... mais pas elle ! Elle arrive enfin, mais à neuf heures du soir. Et quand elle découvre les présents, avec une spontanéité désarmante, elle leur déclare : « Oh ! c'est vrai, c'était ce soir ! Je vous avais complètement oubliés ! » Apparemment, Walewski ne s'offusque pas de ce comportement. Pour combler les lacunes de sa petite amie, il lui a conseillé de lire et Rachel obtempère ; mais en matière de littérature, elle nourrit un goût marqué pour les petites histoires d'amour dont, nous dit un témoin, « elle était aussi folle que la dernière des concierges ou la modiste la plus sentimentale ».

Veut-on encore un exemple des gaffes de notre tragédienne ? Un jour, elle admire chez les Crémieux une reproduction de la *Vénus* de Milo :

– Qu'est-ce donc que cette femme sans bras ? demande-t-elle à Mme Crémieux.

– C'est la *Vénus* de Milo, lui apprend son interlocutrice.

Quelque temps plus tard, les hasards d'un dîner la placent à côté du banquier Milhau, personnage en vue dans les milieux financiers. Arborant son plus beau sourire, elle lui déclare :

– Dites donc, monsieur Milhau, tous mes compliments ! J'ai vu votre *Vénus* chez monsieur Crémieux... Elle est joliment réussie !

Elle va pourtant se rattraper un peu plus tard lors d'une visite au Louvre. C'est son père qui l'y a conduite ; n'en soyons pas surpris, nous savons déjà que Jacques Félix possède un sens artistique inné qui lui fait apprécier les belles choses. Cette visite au Louvre est une révélation pour Rachel ; elle ressent une émotion comparable à celle éprouvée lorsqu'elle a rencontré pour la première fois la tragédie classique. Mais laissons-la nous décrire elle-même ce que furent ses sensations : « Il se fit en moi je ne sais quelle révolution, qui fut une révélation. Je trouvai que c'était beau d'être beau. Je sortis de là plus grande, avec une dignité d'emprunt dont je devais me faire une grâce naturelle. Le lendemain, je feuilletai des gravures d'après l'antique ; jamais leçon de Conservatoire ne me fut si bonne. »

Ne croyons pas que Rachel soit inconsciente des efforts qu'elle doit fournir pour combler le vide de son instruction et pour donner, à défaut de connaissances réelles, l'impression d'une certaine culture. Mais dans le tourbillon de sa vie, elle n'a guère le temps d'approfondir les problèmes qui se posent à elle. Ce qui explique, comme on l'a vu, qu'elle ne prenne pas la peine de lire en entier les pièces qu'elle joue, et que, pour ses lectures, elle choisisse des romans de quatre sous. En revanche, dès son jeune âge, elle a souffert d'un complexe d'infériorité ; jugeant avec lucidité son physique, elle va tout faire pour obtenir ce que la nature lui a refusé. Encore une fois, écoutons-la évoquer le combat quotidien qu'elle mena : « Je me suis étudiée chaque jour à n'être plus laide. Comme j'étais en pleine sève, quand cette idée-là m'est venue de me refaire sur l'ébauche paternelle et maternelle, Dieu aidant, tout s'est arrangé. Les bosses de mon front sont tombées, mes cheveux l'ont voilé à l'antique, mes yeux se sont fendus, mon nez a repris la ligne droite, mes lèvres trop minces se sont arrondies ; j'ai commandé à mes dents en désordre de se remettre en ligne... »

Il n'y a que Rachel pour avoir tenté et réussi une telle entreprise de reconstruction physique. Il faut croire d'ailleurs que ses efforts ont porté leurs fruits. Personne en effet ne songe plus à dire qu'elle est laide ; au contraire, tous s'accordent pour célébrer ses charmes et pour leur faire allégeance. Les hommages qu'elle reçoit ne viennent pas de n'importe qui. Qu'on en juge : Andersen, l'immortel auteur des *Contes* fameux, note dans son journal : « Mon Dieu, je vous remercie de m'avoir fait la grâce de vivre jusqu'à ce soir, puisque ce soir je verrai Mlle Rachel dans *Phèdre !* » Même engouement chez Stendhal. Comme une dame de la haute société l'invite à dîner pour le lendemain soir, il lui répond : « Madame, je suis désolé, mais j'ai demain soir un billet pour aller voir Rachel dans *Cinna.* »

On a déjà vu le compliment que lui a adressé Chateaubriand ; Lamartine n'est pas en reste qui lui offre son *Histoire des Girondins* avec cette dédicace symbolique : « C'est la tragédie moderne qui se présente humblement en mauvaise prose à la tragédie antique. Elle deviendra drame, et poème à son tour, et, à ce titre, elle vous appartient de droit, car le drame est l'histoire populaire des nations et le théâtre est la tribune du cœur. » Bérenger aussi y va de son compliment quand il encourage la jeune femme « à ressusciter le Théâtre-Français assoupi ».

Ce que nous appellerions aujourd'hui cette « Rachelmania » ne lui fait pas que des amis ; ce serait trop beau. Les femmes notamment ne se privent pas de répandre leur fiel à son propos. Ainsi une Mme Saubest, l'amie de Musset, ne porte pas Rachel dans son cœur. C'est ce qui ressort d'une lettre qu'au mois de janvier 1843 elle adresse à Paul de Musset, le propre frère d'Alfred, auprès duquel elle espère trouver une oreille complaisante en raison des dissensions qui ont opposé la tragédienne et le poète. « Rachel reçoit les jeudis, explique la "bonne dame". On lui a fait compliment sur la tenue de Walewski, qui avait l'air d'un monsieur et non d'un amant. À quoi elle a répondu : "Je suis comme ça, je veux bien des locataires, mais pas de propriétaires." Tous les ducs et princes y vont. Edmond y a été hier au soir ; c'est la première fois qu'il la voit de près et c'est le seul homme que j'ai vu porter un jugement impartial à première vue, en dépit des grâces qu'elle lui a prodiguées. Il était tout le temps frappé de sa fourberie ; il me disait tout à l'heure que sa fausseté gâtait tous ses propos, où il reconnaissait de l'esprit, de la grâce et du naturel. Arrangez, mon cher vizir, cette macédoine... »

Jugement qui manque évidemment d'impartialité mais que Rachel ne fait rien pour modifier car elle se moque des jalousies qu'elle soulève sur son passage. Pour l'heure, elle poursuit son idylle du moment, c'est-à-dire qu'elle file le parfait amour avec le fils de l'Empereur dont, pourtant, bien des comportements la sépare. Autant elle est espiègle, expansive et souvent superficielle, autant Walewski est de tempérament pontifiant, fier de son ascendance et souvent ennuyeux quand il se lance dans de longs discours. Comme on s'étonnait devant George Sand qu'il ait pu inspirer de tendres sentiments à la tragédienne, l'auteur de *la Mare au diable* eut cette réplique : « Je comprends cela : le caractère du comte doit lui reposer l'esprit ! »

Cependant, Walewski voue à la jeune femme un amour absolu, complet... envahissant. On a vu qu'il ne parvenait pas toujours à maîtriser sa jalousie, bien que Rachel ne lui en fournisse pas – pas encore – de motifs. Il ne peut se satisfaire de ce rôle de « locataire » que Rachel lui a attribué ; il entend au contraire être reconnu comme un « propriétaire » à part entière. Dans son esprit, la passion qu'il porte à la jeune femme justifie cette prétention ; il va même jusqu'à le lui écrire, suprême maladresse lorsqu'on connaît le goût de l'indépendance de la jeune femme : « Mon amour, mon affection, mon amitié, mon intérêt pour toi méritent de ta part une vive reconnaissance, lui déclare-t-il. On n'est pas aimée deux fois dans la vie comme tu l'es par moi. Je te demande la franchise sans limite ni restriction. Dans une position aussi difficile que la tienne, entourée de tant de jalousies, de tant d'envies, de tant d'ennemis, on ne saurait se maintenir dans une position honorable à côté de toi si on ne dirige pas entièrement ta conduite... Je te demande de renoncer totalement à toute coquetterie ; tu ne dois mettre aucune retenue dans tes confidences à mon égard, tu dois tout me dire et faire tout ce que je te prescrirai. Si après ce que je te dis, tu me cachais quelque chose, si tu me trompais, tu serais impardonnable en équité, en honneur, en raison enfin. »

Quelle dut être la réaction de Rachel en lisant ce « bréviaire » ? Sans doute nourrissait-elle encore pour Alexandre assez de tendresse pour ne pas se rebeller. Cette soumission est momentanée ; bientôt, elle la rejettera et de fréquentes disputes éclateront entre les deux amants. Rachel ira même jusqu'à mettre le comte à la porte. Mais nous n'en sommes pas encore là. Pour complaire à son amoureux, elle accomplit même certaines « corvées », comme elle l'écrit à sa sœur Sarah : « J'ai passé cinq mortelles heures à la Chambre des Députés pour entendre d'ennuyeux discours auxquels je n'ai pas compris un traître mot... »

Elle va donner à son amant d'autres preuves de bonne volonté. Walewski a choisi la nationalité française, mais il est polonais de naissance, et officiellement le fils d'un riche propriétaire de Pologne, le comte Walewski. Marie, sa mère, contrainte par sa famille, avait dû épouser à l'âge de dix-sept ans Anastase Walewski, qui avait la bagatelle... de cinquante-deux ans de plus qu'elle ! Mariage sans amour, mais dont Marie, en honnête chrétienne, avait respecté les commandements... jusqu'à sa rencontre avec Napoléon. De cette rencontre, on retient notamment cette péripétie qui ne manque pas de saveur : lorsque la noblesse polonaise s'était rendu compte de l'attirance que l'Empereur éprouvait pour la jeune femme et des conséquences heureuses qui pouvaient en découler pour le pays, un complot s'était formé afin que Marie couronnât les désirs du maître de l'Europe, un complot auquel s'était joint... le comte Walewski lui-même, prêt à sacrifier l'honneur conjugal sur l'autel de la patrie. Objet de toutes les prières et de toutes les pressions, la comtesse Walewska avait fini par céder et, bientôt, elle avait partagé la passion du souverain. Né de ces amour « coupables », Walewski n'en gardait pas moins un profond attachement à la Pologne et prêtait son concours à toutes les manifestations données à Paris en l'honneur de l'infortuné pays. Par dévouement, bien que cela l'ennuie profondément, Rachel accepte de participer à certaines de ces manifestations ; ainsi participe-t-elle à un spectacle donné au bénéfice des petits orphelins polonais ou encore joue-t-elle des fragments de *Bérénice* à la Comédie-Française, toujours au profit des mêmes orphelins. Sans doute le comité des sociétaires n'éprouve-t-il pas pour les petits Polonais la même tendresse que Rachel, car il rappelle à son étoile que la Comédie-Française n'est pas une officine de bienfaisance ! Rachel se le tient pour dit ; en revanche, lorsque ce même comité lui reproche d'avoir mis *Bérénice* à son répertoire, sous le prétexte que la recette n'a pas été celle qu'on attendait, la tragédienne riposte sèchement : « *Bérénice* est le chef-d'œuvre de Racine, si ce n'est au point de vue de l'action dramatique, du moins au point de vue du style et de la poésie. Je ne puis ni ne dois espérer une égale réussite dans toutes les reprises que je tenterai, mais ce qu'il y a de certain c'est que le public m'approuve d'agrandir mon répertoire... » Buloz, qui venait de prendre la direction du Théâtre-Français, juge plus prudent de ne pas insister ; on ne contrarie pas la « poule aux œufs d'or »...

Et voici qu'un nouveau compétiteur se présente... Un compétiteur de poids, au propre comme au figuré : Alexandre Dumas. L'illustre écrivain est alors dans la force de l'âge... et dans l'âge de la force. À lui seul, il est la vivante représentation de ses mousquetaires, ces héros qu'il a rendus immortels, avec toutes les qualités et les défauts qu'il leur a prêtés. Intrépide, enjôleur, hâbleur, dynamique, menteur, charmant, prodigue, cet homme évoque un volcan en éruption permanente. Habitué aux bonnes fortunes faciles, plusieurs années auparavant il avait trouvé bien des attraits à la petite débutante et, avec sa faconde coutumière, n'y était pas allé par quatre chemins : « Votre bouche rapprochée de la mienne quand j'étais à vos genoux, au théâtre, a fait vibrer jusqu'à la moindre fibre de mon cœur... »

Lors de la lecture d'une de ses pièces, au Français, Dumas s'était en effet trouvé assis près de la tragédienne ; il n'en avait pas fallu davantage pour que son imagination s'enflammât, mais les choses n'étaient pas allées plus loin. Jusqu'à ce jour de juillet 1843 où Dumas passe par Marseille ; Rachel est venue dans cette ville donner quelques représentations. Elle n'est pas seule : Walewski l'a rejointe, comme il le fait souvent dans les villes où elle est en tournée. Ce soir-là donc, l'auteur des *Trois Mousquetaires* dîne avec le couple et le journaliste Méry. Après dîner, on se promène au Prado : Dumas donne le bras à Rachel et, à un moment, il sent ce bras tressaillir contre le sien. Sans doute la jeune femme a-t-elle froid, tout simplement, mais l'écrivain, lui, prend ce frisson pour un signe de trouble. Cela suffit pour que, sur la route de son retour à Paris, Dumas lui adresse une lettre brûlante, qui justifie une large citation par son côté excessif.

« D'abord, laissez-moi vous adorer à deux genoux comme le dernier de vos sujets et le premier de vos admirateurs... Vous avez été si bonne, parfaite, charmante, vous m'avez fait l'envié de toute une ville... Maintenant, parlons un peu de mon cœur, ceci est plus difficile... Depuis deux jours, vous me rendez fou, et il faut passer quelque chose aux insensés. Méry vous appelle Circé, vous avez quelque chose de fascinateur comme l'enchanteresse antique. Les autres femmes cherchent à plaire, vous, vous daignez plaire. Si votre âme a déjà animé d'autres corps, vous avez certainement été Judith et Cléopâtre ; il vous reste des deux. Je vous dois deux jours rayonnants... Toute ma vie, je me rappellerai cette soirée au bord de la mer, toute ma vie, je sentirai votre main s'appuyer sur mon bras, toute ma vie, je retrouverai la sensation de votre corps se cambrant près du mien... Il y a des bonheurs plus vifs ; il n'y en a pas de plus complet... Si je vous le disais en tenant votre main vous comprendriez peut-être qu'il y a plus en moi que dans les autres... La première fois que je vous ai vue, je me promis de ne jamais m'approcher de vous de peur de devenir amoureux fou de vous ; il y a des pressentiments... Une année de ma vie pour une soirée au bord de la mer, tous deux seuls dans une voiture, vous à demi couchée dans mes bras, la tête sur mon cœur et m'écoutant penser ; quelles paroles aussi bien que le silence savent dire en deux mots : je t'aime... Dites-moi si, de votre côté... Je n'ose pas vous interroger... Quand vous reverrai-je ? Où vous reverrai-je ? Si vous vous ennuyez par trop à Lyon ne pourriez-vous donc m'écrire un mot ? Au revoir donc, ma belle majesté. Pensez à moi quelquefois, et songez que je pense à vous toujours. A. D., Avignon, 10 heures du matin. »

Il faut croire que ces lignes, pour aussi passionnées qu'elles soient, ne troublent guère Rachel puisqu'elle n'y répond pas. Qu'à cela ne tienne ! Il en faudrait davantage pour décourager l'amoureux impétueux qu'est Alexandre Dumas. Est-il aussi épris qu'il l'affirme, ou bien est-ce son orgueil de mâle qui le pousse ? En tout cas, il récidive sur le même ton : « Savez-vous que vous êtes cruelle de m'avoir promis de m'écrire et de me réduire à n'avoir de vos nouvelles que par les journaux... À défaut des joies de l'amour, on en accepte les douleurs... Je vous aime, Rachel, je vous aime beaucoup, et cela est si vrai qu'en vous écrivant, je me répète ces mots à moi-même et tout haut pour me les entendre dire... On se trompe à un regard, on se trompe à un serrement de main ; un serrement de main peut n'être que l'expression d'une bienveillance gracieuse ; on se trompe à un de ces frissonnements comme ceux que j'ai cru sentir par tout votre corps quand vous vous appuyiez contre moi, pendant ce beau soir, sur cette belle plage... C'était peut-être moi qui frissonnais à votre toucher et non pas vous... »

Dumas est certainement au courant du passé amoureux bien rempli de Rachel. La fatuité étant le propre de l'homme, il a dû penser : « Pourquoi pas moi ? » Ce qui explique son insistance et les illusions qu'il se fait. La tragédienne va se charger de le ramener à la réalité. Il n'y a pas si longtemps que sa liaison avec Walewski a débuté ; selon toute vraisemblance, elle est encore dans une de ses périodes de fidélité... Le pauvre Dumas est tombé à un mauvais moment. Il va s'en rendre compte au reçu de cette lettre que Rachel lui adresse de Lyon, le 16 juillet 1843 : « J'avais espéré que mon silence suffirait pour vous prouver que vous m'aviez mal jugée ; il en est autrement. Je suis donc forcée de vous prier de cesser une correspondance dont je suis et dois être justement blessée. Vous me dites, Monsieur, que vous n'oseriez pas me répéter de près ce que vous m'écrivez ; je n'ai qu'un regret, c'est celui de ne pas vous inspirer de loin autant de déférence que de près. J'ai accepté avec empressement l'offre que vous m'avez faite de m'écrire ; je vous l'avouerai naïvement ; je me trouvais flattée de recevoir des lettres de Monsieur Alexandre Dumas, mais rien, ni dans vos paroles ni dans votre conduite ne pouvait me faire conjecturer la nature des lettres que vous vouliez m'écrire... Je vous ai dit que je conserverai longtemps le souvenir du dîner que vous nous avez donné au Prado ; en effet, une réunion au bord de la mer, la présence de deux grands poètes – Alexandre Dumas et Méry – que je pouvais croire mes amis, une soirée charmante, et tout cela auprès de la personne qui possède toutes mes affections – le comte Walewski – n'était-ce pas plus qu'il en fallait pour laisser un souvenir ? Je savais qu'avec les sots il faut peser ses moindres paroles ; j'ignorais qu'il y eut des hommes d'esprit avec qui les mêmes précautions fussent nécessaires... »

Ces lignes vexent profondément l'écrivain ; il n'est pas habitué à être traité de la sorte. Sa fierté blessée lui dicte une réplique insolente : « Madame, puisque vous le voulez absolument, restons-en où nous en sommes. Ce sera toujours une partie du chemin fait pour l'avenir. Votre admirateur et surtout votre ami. »

Le petit jeu continue. À son tour Rachel se sent outragée et réplique vertement : « Monsieur, je vous renvoie les deux lignes que vous n'avez pas craint de m'adresser ; quand une femme est décidée à n'invoquer le secours de personne, elle n'a pas d'autre moyen de répondre à une offense ; et si je me suis trompée sur votre intention, si vous avez laissé tomber par mégarde de votre plume ces deux lignes au milieu de vos innombrables obligations, vous serez charmé de les revoir. »

Il est certain que le comte Walewski a suivi les épisodes de ce petit « drame », puisqu'il a rejoint Rachel à Lyon. C'est ce qu'a dû deviner Dumas. Afin de garder le beau rôle, il va feindre de considérer toute l'affaire comme un badinage sans conséquence et c'est sur le ton de la plaisanterie qu'il reconnaît sa défaite dans une lettre adressée cette fois à l'heureux « détenteur » actuel des faveurs de l'artiste, le comte Walewski : « J'ai voulu faire le siège d'une ville dont vous êtes le gouverneur et j'ai été battu à plate couture. Recevez tous mes compliments. J'aime mieux que vous sachiez votre victoire par moi que par un autre. De cette façon-là, vous n'aurez pas le droit de me garder rancune de ma défaite. Dites, je vous prie, à mademoiselle Rachel que ce n'est pas le tout de rester son admirateur, mais que je désire encore rester son ami. »

Au XIXe siècle, entre gens du monde, l'hypocrisie s'appelait de l'éducation. C'est donc en trempant sa plume dans la même encre que Walewski va mettre un point final à la controverse : « Mon cher Dumas, l'aveu que vous faites vous-même de votre défaite me ferme la bouche ; j'ose espérer d'ailleurs que s'il était question de cet épisode, ce qui n'est pas présumable, vous seriez aussi franc avec les autres qu'avec moi ; enfin, pour parler le langage stratégique dont vous vous servez, confiant dans la force de la place, j'ai assisté l'arme au bras à un siège dans les règles. Mais je serais forcé de me mettre en campagne, à mon grand regret, si, après avoir levé le siège, l'ennemi, changeant de tactique, cherchait à pénétrer par surprise ou à faire circuler des bruits de capitulation, en vue de diminuer le mérite de la défense. Une semblable façon de procéder serait peu loyale, par conséquent inadmissible à votre endroit ; sans rancune donc, et tout à vous. » Ah, qu'en termes galants ces choses-là sont dites ! L'incident était clos et, de ce fait, ses acteurs évitaient de tomber dans le ridicule. Ce qu'Alexandre Dumas ne pouvait alors prévoir c'est que, quelques années plus tard, il serait d'une certaine façon vengé par son fils. Nous aurons l'occasion d'y revenir.

Cette preuve de fidélité que Rachel lui a donnée ne suffit pourtant pas à apaiser la jalousie maladive d'Alexandre Walewski. Même à Lyon, alors qu'il ne la quitte pas d'un moment, le comte trouve le moyen de faire des scènes ; Rachel ayant conservé un médaillon que lui avait offert deux ans auparavant le prince de Joinville, Walewski lui démontre qu'on peut être aussi bien jaloux du passé que du présent ; il arrache le médaillon du cou de sa maîtresse, geste qui a le don de provoquer une dispute violente. Cette fois, Rachel est à bout de patience et, quittant l'hôtel où ils sont descendus, elle lui laisse ce billet : « J'ai été plus que blessée de la manière avec laquelle tu m'as arraché ce médaillon. Je ne puis te dire depuis quelques jours que je voulais sincèrement être pour toi ce que je désirais que tu fusses ; mais tu ne veux pas que je continue. Tu me l'as prouvé ce matin. En te quittant, je t'ai dit adieu, et cet adieu-là était bien arrêté en moi. Je ne veux plus te voir. Rien, rien au monde ne me fera revenir. Je veux que tu en sois pénétré autant que moi, que ce que je dis aujourd'hui est vrai. Bien adieu [1]. »

Heureusement, il ne s'agit que d'une rupture de théâtre ; les premiers moments de colère passés, les acteurs reprennent la pièce. Au mois de novembre 1843, Rachel fait une fausse couche qui a pour résultat de ramener auprès d'elle un Alexandre tout penaud, attendri, qui la couvre de cadeaux pour se faire pardonner son intempestive jalousie. Mais chez lui, le mal est irréversible ; s'il rejoint Rachel dans chacun de ses déplacements, c'est évidemment parce qu'il est amoureux... mais c'est aussi pour pouvoir la surveiller.

À cette époque, au Français, Rachel accepte de jouer des tragédies modernes. Il faut cependant bien reconnaître que les chefs-d'œuvre n'abondent pas ; ainsi cette *Catherine II*, qu'elle crée au mois de mai 1844. Malgré les

1. Cité par Louis Barthou dans *Rachel.*

efforts qu'elle déploie pour donner de la vie à une pièce que son auteur a été incapable d'animer, l'ouvrage n'est qu'une enfilade de scènes plus ennuyeuses les unes que les autres. Mais Rachel n'est jamais aussi sublime que lorsqu'elle entreprend un sauvetage désespéré, ce que souligne Théophile Gautier quand, après avoir éreinté la pièce, il lui rend hommage : « Si elle ne répond pas tout à fait à l'idée qu'on se forme de Catherine, sous le rapport de l'ampleur et de la stature, elle a des gestes d'une volonté si despotique, d'une majesté si souveraine, que nul ne peut en elle méconnaître l'impératrice. Quel mépris écrasant elle laisse tomber sur Orloff ! Quel ton bref, incisif ! Et puis ensuite, lorsqu'elle parle d'amour au jeune Ivan, quelle voix mélodieuse et pure, quel regard chastement noyé ! »

Si elle « dépense » en vain son génie avec *Catherine II*, elle va prendre une revanche éclatante avec *Virginie*, due à l'inspiration – s'il est permis d'employer ce terme en une si pauvre circonstance – d'un M. Latour de Saint-Ybars. Aujourd'hui tombé dans un oubli dont il n'est pas près de ressortir, Latour de Saint-Ybars devient célèbre du soir au lendemain. À la fin du dernier acte, le public se dresse pour acclamer la tragédie. Pourtant, la pièce est d'une médiocrité qui touche au sublime, mal construite, avec des dialogues d'une platitude désespérante et une versification tout aussi laborieuse. Seulement, encore une fois, il y a Rachel... Une Rachel qui se montre tour à tour gracieuse et violente, caressante et énergique, douce et farouche, humaine et impitoyable. Jusque-là, impressionnée par ce qu'elle avait montré dans des personnages comme Camille ou Hermione, la critique doutait parfois qu'elle pût être aussi sensible et tendre quand le rôle l'exigeait. C'est en effet une regrettable habitude, qui perdure encore, de classer les artistes dans des catégories précises, de fixer une fois pour toutes le genre auquel ils appartiennent et de ne plus leur permettre d'en sortir. Rachel, par l'étendue de ses moyens d'expression, démontre qu'elle peut aborder tous les types de personnages avec un égal bonheur. C'est ainsi qu'elle saura jouer les servantes de comédie avec autant d'entrain, de gaieté, de rythme qu'elle mettait d'émotion, de force, de gravité dans des héroïnes de tragédie.

Durant les représentations de *Virginie*, Rachel est prise d'un malaise. Le verdict des médecins est formel : elle est de nouveau enceinte et si elle n'arrête pas immédiatement toute activité, elle risque de faire une fausse couche, comme l'année précédente. Aussitôt Walewski loue une villa à Marly et y conduit la jeune femme. Marly est alors un village champêtre et la demeure trouvée par Walewski est nichée au milieu d'un beau parc fleuri... L'endroit idéal pour une longue période de repos. Mais ce serait mal connaître Rachel que d'imaginer qu'elle puisse vivre longtemps éloignée du théâtre. Au début du mois de mai, se sentant mieux, elle décide malgré les protestations d'Alexandre de reprendre son rôle. Puis, en dépit de son état, elle poursuit une activité toujours aussi intense qui la conduit en Belgique et dans plusieurs villes de province, sans compter les spectacles qu'elle donne régulièrement à la Comédie-Française. À l'occasion de l'un d'eux, elle a la joie d'avoir pour partenaires sa toute jeune sœur Rébecca et son frère Raphaël qu'elle a fait engager en qualité de pensionnaires.

Si elle s'est affranchie de la tutelle paternelle, Rachel en effet n'a pas cessé de veiller sur le bien-être de sa famille et d'aider sur tous les plans chacun de ses membres. Sa sœur aînée Sarah – que maintenant tout le monde appelle Sophie – revient vivre auprès d'elle après chacune de ses déconvenues sentimentales, c'est-à-dire chaque fois que l'un de ses riches amants la quitte. Quant à Rébecca et Raphaël, c'est évidemment l'exemple de leur célèbre sœur qui les a conduits vers une carrière artistique. Ce qui est plus inattendu, c'est qu'ils ont eu leur père comme professeur. Eh oui ! Aussi incongru que cela paraisse, Jacques Félix manifeste un sens remarquable de l'interprétation des grands classiques, une intelligence du texte et de ses intentions les plus secrètes ; ce qui est étonnant de la part d'un homme qui, à l'âge où d'autres poursuivent leurs études, poursuivait le client avec ses marchandises de pacotille. Il est certain que ce miraculeux don d'assimilation que possédait Rachel lui venait, pour une bonne part, de ce géniteur atypique.

Dans chacune de ses prestations en province ou en Belgique, Rachel est accompagnée par Walewski, ou bien rejoint par lui. Ce qui semble indiquer que les activités de diplomate du jeune homme ne sont pas trop absorbantes, mais également qu'il est toujours aussi épris de la tragédienne. Que, dans ces conditions, elle ait songé à se faire épouser n'a rien de tellement surprenant. La naissance prochaine d'un enfant la conforte davantage dans ce désir, mais lorsqu'elle y fait allusion devant lui Alexandre fait semblant de ne pas comprendre et élude le sujet. Pourquoi cette attitude, puisqu'il l'aime et qu'il s'apprête à reconnaître l'enfant qu'il lui a fait ? Sans doute faut-il y voir un reste de ces préjugés contre le monde des artistes qui nourrissaient l'aristocratie et la bourgeoisie il n'y a pas si longtemps encore. S'il était de bon ton pour un gentilhomme ou pour un fils de famille d'avoir une maîtresse « qui fait du théâtre » et, au besoin, de se ruiner pour elle, il ne pouvait être question de mariage. Alexandre Walewski obéit donc à cette tradition surannée. L'exemple même de son ascendance aurait dû l'amener à plus de souplesse : Napoléon n'avait pas non plus épousé sa mère pour des raisons assez comparables. Pourtant, Marie Walewska était de bonne noblesse, mais l'Empereur des Français, pour des considérations dynastiques, n'avait pas voulu renoncer à ses rêves d'entrer dans la famille des autres souverains d'Europe. Il avait cru y parvenir grâce à cette union avec Marie-Louise qui devait se révéler déplorable à plus d'un titre. Alexandre avait-il souffert de sa naissance illégitime ? Sans aucun doute. Il avait un père « officiel », puisqu'il était né alors que sa mère était mariée avec le vieux comte Walewski, mais son origine, pour tout le monde, était un secret de Polichinelle ; de surcroît sa ressemblance avec Napoléon était frappante et la liaison de ce dernier avec la comtesse Walewski avait défrayé la chronique. Pourtant, Walewski s'efforçait de donner le change en niant l'évidence, ce qui provoquait parfois des quiproquos savoureux. Ainsi une dame, ayant un jour fait allusion devant lui à son étonnante ressemblance avec « son père », s'était entendu répondre par le fils de l'Empereur : « J'ignorais, madame, que le comte Walewski avait eu l'honneur de vous connaître ! »

Rachel est assez intuitive pour comprendre que jamais son amant ne donnera une forme conjugale à leur aventure ; la déconvenue qu'elle en éprouve explique, d'une certaine manière, qu'elle ne se soit pas sentie liée au comte. Son tempérament infidèle faisant le reste, elle se donnera un jour toutes les bonnes raisons de le tromper.

Mais, pour l'heure, le climat est au beau fixe. Dans les derniers jours d'octobre, Rachel a enfin accepté de prendre du repos ; à Marly, veillée avec attention par Walewski, elle attend la naissance de son enfant pour la fin novembre. L'activité de la tragédienne durant ces derniers mois, alors que les médecins lui avaient interdit tout effort, a pour conséquence de hâter la venue de l'enfant. Le 5 novembre 1844, vient au monde Alexandre Antoine Walewski que son père s'empresse d'aller reconnaître à la mairie de Marly. Ainsi, par un de ces bons tours que l'Histoire se plaît à jouer parfois, les seuls descendants directs de Napoléon Ier se trouvent être aujourd'hui ceux de Rachel ! Quelle merveilleuse connivence que celle qui unit, par-dessus le temps, l'Empereur des Français et la reine de la tragédie !

Les sentiments de Rachel pour son fils sont semblables à ceux qu'elle éprouve toujours quand elle aime : l'exaltation, la fièvre, le paroxysme... Ce petit être va faire l'objet de tous ses soins et elle va arriver à mener de front sa vie de mère, sa vie d'artiste... et sa vie de femme. La naissance du petit Alexandre n'a pourtant pas supprimé la tension qui survient parfois dans les rapports de ses parents. Témoin cette lettre de Rachel à Walewski qui se trouve alors en Espagne : « Ton fils m'a paru très heureux de la lettre que tu lui as écrite. Sa santé est fort bonne. La mienne commence à se détraquer avec l'arrivée du mauvais temps. Je ne serais pas fâchée d'ailleurs que tu me trouves un peu en mauvais état ; cela t'arrêtera à me faire des scènes. Ma conduite est irréprochable, comme tu dis. Mais cela n'empêche pas de faire des bêtises. Ne va pas être effrayée par moi : ce ne sont que des petites bêtises. À bientôt et mille tendresses. » L'éternelle, l'inguérissable jalousie d'Alexandre à laquelle Rachel décidément n'arrive pas à s'accoutumer. D'autant qu'elle est sans motif. Pour le moment, du moins... En tout cas, les scènes de son amant tombent mal, car Rachel est en train de répéter une nouvelle pièce ; encore un ouvrage contemporain. Il s'agit d'une *Jeanne d'Arc*, qui n'a rien de particulièrement réussi, mais qui est pour Rachel l'occasion d'offrir un nouvel aspect de son talent... et de son opportunisme. Elle donne en effet à son personnage un reflet patriotique qui réjouit l'âme cocardière du public. Comme d'habitude, elle se consacre à son nouveau rôle, elle y a quelque mérite car elle n'a pas exagéré lorsqu'elle s'est plainte de son état auprès de Walewski. L'hiver 1844-1845, particulièrement rigoureux, ébranle sa santé de manière inquiétante ; de violentes douleurs lui traversent la poitrine, signes précurseurs du mal qui l'emportera. À cela s'ajoute la fatigue des représentations et des voyages. Parfois, à bout de forces, elle s'arrête, mais très vite sa passion du théâtre la ramène en scène.

Cependant, entre elle et Walewski, les heurts sont de plus en plus fréquents ; la naissance d'un fils n'a pas apaisé le comportement autoritaire du comte... ni la soif de liberté de la tragédienne. Dans la rupture qui va bientôt intervenir, il faut bien avouer que Rachel a la plus grande part de responsabilité. Une fois encore elle est reprise par ses éternels démons : dès qu'elle sent qu'une liaison bat de l'aile, quand les feux de la passion faiblissent, poussée par une curiosité incoercible elle jette les yeux autour d'elle, cherchant inconsciemment la prochaine « âme sœur » ; comme ce ne sont pas les candidats qui manquent, la jeune femme ne tarde pas à la découvrir. Depuis qu'elle a compris qu'elle ne deviendrait jamais « la comtesse Walewska », insensiblement Rachel se détache d'Alexandre. Délaissant parfois son hôtel de la rue Trudon, elle a aménagé rue Joubert un élégant pied-à-terre où elle reçoit quelques intimes en toute liberté. Parmi ces intimes, un puissant personnage, Émile de Girardin. Depuis des années une longue amitié lie Rachel à la femme de ce dernier. Jusque-là, par respect pour l'épouse du directeur de *la Presse*, elle n'a pas usé de coquetterie à l'égard de son mari ; mais l'absence de Walewski [1] se prolonge et Rachel s'ennuie. Elle est de ces femmes qui ont besoin d'être désirées ; le marivaudage est son langage de prédilection. Par ailleurs, Émile de Girardin est un homme séduisant, sûr de lui, dont les bonnes fortunes ne se comptent plus. Soudain, Rachel s'en aperçoit et déclenche sur lui sa fameuse offensive de charme.

Au début, le journaliste se méfie ; il connaît la réputation de Rachel et la redoute à juste titre. Mais résister à cette ensorceleuse, c'est une tâche surhumaine et Girardin n'a rien d'un saint ! Phénomène étonnant de la part d'un homme à femmes et d'une femme... qui connaît les hommes, leur romance commence d'une manière très « fleur bleue » ; qu'on en juge d'après cette lettre que Rachel adresse à son amoureux à la suite d'un rendez-vous manqué : « Votre bonne lettre de ce matin m'a été bien au cœur ; je me voyais en effet votre fiancée et j'éprouvais la joie d'une enfant innocente. Mais, après avoir lu, je n'ai pu m'empêcher de songer que pour arriver au bonheur, il fallait fouler aux pieds tout sentiment de

1. Il remplit alors une mission en Espagne. Il faut bien que de temps à autre il exerce son métier de diplomate !

délicatesse, d'honneur, que je me suis arrêtée, effrayée. "Le bonheur n'est point fait pour vous", vous me l'écriviez, il n'y a pas longtemps encore ; mais je t'aime tant que je saurai attendre, car je suis déjà à toi par le cœur. »

Merveilleuse Rachel ! Toujours prête à embarquer pour Cythère ! Toujours prête à ajouter un « homme de sa vie » à une liste déjà longue ! C'est toujours le dernier qui l'aime qui a raison ! Dans sa bouche les mots « fiancée » et « enfant innocente » ont une résonance qui prêteraient à sourire si l'on ne savait qu'elle est sincère lorsqu'elle les écrit. En tout cas, Girardin mord à l'hameçon à belles dents. Comme tant d'autres, le voici amoureux ; on ne se frotte pas au cœur de Rachel sans conséquences et la jeune femme n'exagère pas quand elle confesse à sa sœur Sarah : « ... La lettre que je reçois en ce moment d'Émile me paraît si charmante, si affectueuse et si empreinte d'amour que je te l'envoie comme le chef-d'œuvre de la passion que je lui inspire... »

En dépit de sa passion, Girardin doit quand même patienter. Si Rachel le fait attendre pour couronner sa flamme, ce n'est pas tellement parce que sa liaison avec Walewski n'est pas terminée ; on a vu avec Véron et Musset, puis avec Joinville et Walewski, qu'elle était capable de mener deux amours de front. Non, ce qui la fait hésiter, c'est l'amitié que lui porte Mme de Girardin et ses propres sentiments à l'égard de cette dernière. En d'autres termes, Rachel a des scrupules. Elle ne tardera pas à les surmonter !

Ce billet, qu'elle adresse au nouvel élu de son cœur, nous le démontre sans équivoque : « Ami, j'arriverai demain à une heure, mais c'est juste demain, et une grave lecture m'attend au théâtre ; si je n'avais ma sœur chez moi, j'aurais été heureuse de ton projet de partir ; la présence de Sarah rend ce plaisir impossible. Je serai à la rue Joubert à quatre heures et je t'y attendrai jusqu'à cinq. La prochaine arrivée de W. me donne une inquiétude que je ne puis m'expliquer et pourtant, comme toi, je désire cette venue pour bientôt te prouver comme je dois, je puis t'aimer. »

Quand elle rédige ce billet, il est évident que « l'irréparable » s'est déjà produit, bien qu'officiellement W., c'est-à-dire Walewski, soit toujours dans la place. « On est arrivé », annonce Rachel à Girardin, le jour où le comte revient d'Espagne. Ce retour complique évidemment la vie des nouveaux amants en rendant leurs rendez-vous plus difficiles.

Ils se rencontrent rue Joubert, dans le pied-à-terre bien commode de Rachel, ou encore dans la villa de Marly. Ces rencontres, clandestines, bien entendu, sont trop rares au gré de Rachel, si on en juge par ces quelques lignes : « Je suis revenue hier de Marly pour y retourner aujourd'hui avec vous, mon ami ; il est deux heures et demie. Je pense que des occupations vous empêchent de réaliser votre projet. Je m'en retourne donc seule et désespérée mais je n'en suis pas moins à votre disposition pour une autre fois... »

Si Émile de Girardin est aussi absorbé, ce n'est pas toujours en raison de ses activités journalistiques, ni à cause du temps qu'il consacre à son épouse. Depuis des années déjà, les Girardin mènent des existences séparées. En réalité, il poursuit une liaison déjà ancienne avec Esther Guimont, une courtisane qu'Arsène Houssaye traite, non sans raison, de « dépravée à la mode ». Elle va bientôt démontrer qu'elle ne se laissera pas facilement supplanter. En attendant, Walewski, de son côté, n'a pas attendu de revenir à Paris pour connaître son infortune. Même si, à l'époque, la presse à sensations n'existe pas encore et ne distille pas des indiscrétions sur la vie privée des vedettes, Rachel est trop célèbre pour pouvoir cacher longtemps un changement de « prince consort ».

La rumeur de sa liaison est donc parvenue jusqu'à Walewski ; on imagine la réaction de ce dernier. Le 10 mars 1846, profitant de ce que Rachel est en train de jouer sur la scène de la Comédie-Française, il se rend à l'hôtel de la rue Trudon et emmène le petit Alexandre. Quand Rachel rentre le soir du théâtre et qu'elle découvre ce qui s'est passé, sa douleur est à son comble. Quelle qu'ait été jusque-là son activité amoureuse, elle nourrit pour son enfant une tendresse passionnée. S'en voir privée dans de telles circonstances la plonge dans un désarroi qui s'exprime éloquemment par ces lignes adressées à Walewski : « Mon cœur est brisé ; en le déchirant comme vous l'avez fait, Alexandre, le malheur s'en est répandu. Aussi maintenant n'ai-je plus ni amour ni affection pour me faire prendre désormais la vie en patience... Aujourd'hui, je n'espère plus rien. Je ne veux plus que la profonde solitude de mon âme. Je suis donc un monstre ! Mais vous, vous avez été bien coupable. Qu'avez-vous donc souffert pour cet enfant pour oser me l'arracher ainsi sans pitié ? Eh bien, cela ne vous a pas encore suffi. Vos domestiques m'ont humiliée. Par votre ordre, une femme que j'ai comblée a osé me répéter vos propres paroles. Je suis donc un monstre ? Car je ne puis oublier un pareil outrage. Si vous me rendez mon enfant, pour lui je vivrai seule. Mon cœur ne s'ouvrira que pour lui. Ma vie entière sera trop courte pour lui prouver ma tendresse, mon amour, mon dévouement. Si vous persistez à me chasser de son cœur en l'éloignant de sa mère, je voue mon existence à l'enfer et le diable se chargera du reste... »

Mû par un réflexe classique d'homme vexé, ayant officiellement rompu avec Rachel, le 10 mars, Walewski va se remarier dans les plus brefs délais. Le 4 juin, il épouse la comtesse Mariana de Ricci, jeune fille italienne alliée aux plus nobles familles de la Péninsule. Mais il faut croire qu'une sorte de malédiction le poursuit ; Mariana ne sera pas plus fidèle que l'a été Rachel. Il est vrai qu'elle visera haut puisqu'elle succédera à la Castiglione dans les bonnes grâces de l'empereur Napoléon III, le propre « cousin » de son mari. Si l'on se souvient que la mère d'Alexandre Walewski avait trompé son vieux mari avec le premier Napoléon, on conviendra que décidément les Bonaparte portaient malheur à l'honneur conjugal des Walewski. Il est vrai que ses infortunes conjugales contribueront pour une bonne part à la réussite du comte ; il sera plus tard ambassadeur de France et ministre des Affaires étrangères... par la grâce de celui qui l'avait fait cornard !

Quand elle apprend la nouvelle du mariage de son amant, la pauvre Rachel est désespérée. D'autant plus qu'elle est consciente d'être responsable de l'abandon du comte. N'est-ce pas elle qui a donné un coup de canif dans le contrat ? C'est à Amsterdam, où elle est en représentation, qu'elle a appris la nouvelle. Aussitôt elle s'est jetée sur son écritoire, afin de confier son chagrin à Mme de Saigneville qui joue alors auprès d'elle le rôle d'amie à tout faire : « Je suis si accablée, si étourdie du coup affreux que j'ai reçu par la nouvelle du mariage de W. que je ne puis trouver assez de sang-froid pour vous écrire longuement que les torts sont trop de mon côté ; il me faut pleurer mais non me plaindre ; j'ai tout fait et Dieu m'a punie. Tout est fini pour moi... »

Malgré son désarroi, le soir même où elle reçoit la triste nouvelle, elle doit se produire au Grand Théâtre devant le prince héritier des Pays-Bas. Grandeurs et servitudes des métiers du spectacle.

Heureusement, un événement viendra vite panser les blessures de son cœur : son cher enfant lui est rendu. Alexandre Walewski a semble-t-il été troublé par sa détresse... et puis la nouvelle comtesse Walewska n'était pas tellement enchantée d'avoir à élever ce « beau-fils », enfant du péché de surcroît. Mais, bientôt, une autre source de désagrément va jaillir dans la vie de notre grande artiste.

VI

UN ENFANT ET DEUX PRINCES IMPÉRIAUX

La mort dans l'âme, mais avant tout fidèle à son art, Rachel joue donc *Horace* devant une salle brillante où les dames endiamantées se mêlent aux hommes en uniformes chamarrés. À la fin de l'acte III, le prince d'Orange donne le signal des applaudissements et, au baisser du rideau, la salle debout acclame longuement la tragédienne. Après *Horace*, les Hollandais la verront dans d'autres œuvres de son répertoire et toujours avec la même réussite. Et pourtant, elle doit faire appel à toute son énergie pour aller jusqu'au bout de chacune des représentations, tant sa fatigue est extrême. Ses douleurs dans la poitrine sont fréquentes et la fièvre amène des rougeurs sur ses joues, qu'elle nomme, à cause de cela, « mes petites pommes d'api ». Heureusement quand elle est en scène, elle oublie toutes ses misères, pour s'intégrer complètement au personnage qu'elle incarne.

Ses succès ne se limitent pas à son métier ; il doit y avoir dans son pouvoir de séduction quelque chose de diabolique. Elle n'est à Amsterdam que depuis une semaine et voilà qu'un jeune attaché à l'ambassade de France, le baron Ernest de Caters, lui déclare sa flamme. Assistant à toutes les représentations, il s'est institué son chevalier servant au point que sa présence presque continue dans la loge de Rachel lui a valu un surnom ironique de la part des camarades de la tragédienne : « Voici ton habilleuse préférée », lancent-ils quand ils voient arriver le jeune homme. Celui-ci est épris au point de proposer à Rachel... de l'épouser. Rien de moins ! Il est vraisemblable que l'emballement d'Ernest de Caters trouble sur le moment celle qui en est l'objet. Le mariage de Walewski s'ajoutant à sa rupture avec Émile de Girardin [1] lui donne l'impression d'une solitude à laquelle elle n'est pas accoutumée. Le trouble qu'elle éprouve va-t-il jusqu'à la pousser à satisfaire les désirs de son soupirant ? On n'a sur ce sujet aucune certitude. Ce qu'on sait en revanche c'est que la jeune femme se reprend très vite et qu'elle explique à ce fougueux amoureux qu'elle n'a nulle intention de sacrifier une liberté qu'elle a préservée jusqu'alors. Des contrats qui l'appellent en Belgique, puis en Angleterre, vont lui permettre de couper les ponts avec le diplomate sans trop de heurts.

Au milieu de ces péripéties, qu'en est-il de l'aventure de Rachel avec Girardin ? Et par quel fâcheux coup du sort faut-il que sa séparation d'avec lui et Walewski ait coïncidé ? En vérité, ni Rachel ni son nouvel amant n'étaient lassés l'un de l'autre ; c'est une intervention extérieure qui va mettre fin à leur liaison.

Comme il a été dit, Girardin n'avait pas rompu avec

1. Voir plus loin.

Esther Guimont, et la courtisane entendait bien ne pas renoncer à ses droits de « propriété ». Quand elle découvre que les droits en question sont en péril, son sang ne fait qu'un tour et elle trempe sa plume dans le vitriol afin de rendre plus persuasives les menaces qu'elle adresse à sa rivale : « Depuis six semaines, des révélations de toute nature m'avaient instruite de votre intimité avec M. Émile de Girardin et déterminée à une proposition de rupture, tendrement refusée par lui. De nouveaux avis donnés par des amis, dont quelques-uns sont les vôtres, sont venus troubler ma sécurité. Devais-je pas les croire ? Ne vous ai-je pas surprise en fiacre à deux heures du matin, revenant de souper mystérieusement avec M. Émile de Girardin, hier, 17 mars 1846 ? Retenez bien cette date, car c'est à compter de ce jour qu'il m'a juré de ne plus vous revoir. En échange de la parole qu'il m'a donnée je promets le silence, et pour cette fois Mme de Girardin ne saura rien, ni des visites que vous faites à son mari, ni de vos parties de campagne, celle de mardi entre autres, ni de vos soupers, ni le reste. Car, quoi qu'on en ait pu dire, ces scandales ne sont pas de mon goût et me sont interdits à jamais par mes sentiments pour M. de Girardin. Renoncez courageusement à une de ces coquineries si savoureuses pour les femmes : moi, je déposerai les armes... »

Le chantage est sans équivoque ; la Guimont est prête à tout pour conserver Girardin dans ses rets. Rachel l'a fort bien compris ; ce qu'elle redoute par-dessus tout, c'est que Mme de Girardin soit mise au courant de son aventure avec son mari. Non seulement Delphine de Girardin est en droit de considérer l'attitude de la tragédienne comme une trahison, mais encore, fâcheuse coïncidence, Rachel s'apprête à jouer une pièce – bien médiocre d'ailleurs – dont elle est l'auteur : *Cléopâtre.* Si Rachel a accepté le rôle de la reine d'Égypte, c'est d'ailleurs par reconnaissance pour tous les témoignages d'amitié que lui a donnés Delphine, ce dont elle l'a bien curieusement récompensée ! Rachel va donc céder la place et, pour preuve de sa bonne foi elle adresse à son amant une lettre destinée à calmer les fureurs d'Esther ; dès l'en-tête on est fixé sur le ton général.

« Cher Monsieur de Girardin,

J'attendais un mot de vous ce matin ; pourquoi ai-je eu tort ? J'ai pensé toute cette nuit à la peine bien involontaire que je vous ai causé [1] ; et bien que cette femme se soit emportée étrangement à mon endroit, je ne puis lui en vouloir, car elle vous admire et le noble sentiment qu'elle s'ait si fortement éprouver l'élève à mes yeux ; c'est dire que je lui pardonne du fond de mon cœur sa conduite à mon égard. Dites-lui surtout combien je suis innocente de ce que sa pauvre tête a pu me croire capable de machiner, que j'oublie sa folie d'un instant, et que je suis heureuse même de serrer la main à une femme qui montre tant de cœur qu'elle m'a montré hier au soir. Aimez-la bien, cher Monsieur de Girardin. Vous avez assez souffert pour mériter le bonheur que donne un amour aussi vif, aussi sincère, que celui que cette femme a pour vous. J'espère quelle ne me privera pas du plaisir de vous voir comme auparavant si elle est persuadée, comme vous et moi, que votre amitié est toute désintéressée. »

1. L'orthographe originelle a été respectée.

Pour que Rachel fasse preuve à la fois de tant d'humilité... et de tant d'hypocrisie, c'est vraiment qu'elle redoute le scandale. Quant à Esther Guimont, elle s'estime satisfaite de sa victoire et des relations normales s'établissent entre les deux femmes... du moins en apparence. De même, Émile de Girardin demeurera l'ami de Rachel et l'amant de la Guimont, dont il n'arrivera jamais à se « décoller ».

Quant à la pièce de Mme de Girardin, malgré les efforts de l'illustre artiste, elle ne mobilise guère l'intérêt du public. Signe tangible de cette désaffection, les recettes vont en faiblissant, ce qui n'est pas sans contrarier Rachel. Chaque soir, en effet, par Mme de Saigneville, sa confidente, elle se fait apporter le chiffre des entrées, ce qui lui permet de constater si sa popularité demeure au zénith. Ce qui alarme notre tragédienne, c'est que les applaudissements vont, comme les recettes, en s'anémiant. Elle s'en plaint à Buloz, qu'elle a pris l'habitude d'accabler de ses réclamations ; l'administrateur du Français l'informe que le chef de claque [1], tombé malade, a dû se faire remplacer par un confrère, peut-être moins expérimenté. Ce dernier, mis au courant des doléances de la vedette, croit utile de défendre son honneur au moyen de la lettre suivante, véritable petit chef-d'œuvre de comique involontaire :

1. La « claque » était d'un usage courant dans les théâtres jusque dans les années vingt. Le chef de claque donnait le signal à ses « troupes », dont les applaudissements de commande entraînaient ceux du public. Les rires surajoutés à la télévision en sont le pendant moderne.

« Mademoiselle

» Je ne puis rester sous le coup des reproches qui sont tombés sur moi d'une bouche comme la vôtre. Voici la situation bien sincère de ce qui s'est passé : à la première représentation, j'ai donné trente-trois fois et toujours de ma personne. Nous avons eu trois acclamations, quatre hilarités, deux tressaillements, quatre redoublements. Et deux explosions indéfinies ; et même les stalles se sont fâchées et ont crié : "À la porte" !

» Mes hommes étaient sur les dents ; ils m'ont signifié qu'ils ne pourraient recommencer un pareil service. Ce que voyant, j'ai demandé le manuscrit, je l'ai profondément étudié et j'ai dû me résigner à faire des coupures pour la seconde représentation. Je les ai fait porter sur MM. X... Si l'intérieur du service se prolonge pour moi, je leur revaudrai cela plus tard.

» Dans cette situation, persuadée de ma profonde admiration et de mon zèle respectueux, j'ose implorer que vous ayez des égards pour moi... »

On ne sait si Rachel est sensible à cette « comptabilité », mais ce n'est là qu'un des conflits qui jalonnent les vingt années de présence de l'actrice au Français. L'origine de ces conflits est presque toujours d'ordre pécuniaire et porte le plus souvent sur les jours de congé supplémentaires que l'artiste veut arracher à l'administration, ces congés lui permettant d'aller donner en province et à l'étranger des représentations aux cachets fructueux. Ainsi, alors que sa vie privée est agitée par les ruptures successives avec Walewski puis avec Girardin, l'année 1846 s'achève sur une nouvelle controverse. Se prétendant malade, Rachel a refusé de recevoir les docteurs

Velpeau et Trousseau, commis par Buloz pour examiner son état. Là-dessus, le commissaire royal se fâche et dresse le « réquisitoire » des fautes professionnelles de « Mlle Rachel ». Réquisitoire copieux : « Mademoiselle Rachel, au lieu de les utiliser pour son repos, a fait de ses congés des périodes de lucre et de fatigue et des neuf autres mois dus à la Comédie-Française des moments de délassement. En 1843, elle a joué soixante-trois fois ; en 1844, trente-sept fois seulement ; pas du tout en mars 1845 et le théâtre a dû lui racheter quatre représentations en juin. En 1846, de son propre aveu, elle a donné en province, dans le seul mois de juin, vingt représentations qui lui ont rapporté cinquante-deux mille francs. De là, elle est allée à Londres où elle a joué douze fois en trois semaines. Elle ne pense sérieusement à se soigner qu'en revenant à Paris. Le Théâtre-Français doit-il se ruiner pour que Mlle Rachel gagne cent mille francs pendant son congé ? D'où vient que l'artiste peut jouer quatre fois par semaine en province et dans les pays étrangers, et qu'elle ne peut plus jouer que six à sept fois à Paris ? »

L'affaire s'envenime. Rachel va jusqu'à donner sa démission : « Je ne peux supporter plus longtemps des procédés qui répondent si peu à mon zèle, à mon dévouement et aux services que je m'enorgueillis d'avoir rendu à la Comédie-Française », écrit-elle sans rire à Buloz. Heureusement pour elle, le ministre de l'Intérieur, le comte Duchâtel, est l'un de ses fervents admirateurs et il enterre les doléances du commissaire royal. Par ailleurs Musset, qui est très lié avec Buloz et qui ne tient pas rigueur à la tragédienne de leur rupture, se charge d'arranger les choses et tout se termine bien. Du moins, provisoirement.

Ne soyons pas surpris que les disputes qui opposent l'administrateur à sa célèbre sociétaire jaillissent toujours à propos de l'argent. Comme nous connaissons notre Rachel, nous savons qu'elle ne plaisante pas quand il s'agit de ses intérêts ; elle a été à bonne école avec son papa ! À vingt-cinq ans, elle est déjà très riche mais sa fortune n'a pas tari son appétit de l'or. En veut-on un exemple de plus ? À chaque fois qu'elle paraît plus de deux fois par semaine sur la scène du Français, elle touche un « feu »[1] de cinq cents francs. Or, lorsqu'on donnait *le Malade imaginaire*, pièce dans laquelle elle ne jouait pas, à la cérémonie finale, où par tradition défilent tous les artistes de la Maison de Molière, elle en profitait pour passer devant le public en tête du cortège et recevoir ses applaudissements ainsi que les cinq cents francs du feu ! La somme ayant fini par lui être contestée pour ce simple passage, elle ne reparut plus à la cérémonie, même le soir où l'on fêtait le souvenir de Molière.

Sa santé sert la plupart du temps de raison à Rachel pour annuler telle ou telle représentation. Il y a un fond de vérité dans ce prétexte médical. Sa fin prématurée nous dit que, déjà à cette époque, elle ne se porte pas bien, et ses malaises ne sont pas seulement des « malaises d'actrice », mais elle les évoque à chaque fois qu'elle a mieux à faire. Jules Janin, qui a pris fait et cause pour elle dans son récent conflit avec Buloz, trouve quand même qu'elle exagère quand un soir, comme il l'explique, il la rencontre « en robe rose, en petit bonnet, élégante à trente-six carats. Il faut en vérité que cette fille soit folle

1. On nomme ainsi un cachet perçu en supplément du contrat.

pour se montrer en robe de gala, pendant que tout le monde la croit dans son lit[1] »...

D'un peu partout les propositions arrivent, assorties de contrats alléchants qu'elle n'a pas le courage de repousser. À titre d'exemple, citons son itinéraire du mois de juin 1849, tel qu'elle le communique dans une lettre au *Bourgeois de Paris* : « Orléans, trois représentations. Tours, deux. Poitiers, deux. Niort, une. La Rochelle, deux. Saintes, deux. Cognac, deux. Angoulême, quatre. Périgueux, deux. Libourne, deux. Mont-de-Marsan, une. Bayonne, quatre. Pau, deux. Tarbes, deux. Bagnières, une. Auch, deux. Toulouse, quatre. Narbonne, une. Perpignan, quatre. Carcassonne, deux. Cahors, deux. Aurillac, deux. Clermont, deux. Moulins, deux. Nevers, une. Bourges, une. Blois, deux. Le Mans, deux. Laval, une. Rennes, deux. Saint-Malo, une. Jersey, trois. Guernesey, deux. Caen, cinq. Quelle route ! Quelle fatigue ! Mais quelle dot ! » ajoute Rachel, en guise de conclusion. Conclusion qui, dans sa bouche, revêt toute sa signification. Si l'on songe à l'inconfort des voyages à cette époque, son odyssée exigeait, pour être accomplie dans les délais voulus, une incroyable force de volonté et une indomptable énergie physique. Rachel finira par payer de sa vie cette débauche d'efforts. Empressons-nous d'ajouter que l'appât de l'argent n'est que le moindre motif de l'actrice : la passion du théâtre, qui l'animera jusqu'à son dernier jour, y est pour beaucoup plus.

1. Cité par Louis Barthou dans *Rachel*.

À la Comédie-Française, noblesse oblige, on ne sera pas surpris d'apprendre que la loge de Rachel est décorée avec un luxe particulier. Elle est formée d'une antichambre garnie d'armoires où sont accrochées les chlamydes, les péplums, les manteaux de pourpre, les tuniques de lin et une série d'accessoires dont elle se pare pour jouer ses tragédies. Après l'antichambre vient un beau salon, puis le cabinet de toilette. Le salon est tendu en damas de soie blanc à grandes arabesques ; un immense divan en perse forme une sorte de fer à cheval et jure avec les murs du salon, ainsi qu'avec un tapis aux bouquets multicolores. La décoration a coûté très cher, mais Rachel a envoyé la note au comité des sociétaires qui l'a payée... tout en rechignant. Il y a encore un petit boudoir où Rachel s'habille. Là, à chaque fois qu'elle joue, s'entassent plusieurs membres de sa famille qui lui laissent à peine l'espace nécessaire pour se retourner et pour respirer. Tandis qu'elle se change, sa petite cour fait pleuvoir sur elle un de ces flots de dithyrambes dont les artistes, à toutes les époques, ont toujours raffolé. C'est aussi dans ce boudoir que Mme de Saigneville lui apporte chaque soir la feuille des recettes. Elle non plus n'est jamais en reste pour encenser la vedette.

Le salon attenant à la loge accueille les visiteurs, amis ou admirateurs inconnus, venus pendant les entractes pour ajouter leurs compliments à ceux des familiers. Tous guettent avidement un regard ou un mot de l'idole, qu'ils emportent dans leur souvenir comme le présent le plus précieux. Avec chacun, qu'elle le connaisse ou non, Rachel se montre aimable, détendue, affichant une simplicité savamment étudiée. Cette attitude lui vaut évidemment un surcroît d'admiration et renforce sa popularité.

Des journalistes viennent aussi saluer fréquemment la tragédienne, en particulier Gautier et Janin ; faveur suprême, ils sont admis dans le boudoir où Rachel, en toute simplicité, se remémore à haute voix la scène qu'elle doit jouer quelques instants plus tard, un des membres de la tribu Félix lui donnant la réplique. Bien entendu, en dehors de la famille et des journalistes, personne n'est admis dans « le saint des saints ». Ce boudoir possède une petite porte qui donne directement sur le couloir ; petite porte bien pratique car elle permet à Rachel de quitter sa loge subrepticement. Pendant ce temps, dans le salon, les admirateurs font toujours le pied de grue, surveillant leurs tenues, rajustant leur chevelure et préparant leurs phrases. L'attente se prolonge et soudain un garçon de théâtre vient avertir que « Mlle Rachel, à son grand regret, ne se sentant pas bien, a dû s'en aller ». Déçus, les thuriféraires n'ont plus qu'à se retirer et à gagner les rues déjà désertes, où ils ne trouveront plus de fiacres. En rentrant à pied chez eux, ils auront tout le temps d'évoquer la divine...

Souriante et disponible envers son public, Rachel l'est tout autant avec ses camarades. Dans le cours de la soirée, elle manque rarement de passer au foyer des artistes. L'un de ses partenaires, sociétaire lui aussi, du nom de Beauvalet rappelait dans ses *Souvenirs* : « Elle cherchait, par des grâces de langage qui lui coûtaient peu, de s'y maintenir en bons rapports avec ses camarades, contre lesquels elle tenait autant que possible à ne paraître lutter qu'administrativement. Elle tenait à leur parler autrement qu'en alexandrins, et à travers les passions qui animent la scène. »

Presque toujours, une fois qu'elle est prête, Rachel vient donc au foyer, attendant le moment d'entrer en scène, vérifiant que rien ne dérange sa tenue dans la grande glace qui orne le fond de la pièce. Elle se mêle volontiers aux conversations et aime à distinguer quelques personnes, en les prenant à part et en leur faisant de petites confidences sans importance. Dans le foyer, à côté des bustes de Molière, Corneille ou Racine, on peut admirer les portraits de comédiens et de comédiennes ayant illustré jadis la Comédie-Française. Rares sont ceux des contemporains ; Rachel y a pourtant le sien.

Ce portrait a toute une histoire et ce n'est pas sans peine qu'il a vu le jour. Depuis longtemps, depuis qu'elle était célèbre, Rachel souhaitait être représentée dans tout son éclat, afin que l'œuvre figurât en bonne place au Théâtre-Français, au côté des portraits de Talma et Mlle Mars, les plus récents. Elle profite d'une rencontre avec Ingres, le peintre le plus fameux de son temps, pour lui demander de la représenter. Sans lui répondre, Ingres la contemple pendant de longs instants, étudiant son visage avec un intérêt visible. Respectant son examen, Rachel s'y prête avec la bonne grâce et l'engouement qu'elle manifeste dans la vie et qui contraste si fort avec l'émotion et la gravité montrées en scène. Au bout d'un moment, l'illustre peintre rend son verdict :

– Il me faudra cinquante séances de chacune deux ou trois heures...

– Et en combien de temps ces cinquante séances ? demande Rachel.

– En cinq ou six ans...

– Miséricorde ! Je serai morte avant que vous m'ayez rendue immortelle !

Le soir, rendant compte de son entrevue à sa sœur Sarah, Rachel conclut avec son humour habituel :

– On a le temps d'être grand-mère avant d'être accrochée dans son salon et le pinceau doit toujours être occupé à vieillir ce qu'il fait !

Malgré cette déconvenue, Rachel tient à son portrait ; il faut que les spectateurs du Français, présents et à venir, puissent contempler celle qui demeurera à jamais comme la plus glorieuse illustration de la Maison. Après plusieurs essais sans lendemain, elle remarque dans le bureau d'Arsène Houssaye[1] un très beau portrait de femme qui la séduit aussitôt. Elle s'informe et apprend que l'œuvre est d'une dame anglaise, Frédérique O'Connell.

– Je veux que vous me meniez demain chez elle ! s'écrie-t-elle à l'adresse de Houssaye... Je veux la prier de me peindre, car voilà mon artiste trouvée !

Les désirs de Rachel sont des ordres et la voici dès le lendemain dans l'atelier de l'Anglaise. Avec infiniment de patience, elle va poser sept ou huit fois, amenant avec elle des amis à chacun de ses rendez-vous, afin de faire passer plus vite le temps de la pose en babillant.

Le résultat l'enchante ; elle est représentée dans une robe de velours noir, garnie de dentelles, et portant quelques bijoux. Sa main droite est posée sur le socle d'un buste de Corneille prêté pour la circonstance par le Théâtre-Français. L'œuvre est magistrale, la ressemblance frappante, et Rachel y affiche une noblesse et une gravité dignes de la tragédienne qu'elle fut. Rachel est si heureuse de ce portrait que, pour l'admirer, elle convie souvent des

1. Après le coup d'État de Louis-Napoléon, Arsène Houssaye était devenu administrateur de la Comédie-Française grâce à l'appui de Rachel.

amis ; l'un d'eux résume l'impression qu'il a ressentie par cet hommage plus éloquent que tout autre commentaire :

– On ne peut regarder ce portrait sans ôter son chapeau...

Naturellement, il y a eu de nombreux portraits de la tragédienne, mais aucun d'eux ne nous la restitue avec autant d'éclat.

Parmi les rares privilégiés admis au foyer des artistes, les étrangers sont encore plus rares ; ce sont pour la plupart des diplomates, représentant leur pays à Paris. Ainsi en est-il du comte de Loevenhielm, ministre plénipotentiaire de Suède et de Norvège depuis 1818. Doyen du corps diplomatique, le comte a alors plus de quatre-vingts ans, ce qui ne l'empêche de manifester à Rachel une admiration bruyante, l'accablant sous des récits qu'elle entend pour la vingtième fois. Détail intime, M. de Loevenhielm a perdu sa dernière dent... sous Charles X, aussi porte-t-il un râtelier dû à un célèbre dentiste anglais.

Or un jour, dans un grand dîner, Rachel se trouve placée à côté du vieux gentilhomme qui l'assourdit de ses sempiternelles anecdotes. Et voici qu'au dessert on apporte une gelée d'ananas. Le comte redoute-t-il que la gelée en question ne colle à son appareil ? Quoi qu'il en soit, sans aucune gêne, il se glisse deux doigts dans la bouche, retire son râtelier et, comme s'il s'agissait du geste le plus naturel du monde, le pose sur la table, tout près de Rachel, qui n'apprécie que médiocrement le voisinage. Elle se lève brusquement et va se réfugier dans un salon. Comme le maître de maison, qui a remarqué son départ, lui en demande un peu plus tard la raison, elle explique avec un sourire narquois :

– J'ai eu peur qu'il en fasse autant avec sa perruque !

Vexé sans aucun doute, de ce jour le comte ne remit plus les pieds au foyer des artistes, pour le plus grand soulagement de Rachel.

Parmi les nobles étrangers fréquentant la Comédie-Française, il y en a heureusement de plus fringants, tel le jeune lord Edwards S., attaché à l'ambassade de Grande-Bretagne et lui aussi fervent admirateur de l'actrice.

Un journal anglais – le *Times* – étant allé jusqu'à laisser entendre qu'il y avait projet de mariage entre Rachel et lui, la jeune femme lui annonce un soir où il était venu au théâtre :

– Savez-vous, milord, ce qu'a insinué un journal de votre pays ? Que vous songeriez à m'offrir votre main ?

L'admiration du jeune homme n'allait sans doute pas jusque-là, car avec un bel esprit d'à-propos il rétorque :

– Pas une seule main, toutes les deux chaque soir, pour vous applaudir !

Rachel, qui a saisi la nuance, s'arrange pour avoir quand même le dernier mot :

– À la bonne heure, réplique-t-elle, une seule, ce n'était pas assez !

Il y a bien des années de cela, m'étant rendu à la Comédie-Française, je voulus à mon tour voir la loge de Rachel ; elle était alors occupée par Marie Bell, elle aussi brillante sociétaire de la Maison, elle aussi tragédienne de grand renom. Les rideaux de damas avaient disparu, de même l'immense lit ; le boudoir aussi était introuvable ; seul, sur une stèle, un petit buste de plâtre rappelait que la plus célèbre tragédienne de tous les temps avait, durant près de vingt ans, hanté les lieux de sa radieuse personne.

Cette évocation de l'environnement de Rachel au sein de la Maison de Molière nous a quelque peu éloignés des événements de son existence. Revenons-y pour signaler un nouveau voyage de l'étoile en Angleterre, au début de l'année 1847. Ce voyage est intéressant à un double titre : sur le plan professionnel bien sûr, mais surtout sur celui de la vie privée de notre vedette, car il va lui donner l'occasion d'enrichir encore davantage son « palmarès ». Depuis l'année précédente vit à Londres le propre neveu de Napoléon Ier, le prince Louis Napoléon. Comme on le sait, après sa tentative malheureuse de renverser le régime, à Boulogne, en 1840, le prince a été condamné à la prison à vie et enfermé au fort de Ham. Le 25 mai 1846 des ouvriers sont en train d'effectuer des travaux de réfection dans l'appartement qu'il occupe dans la forteresse. Il décide d'en profiter pour s'évader et de risquer le tout pour le tout, ce qui est dans son tempérament. Il n'en peut plus de vivre enfermé ; l'administration pénitentiaire a pourtant fait preuve de beaucoup de compréhension à son égard en lui attribuant une femme de charge qui poussera la conscience professionnelle jusqu'à... lui donner deux enfants ! Ce 25 mai donc, il emprunte un costume de maçon à l'un des ouvriers, met une planche sur son épaule et, dissimulant son visage derrière elle, parvient à passer la porte de garde et à s'enfuir de la forteresse. Deux jours après, il atteint l'Angleterre et retrouve à Londres ses amis anglais qui lui font le meilleur accueil. Louis Napoléon est dans la force de l'âge et six années de privations – en dépit de la bonne volonté de sa femme de charge – ont décuplé son appétit des jolies femmes. Celles-ci ne lui sont pas farouches ; outre les beautés locales, il rencontre beaucoup de compréhension de la part des artistes françaises qui viennent jouer dans la capitale britannique. Successivement, Virginie Déjazet, Augustine Brohan et la créatrice de *la Dame aux camélias*, Eugénie Doche, le reçoivent dans leurs loges où il s'attarde volontiers ; mais sa victoire la plus prestigieuse, c'est auprès de Rachel que le futur empereur la remporte. La tragédienne se produit alors au théâtre Saint-James dans *Phèdre*. Elle aussi, sans trop se faire prier, réserve au proscrit un accueil chaleureux ; Rachel témoigne ainsi d'une louable fidélité à la famille Bonaparte, puisque après avoir été la maîtresse du fils de l'Empereur, elle devient celle de son neveu. Ce n'est d'ailleurs pas le dernier Bonaparte auquel elle accordera ses faveurs : elle « honore » également le cousin de Louis Napoléon, le prince Jérôme Napoléon. L'événement se produit toujours durant son séjour à Londres. Habilement elle cumule les deux aventures, en cachant bien entendu la vérité à Louis Napoléon. Celui-ci va s'en apercevoir au cours d'un voyage que les trois jeunes gens effectuent à Manchester. Bercé par le ronronnement du chemin de fer, Louis Napoléon s'est endormi ; à un moment, il ouvre les yeux et aperçoit la tragédienne dans les bras de son cousin ; il referme les yeux aussitôt, donnant ainsi un exemple de plus de la maîtrise qu'il saura toujours exercer sur lui-même. L'incident n'a d'ailleurs aucune conséquence. Rachel aura, un peu plus tard, l'occasion de les retrouver l'un et l'autre et de poursuivre ce qui n'avait été qu'ébauché sur le sol anglais.

Admirons encore une fois le don « d'ubiquité » sentimental de Rachel ; tandis qu'elle mène un flirt avancé avec les princes Bonaparte, elle a laissé à Paris le nouvel élu de son cœur. Celui-ci – coïncidence ou fait exprès – appartient également à la nébuleuse napoléonienne. Arthur Bertrand est le fils de ce général Bertrand qui avait accompagné l'Empereur à Sainte-Hélène ; fidèle entre les fidèles, il lui avait témoigné un dévouement qui ne s'était jamais démenti.

Son fils, hélas, n'est pas de la même veine ; débauché, buveur, joueur invétéré, il préfère les tripots aux salons mondains. Au vu de ce portrait, on pourrait se demander comment il a pu séduire Rachel. La réponse est simple : il est très joli garçon, mais en plus il est intelligent, brillant et sait s'y prendre avec les femmes qu'il convoite. De surcroît, ayant accompagné son père à Sainte-Hélène en 1840, quand les cendres de l'Empereur avaient été ramenées en France, il en tire un certain prestige auprès de ses conquêtes. Lorsqu'il a rencontré Rachel, il entretenait une liaison avec Virginie Déjazet, une comédienne à laquelle il en faisait voir de toutes les couleurs. Il disparaissait pendant des semaines avec une autre femme et, quand il revenait, toute heureuse, la pauvre Virginie l'accueillait à bras ouverts ; elle allait même, lorsque ses pertes au jeu avaient été trop importantes, jusqu'à lui prêter de l'argent... à fonds perdus, bien entendu. Habituée aux frasques de son amant, Virginie Déjazet n'a pas eu le comportement qui avait été celui d'Esther Guimont lorsque Rachel avait piétiné ses plates-bandes ; elle a cédé la place, bien décidée à rompre définitivement une liaison qui ne lui a valu que des déboires.

Une fois encore, à propos de ce garçon si peu sûr et si

peu stable, Rachel s'emballe, et pour commencer, comme Arthur Bertrand se trouve momentanément sans domicile, elle l'accueille dans son pied-à-terre de la rue Joubert. Les choses sont allées vite, comme on le voit, puisque Émile de Girardin a eu à peine le temps de tirer sa révérence qu'Arthur Bertrand s'installait à sa place. Cette rapide succession amène une question : Rachel a-t-elle attendu la rupture avec Girardin pour se donner au jeune Bertrand ? Ou bien a-t-elle appliqué ce système de la « doublure » qui lui est familier et qui lui permet de ne jamais se trouver dépourvue de partenaire ? Quoi qu'il en soit, Rachel semble satisfaite de ce nouvel « homme de sa vie » ; elle désire même lui confier la clef de son appartement de la rue Joubert. Malheureusement, la clef en question se trouve déjà dans d'autres mains, celles d'un homme dont le passage dans l'existence de la tragédienne a dû être bref, puisque nous ne connaissons même pas son nom. Selon son habitude, elle n'y va pas par quatre chemins : « Certes, cette clef, écrit-elle à son détenteur provisoire, ne passera pas de sitôt ! j'y ferai tout mon possible au moins, en de nouvelles mains, mais en toute sûreté, elle ne fera que gagner en changeant de maître ! » L'amant renvoyé obtempère et, dès le lendemain soir, Arthur Bertrand couche rue Joubert.

Tout à son engouement pour le nouveau venu, Rachel n'hésite pas à afficher publiquement son aventure. Les représentations de *Cléopâtre* ayant repris à l'automne 1847, presque chaque soir Arthur Bertrand est présent, placé de telle façon que la tragédienne puisse rencontrer son regard quand elle en a envie. Un « ancien », Charles-Maurice – dont on se souvient qu'il se livra jadis à une tentative de chantage sur l'actrice qui ne lui a jamais pardonné d'avoir été chassée de son alcôve –, rend compte de l'affaire en ces termes : « Lorsque la toile s'est levée au second acte, les premiers regards de Rachel se sont portés sur une personne très connue, placée devant elle dans la loge d'avant-scène ; et, sans s'occuper du qu'en-dira-t-on de la salle, elle a, par un signe d'intelligence non équivoque, envoyé le bonsoir à qui s'est empressé de partager avec elle la pantomime de ce prologue inattendu. Je l'ai vu, de mes yeux vu, et bien d'autres avec moi. »

Est-ce la présence de son jeune amant dans la salle ? En tout cas Rachel interprète le personnage de Cléopâtre avec un charme et une conviction qui lui valent un nouveau triomphe que reflète cet article de Théophile Gautier : « Son talent s'y est montré sous des jours inattendus et nouveaux. *Cléopâtre* lui a donné l'occasion de faire voir, outre la dignité royale la plus importante et la grâce féminine la plus exquise, de nobles familiarités mêlées à des élans de lyrisme, des mouvements dramatiques tempérés çà et là d'un sourire, une variété d'intentions et d'effets que ne comporte pas la sobriété par trop austère de la tragédie proprement dite... » Ainsi menée de main de maître, *Cléopâtre*, malgré un évident manque d'intérêt, va connaître cette fois un certain succès ; en la circonstance, l'auteur, Mme de Girardin, doit une fière chandelle à son interprète ; il est vrai que, de son côté, pour les raisons que l'on a vues, Rachel lui devait bien cette compensation.

Elle a d'autant plus de mérite de sauver une aussi mauvaise pièce et d'y tenir un rôle aussi épuisant qu'elle est, en cette fin d'année 1847, enceinte de plus de six mois ; enceinte des œuvres d'Arthur évidemment, ce qui la rend encore plus amoureuse du mauvais garçon. Elle a attendu jusqu'à la dernière minute pour annoncer son état, car il préfigure un congé de plus de la part de l'administration. Or, après *Cléopâtre*, Rachel s'est engagée à créer *Adrienne Lecouvreur*, un drame dû à Scribe et Legouvé. Son état remet cette création aux calendes, c'est pourquoi elle l'a caché aux auteurs. Mais voilà que, par l'indiscrétion d'une comédienne, Scribe découvre le pot aux roses ; il est furieux, comme nous l'apprend ce billet adressé à son collaborateur, Legouvé : « Vous savez probablement le tour que nous joue la scélérate ? Elle est enceinte de près de cinq mois ; la nouvelle n'est pas encore officielle mais elle est visible à l'œil nu, car le fait m'a sauté d'abord aux yeux. Je tâcherai malgré cela qu'elle joue *Cléopâtre* avant ses couches, pour qu'elle n'ait plus à s'occuper que de nous après ses relevailles. »

Quelques mois plus tard en effet, le 26 janvier 1848, Rachel met au monde un garçon déclaré comme étant Gabriel-Victor... Félix. À l'inverse de Walewski, Bertrand n'a pas jugé bon de reconnaître son fils. Rachel, il est vrai, n'y tenait pas tellement ; déjà l'élan qui l'a portée vers le jeune homme est en perte de vitesse, et sans doute, en prévision d'une rupture plus ou moins rapprochée, préfère-t-elle exercer pleinement son autorité maternelle sur le nouveau-né.

Outre le ressentiment de Scribe, cette naissance, en raison des conséquences qu'elle entraîne, a provoqué de nouveaux brocards contre la tragédienne, d'autant que sa constance dans le succès exacerbe la jalousie des autres membres de la troupe. Ainsi Mlle George, dont la gloire est à présent bien fanée, ne ménage pas ses perfidies : « Voyez-vous, ironise-t-elle, je suis pour Rachel ; elle est fine, celle-là ! Comme elle nous mate tous ces drôles de comédiens français ! Elle renouvelle ses engagements, se fait assurer des feux, des congés, des montagnes d'or ; puis, quand c'est signé, elle dit : "Ah, à propos, j'ai oublié de vous dire que j'étais grosse de quatre mois et demi ; je vais être cinq mois sans pouvoir jouer !" Elle fait bien. Si j'avais eu ces façons, je ne serais pas à crever de faim sur la paille ! »

Ce ne sont là que coups d'épingle. Dans le même temps, les personnages les plus importants du royaume et les auteurs les plus en vue multiplient leurs courbettes devant la divine. Ainsi Victor Hugo, dans l'impossibilité de se rendre chez la tragédienne comme ils en étaient convenus, lui adresse ce témoignage d'allégeance : « Jugez, Madame, de mon déplaisir ; je ne suis pas libre demain, toute ma soirée est prise. Vous entendre, et vous entendre chez vous, c'est un double bonheur ; il faut que j'y renonce. En attendant que je puisse vous dire de vive voix tous mes regrets, soyez assez bonne pour me plaindre un peu, pour me plaindre beaucoup. Et puis, croyez-le bien, je sens profondément la haute portée de votre beau talent. Vous avez la stature des figures de Corneille. Je ne connais pas de plus grand éloge. Dans les autres pièces que vous jouez, je n'admire pas toujours la tragédie, mais j'admire toujours la tragédienne... »

Chef de l'école romantique, il n'y a rien d'étonnant à ce que l'illustre poète ne goûte que modérément la tragédie classique ; en revanche, l'auteur doit bien espérer débaucher un jour celle qui jusqu'à présent en a été le porte-drapeau. Elle finira d'ailleurs par se laisser tenter et sera, quelques années plus tard, une merveilleuse Tislé dans *Angelo, tyran de Padoue*. On se prend à regretter qu'elle ne soit pas venue plus tôt au théâtre d'Hugo ; quelle émouvante Doña Sol, quelle souveraine reine d'Espagne elle eût été, si elle avait joué *Hernani* ou *Ruy Blas* !

Victor Hugo dut attendre le bon plaisir de Mlle Rachel, mais son sort était heureux en comparaison avec celui d'autres auteurs. Ils sont nombreux en effet qui aspirent à être joués par la divine... ne serait-ce qu'en raison des droits d'auteur que chacune de ses apparitions engrange. Les solliciteurs, qui font le siège de l'artiste, sont accueillis selon son humeur, le plus souvent sans ménagement. Ainsi Casimir Delavigne, qui a écrit pour elle une tragédie qu'il a intitulée *la Fille du Cid.* Il faut croire que la progéniture du héros fameux n'intéresse guère Mlle Rachel : sans prendre la peine de se déranger elle-même, elle charge Papa Félix de dire à l'auteur que « décidément cette *Fille du Cid* ne lui dit rien ».

Viennet, pourtant membre de l'Académie française, est traité aussi cavalièrement. Il vient de pondre une tragédie qu'il est allé proposer à Rachel ; celle-ci lui a réservé un accueil des plus aimables. Il sort de chez elle persuadé que l'affaire est entendue. Rachel lui a donné rendez-vous dès le lendemain, mais quand il arrive rue Trudon il s'entend répondre que « Madame est sortie et qu'il revienne le lendemain ». Le lendemain, Rachel n'est plus sortie, mais malade... Le troisième jour, nouvelle visite ; cette fois, il est prié d'attendre au salon. Assez mécontent de devoir faire antichambre, il s'installe en face d'un jeune homme de belle prestance. Soudain, à travers la cloison, il perçoit la voix de Rachel s'adressant au valet :

– Monsieur Viennet est là ? Dites-lui qu'il m'embête !

L'académicien, furieux, laisse son dépit s'exhaler et prend le jeune homme à témoin :

– Monsieur, rendez-vous compte que je me présente ici pour la troisième fois !

Alors le jeune homme de sourire en répliquant :

– Oh, monsieur Viennet, elle vous en ferait sans doute bien d'autres si vous étiez son amant !

Peut-être parlait-il par expérience !

Puisque sous notre plume revient le mot amant, mot magique qui occupe une place de premier plan dans le destin de Rachel, ne le laissons pas passer sans l'utiliser encore une fois. Nous avons vu que, lors de son récent séjour à Londres, Rachel a eu quelques faiblesses pour deux membres de la famille Bonaparte : Louis Napoléon, neveu de Napoléon Ier et futur empereur des Français, et Jérôme Napoléon, dit Plon-Plon pour les intimes, autre neveu et fils de Jérôme, éphémère roi de Westphalie par la grâce de son frère. Il faut croire que le flirt ébauché à Londres a eu des suites car, arrivé à Paris à l'automne 1847, Plon-Plon se rend aussitôt chez la tragédienne où il reçoit un accueil... des plus encourageants. Officiellement, Arthur Bertrand est toujours le favori en titre, mais Rachel, nous l'avons vu aussi, a l'habitude de pourvoir l'amant du moment d'un « coadjuteur » destiné à prendre la place du titulaire le moment venu. Donc, au tour de Plon-Plon de jouer les doublures en attendant mieux. L'actrice paraît d'ailleurs fort satisfaite de son choix ; la lettre qu'elle adresse au jeune prince au lendemain de leur entrevue en atteste : « Cher Nap, je t'aime... Tout mon être vole vers toi. Rien ne pourra me séparer de toi que toi-même. À toi, je suis à toi, et Dieu me fasse oublier un triste passé en m'accoutumant à suivre le bon et véritable sentier, le seul qui mène à l'honneur... »

Louable effort de rédemption, mais il est un peu tard

pour effacer un palmarès des plus copieux. Naturellement, Rachel, comme toujours, est sincère quand elle regrette ses errements passés. Dans une autre lettre, toujours au même, elle est tout aussi affirmative : « Je vous aime du plus profond de mon cœur. Donnez-moi le temps de vous prouver cette tendresse... »

La belle histoire va devoir subir un entracte dont sont à la fois responsables la vie tumultueuse de Rachel et les événements extérieurs. Ajoutons toutefois que l'idylle avec Jérôme Napoléon reprendra plus tard et que, contrairement à la plupart de ses soupirants, les sentiments du prince pour la tragédienne ne se tariront pas.

Au seuil de l'année 1848, le climat politique de la France est de plus en plus trouble. Comme l'a écrit André Castelot, depuis des années le pays « est gouverné par une mule, François Guizot, à l'entêtement proverbial ». Ce que Guizot se refuse à voir, c'est que la situation s'est profondément dégradée depuis un an. Ce sont d'abord les scandales financiers qui se multiplient et éclatent au grand jour. Deux anciens ministres, accusés de prévarication, sont arrêtés ; deux hauts fonctionnaires sont convaincus de spéculations en utilisant les fonds de l'État. L'aristocratie elle-même est éclaboussée lorsque le duc de Praslin, pair de France, assassine sa femme dans des circonstances atroces. Ces faits divers à sensation tombent d'autant plus mal qu'ils coïncident avec une période de récession économique. Une récolte catastrophique contraint le gouvernement à acheter d'importantes quantités de céréales à l'étranger. De ce fait, les réserves de la Banque de France ont baissé, le crédit est devenu plus cher et de nombreuses banques ont fait faillite, entraînant dans leur chute industriels et commerçants. En même temps le chômage s'aggrave et la moyenne bourgeoisie réclame des réformes, dont la principale consiste à baisser de deux cents à cent francs l'impôt qui donne le droit de voter, ce que le gouvernement refuse avec énergie.

La presse n'étant pas libre d'exprimer le mouvement général de mécontentement, celui-ci se manifeste lors de nombreux banquets organisés à travers la France par l'opposition, qui attirent des milliers de participants et au cours desquels on vitupère à qui mieux mieux contre le gouvernement. Le 22 février, la suppression d'un de ces banquets met le feu aux poudres. L'émeute, en quelques heures, gagne l'ensemble de Paris ; la Garde nationale rallie la rébellion. Louis-Philippe, qui ouvre enfin les yeux, remplace hâtivement Guizot par Molé, puis Molé par Thiers. Ces mesures désespérées n'arrêtent pas les événements ; commencée le 24 février, l'émeute balaie le régime en quelques heures. Louis-Philippe – « Louis-File-Vite », comme le surnomme Rachel avec ironie – est contraint de s'enfuir. Mais cette fois, contrairement à ce qui s'est passé en 1830, les vainqueurs ne se laissent pas prendre de vitesse et se hâtent de proclamer la République.

Grande cause, petits effets, cette révolution n'est pas sans incidences heureuses sur la carrière de la tragédienne. Depuis des mois un conflit l'oppose à Buloz, l'administrateur de la Comédie-Française. Ce dernier, non sans raison, reproche à l'étoile son absentéisme répété et a déposé contre elle une plainte que le comte Duchâtel, le ministre de l'Intérieur et ami de Rachel, a transmise au Conseil d'État avec l'espoir que celui-ci la rejettera. Mais le Conseil d'État donne raison à Buloz qui en est informé par son ministre. Joie de l'administrateur qui va enfin pouvoir régler son compte à la rebelle. Joie de courte durée car le document arrive le 24 février 1848, alors que le trône est en train de s'effondrer. Buloz, ce jour-là, a réuni dans la salle du comité les principaux sociétaires afin de les informer de sa victoire. Soudain des coups de feu se font entendre ; les émeutiers sont en train de fracturer la porte de l'armurerie Lepage, proche du théâtre. Buloz juge plus prudent de suspendre la réunion et de regagner son domicile.

Quelques jours plus tard, le recours contre Rachel est annulé ; pour sauver sa place, Buloz lui propose d'augmenter ses appointements et d'engager à la Comédie-Française Sarah, Rébecca, Léa, Dinah, toute la tribu des Félix. Mais il est trop tard, le commissaire royal doit céder son fauteuil... au commissaire de la République, Ernest Lockroy. Le nouveau titulaire est un ami de Rachel, c'est à elle qu'il doit sa nomination signée par le nouveau ministre de l'Intérieur, Ledru-Rollin. Du coup Rachel, qui jouait si peu du temps de Buloz, se déclare prête à jouer... tous les jours ! Un soir, pendant un entracte d'*Horace*, à Lockroy qui est venu la voir dans sa loge elle fait une étrange proposition :

– J'ai rêvé d'une affiche qui fera courir tout Paris...

– Quoi donc ? demande le nouveau commissaire.

– *La Marseillaise*... Je chanterai *la Marseillaise*.

Surprise de Lockroy qui ignorait que Rachel chantait. La jeune femme explique :

– Je crois avoir trouvé un moyen, une mélopée... Ce soir, à souper, vous serez trois ou quatre qui m'entendrez ; vous me direz franchement ce que vous en pensez, et si ça va, alors...

– J'annoncerai que mademoiselle Rachel chantera *la Marseillaise* au Théâtre-Français, dit Lockroy.

– Est-ce que vous ne pensez pas que ça fera de l'argent, à une époque où les théâtres sont désertés ? ajoute Rachel.

Elle ne croit pas si bien dire. Le 6 mars, à la fin de la représentation d'*Horace*, quand Rachel s'avance pour interpréter le chant fameux, le silence se fait dans la salle, comme si le public pressentait qu'il allait être le témoin d'un événement sans précédent. Théophile Gautier, qui assistait au spectacle, ne devait jamais oublier l'impression qu'il ressentit et qu'il sut traduire dans un article d'un réalisme saisissant.

« Le masque d'une livide pâleur, ce regard noir de souffrance et de révolte luisant dans une orbite sanglante, ces lèvres contenant dans leur pli superbe l'ouragan des menaces et prêtes à sonner la trompette des malédictions ; ces narines passionnément gonflées ont produit un effet fulgurant ; c'était d'une grâce terrible et d'une beauté sinistre qui inspirent l'effroi et l'admiration. Quand l'actrice a redressé sa haute taille, fait ondoyer le contour de sa hanche sous l'abondance des plis de sa longue tunique et levé son bras avec un geste qui l'a mise nue jusqu'à l'épaule par le rejet de la manche, il a semblé à tout le monde que la déesse Némésis se dégageait subtilement d'un bloc de marbre grec ; alors, d'une voix irritée, stridente et monotone comme un tocsin, elle a commencé sa première strophe :

Allons enfants de la patrie...

» Elle ne chantait pas, elle ne récitait pas, c'était une espèce de déclamation dans le goût des mélopées antiques, une musique mystérieuse qui ressemble au chant et ne le reproduit pas... Quels trésors de haine et quelles soifs de vengeances se trahissaient dans ses mains crispées, dans ses nerfs tressaillants sous l'immobilité froide d'une résolution implacable ! Et avec quelle effusion attendrie, et comme fendue en pleurs à l'idée sainte de la patrie, s'est-elle agenouillée et noyée dans les plis tricolores du drapeau symbolique. Cette pose vraiment sublime a fait éclater la salle en transports d'enthousiasme ; les bravos, les battements de main, les trépignements ont retenti de toutes parts comme des tonnerres... »

Gautier n'exagère pas : l'impression sur le public est considérable. Quand elle psalmodie les mots « *amour sacré de la patrie* », entre l'assistance et l'artiste un lien mystérieux s'est établi. Pendant trente-cinq représentations, jusqu'au 25 mai, Rachel va devoir ainsi interpréter *la Marseillaise*, car le public la réclame chaque soir avec véhémence. Signe qui ne trompe pas : les recettes reflètent l'engouement général. Événement sans précédent dans les annales du théâtre, en récitant les paroles de ce qui sera un jour l'hymne de la France, Rachel remplit des salles entières.

Le phénomène va même prendre une ampleur nationale. Le Gouvernement provisoire qui, en raison d'un climat social toujours troublé, n'est pas tellement assuré de voir durer ce « provisoire », songe à profiter du succès de Rachel à des fins électorales ; en politique, on le sait, tous les moyens sont bons. Le directeur par intérim des théâtres et de la librairie, Elias Regnault, adresse aux préfets de certains départements la directive suivante, dont l'ironie est tout à fait involontaire : « Le dévouement que la citoyenne Rachel a montré pour la République à Paris, elle veut l'étendre aux départements. L'électricité qu'elle a répandue ici en exécutant *la Marseillaise* y sera d'un merveilleux et salutaire effet. C'est au nom de l'art, sur lequel la République veut étendre sa féconde protection, que je vous demande de prêter à la citoyenne Rachel votre concours, en donnant au citoyen Félix toute facilité pour les représentations qu'il a l'intention d'organiser dans votre ville. »

Si Rachel s'est affranchie de l'autorité paternelle, elle n'en continue pas moins de soutenir les membres de sa famille en toute circonstance, d'où cette association fréquente avec son père dans ses tournées ; Jacques Félix est d'ailleurs très compétent en matière de spectacle, comme il l'a démontré à plusieurs reprises.

Rachel, en mission officielle, va donc non pas porter mais chanter la bonne parole et soulever dans toutes les provinces qu'elle traverse un enthousiasme égal à celui qu'elle a provoqué à la Comédie-Française ; la voici, à présent, certifiée authentique républicaine. L'opinion, qui a le bon goût d'oublier vite, ne se souvient plus qu'il y a peu de temps encore elle était orléaniste, après avoir été auparavant bonapartiste... ce qu'elle redeviendra d'ailleurs bientôt. En réalité, la politique ne l'intéresse guère ; elle estime que le théâtre est une chose bien plus sérieuse... Peut-on lui donner tort ?

Sa tournée l'ayant conduite à Montpellier, elle souhaite rendre visite à Mme Lafarge, alors incarcérée dans la prison de la ville. Accusée d'avoir empoisonné son amant, à la suite d'un procès qui a défrayé la chronique elle a été condamnée à perpétuité. Les désirs de Mlle Rachel étant des ordres, elle obtient l'autorisation de se rendre auprès de la prisonnière. Dans une lettre à sa sœur Sarah, elle raconte sa visite :

« J'ai été bien visiter Madame Lafarge dans sa prison de la Maison Centrale... Comme cette célèbre recluse ne reçoit pas aisément qui veut la voir, il a fallu nécessairement lui demander l'autorisation... Elle a répondu gracieusement qu'elle serait enchantée de me voir, parce que j'étais une de ces femmes qui, etc., etc. Elle nous a reçus dans le salon du directeur de la Maison Centrale, j'ai été frappée non de sa beauté, car la pauvre femme, je le dis, criminelle ou non, s'en va lentement de la plus affreuse des maladies, la poitrine... C'est affreux ! Mieux vaudrait une balle dans cette faible poitrine ! Mais comme ce salon donnait trop de solennité à notre entrevue, elle m'a demandé de passer avec elle dans un cabinet voisin, où nous sommes restées seules. J'ai vu qu'elle me regardait avec toute son intelligence et un peu de surprise... L'émotion me donnait mes petites pommes d'api. Je l'ai priée de croire que ce n'était pas une vaine curiosité qui m'amenait chez elle, et elle m'a interrompue pour me dire qu'elle ne le supposait pas de mon esprit et de mon cœur.

– Je ne vous ai vue qu'une seule fois, m'a-t-elle dit, c'était dans *Iphigénie en Aulide* ? J'ai bien souvent déploré de ne pas vous connaître tout entière.

» Alors, je lui ai offert de venir lui dire tout ce qu'elle voudrait, le songe d'*Athalie*, la déclaration de *Phèdre*, ou tous les deux si ça lui plaisait. Elle m'a répondu en exclamation :

– Ah, ce serait trop beau... Vous me feriez regretter le monde... et je m'arrange les idées pour ne pas regretter la vie ! »

Comme nous connaissons notre Rachel, voilà un compliment qui dut l'émouvoir plus que tous les bravos.

VII

COUP DE THÉÂTRE ET COUP D'ÉTAT

La tournée que Rachel a entreprise avec la bénédiction des pouvoirs officiels est composée de plusieurs pièces de son répertoire, son interprétation de *la Marseillaise* constituant la « cerise sur le gâteau ». Mais quel que soit l'enthousiasme qu'elle provoque lorsqu'elle joue *Phèdre* ou *Horace*, c'est le chant de Rouget de Lisle que les spectateurs attendent chaque fois avec impatience. Voyage fatigant pour Rachel qui doit souvent puiser dans ses réserves d'énergie pour aller jusqu'au bout de la représentation ; voyage troublé aussi par les nouvelles qui arrivent de Paris et qui sont loin d'être rassurantes. La fermeture des Ateliers nationaux, le 21 juin, provoque une insurrection populaire qui est durement réprimée. Rachel est effondrée quand elle apprend avec quelle férocité les forces de l'ordre ont traité les rebelles. Elle tremble aussi pour quelqu'un d'autre : il faut croire qu'avant de partir, elle a repris des relations avec le prince Jérôme Napoléon, car elle s'adresse à lui sur un ton dont le lyrisme semble un peu exagéré et fait douter de sa sincérité : « Quand je pouvais craindre un malheur pour toi, avec bonheur, je me serais lancée au milieu du carnage pour t'épargner une égratignure. Que Dieu soit loué, tu as été épargné dans cette mêlée de sang. Oui, il a été prudent, dans l'intérêt de ta noble famille, de te tenir à l'écart. Si les événements t'obligeaient jamais à quitter de nouveau la France ou au moins Paris, avec quelle joie je te suivrais, mon bon chien, que mon cœur serait satisfait de te servir... » On se souvient que le prince de Joinville avait eu droit lui aussi à être traité de « bon chien » ; les câlineries canines de Mlle Rachel se répartissaient équitablement entre orléanistes et bonapartistes.

Avec le prince Napoléon, comme avec d'autres, il s'agit d'une liaison à éclipses, entrecoupée de séparations et de réconciliations. Ce qu'il y a de remarquable dans ce processus est qu'à chacune de ces réconciliations Rachel repart avec le même enthousiasme, comme s'il ne s'était produit rien de fâcheux entre eux. Elle y croit toujours, la brave petite fille... Elle croit dans les serments des autres comme elle croit dans les siens propres, sans savoir au juste lesquels seront les plus sûrement trahis.

Avec Jérôme Napoléon, le scénario qui se déroule est semblable à celui qu'elle a connu avec d'autres hommes. Alors qu'elle poursuit dans le sud de la France sa tournée « patriotique », voilà qu'une crise menace justement les relations de la tragédienne et du prince. Le plus cocasse dans l'histoire est que le motif de la querelle tient à l'infidélité de Plon-Plon. Oubliant qu'elle-même ne se gêne pas, quand elle en a envie, pour tromper ses amants, voici que Rachel se pique d'être jalouse. Ayant appris par sa sœur Sarah que son amoureux du moment ne réservait pas son intérêt pour le théâtre à sa seule personne, Rachel entre dans une violente colère et décide de venger son honneur bafoué. Pour cela elle va monter un traquenard au prince avec la complicité de Sarah. Ainsi aura-t-elle une raison de rompre avec l'infidèle car, comme elle l'écrit à son aînée, « ce que tu me dis de l'amour de Nap m'effraie ; en effet les hommes qui aiment un peu sincèrement ne lâchent pas avec facilité leur proie »...

Le plan de Rachel est machiavélique ; Sarah devra s'arranger pour attirer le prince une nuit chez elle, ce qui ne posera guère de difficultés car elle est elle-même très séduisante et Plon-Plon ne laisse passer aucune occasion. Après quoi, elle renverra sa femme de chambre sans ménagement. Pour se venger, la soubrette, selon toute vraisemblance, n'aura rien de plus pressé que de mettre Rachel au courant de son infortune ; « ... alors, ajoute la tragédienne, je t'envoie une épître un peu piquée des vers que tu montres au prince ; il tombe dans le piège et il n'ose plus se présenter devant moi. Voilà une affreuse comédie, mais il faut toujours être à la hauteur de sa position, et, puisque en ce moment je suis la saltimbanque la plus consommée, il faut bien soutenir ce digne caractère jusqu'au moment où, changeant de linge à Paris, je me présenterai dans la capitale en grande tragédienne venant de gagner cinquante mille francs ; en avant donc, véritable sœur de mon sang ! »

La farce n'ira pourtant pas jusqu'à son terme. Rachel prend conscience qu'elle-même n'est pas sans reproche, et au fond elle l'aime bien, ce brave Plon-Plon ! Et puis il n'est pas judicieux de se brouiller avec un des principaux membres du clan Bonaparte à un moment où l'étoile du chef de la famille est en train de grimper au firmament.

Rachel a revu en effet, depuis qu'il est rentré à Paris,

le futur Napoléon III ; et celui-ci, dont on connaît le penchant pour le beau sexe, s'est montré aussi empressé qu'il l'avait été à Londres. Il est vraisemblable que leurs relations ont repris le tour qu'elles avaient alors, sans qu'on puisse pour autant parler de liaison. En tout cas, la tragédienne est bien en cour, comme en témoignera Arsène Houssaye lors de sa nomination comme administrateur de la Comédie-Française. L'anecdote vaut d'être contée ; pour cela, le lecteur nous pardonnera d'anticiper le cours de ce récit. Arsène Houssaye avait été nommé contre le vœu de l'ensemble des sociétaires, suite à une démarche de Rachel. Elle était intervenue auprès de Louis Napoléon élu, entre-temps, président de la République. Venu remercier le prince-président, ce dernier répondit au nouvel administrateur : « Oh, ce n'est pas moi qu'il faut remercier, c'est mademoiselle Rachel. On lui a nommé dix hommes de lettres, c'est vous qu'elle a choisi, je ne sais pourquoi. » Au même moment, Arsène Houssaye recevait de la tragédienne un billet où elle lui confirmait sa nomination et lui laissait entendre, à sa manière toujours pleine de fantaisie, que c'était à elle qu'il la devait : « Venez bien vite dîner avec moi, mon cher Directeur. J'ai une mauvaise nouvelle à vous donner ; j'ai eu beau faire et beau dire, vous êtres nommé malgré moi ! »

Arsène Houssaye nous fournit aussi d'autres précisions sur l'intimité de Rachel avec celui qui sera bientôt l'empereur des Français. Venu à l'Élysée rendre visite au prince-président, il fut d'abord reçu... par Rachel, qui semblait chez elle dans le palais présidentiel. Nommé dans ces conditions, le nouvel administrateur ne put faire autrement que de complaire à sa « bienfaitrice » : il accepta donc de rompre son contrat de sociétaire et de la réengager comme pensionnaire... aux mêmes conditions que précédemment. Ce qui offrait à Rachel la liberté de s'absenter quand elle le voulait afin d'accepter les contrats que lui proposaient la province et l'étranger. À titre d'exemple, la tournée de *la Marseillaise* lui rapporta soixante-dix mille francs, somme équivalente aux cachets des stars actuelles [1].

Revenue à Paris, Rachel allait donc s'empresser de manifester sa reconnaissance au prince-président en embrassant ouvertement sa cause ; un peu plus tard elle se mettra au service de la propagande du prétendant. Alors que les rumeurs de restauration impériale circulaient, elle participa à un programme dont la composition était une allusion directe aux projets du prince : elle joua des extraits de *Cinna* et de *la Clémence d'Auguste*, récita un long poème dû à l'inspiration d'Arsène Houssaye et intitulé *l'Empire, c'est la paix* ; enfin elle acheva le spectacle par des extraits d'une autre pièce dont le titre est d'une ironie involontaire – mais qui se révélera prophétique dans l'avenir –, *Il ne faut jurer de rien* ! Assistant à la représentation, Louis Napoléon applaudit chaleureusement la tragédienne et chargea Houssaye d'embrasser Rachel en son nom, et de lui remettre un superbe bracelet garni de brillants.

Reprenons à présent la chronologie des événements. Rachel s'est décidée à franchir un pas devant lequel elle a longtemps hésité : s'attaquer enfin au répertoire roman-

1. Pour obtenir l'équivalent actuel, il faut multiplier approximativement par vingt.

tique. Grande prêtresse de la tragédie, à laquelle elle a redonné un souffle, elle avait le sentiment de trahir les dieux du théâtre en abordant un genre nouveau. La pièce de Scribe et Legouvé, cette *Adrienne Lecouvreur* qui a si longtemps attendu dans l'antichambre des caprices de Mlle Rachel, va lui servir de tremplin pour ce saut dans l'inconnu et lui permettre de démontrer l'étendue de ses moyens.

Autant elle a été réticente, voire hostile à la pièce, autant à présent elle s'y jette corps et âme, répétant chaque scène avec l'enthousiasme d'une débutante et la conscience d'une grande professionnelle. Elle sait qu'elle est guettée par les nombreux envieux qui espèrent en vain sa chute depuis plus de dix ans. Ils vont être déçus ; une fois encore, Rachel affirme sa souveraineté sur le théâtre de son époque. La flamme qui nourrit son génie brûle avec autant d'ardeur dans le drame que dans la tragédie. Sa voix, si particulière, si émouvante, est aussi prenante dans un texte en prose que dans les alexandrins. Comme cela lui arrive pour chacun de ses rôles, il s'établit entre elle et le personnage qu'elle incarne une étrange communion, elle est Adrienne Lecouvreur... Il est vrai qu'elle se sent bien des affinités avec cette comédienne qui aima d'un amour passionné le descendant des rois de Pologne, le maréchal de Saxe, dont elle eut un enfant, tout comme Rachel a aimé le fils de Napoléon dont, elle aussi, a eu un fils. Quand, le 14 avril 1849, le rideau tombe sur le dernier acte de la pièce, la salle fait à Rachel un triomphe comme elle n'en a peut-être jamais eu. Ainsi que l'a écrit Louis Barthou, dans sa biographie de la comédienne, « elle parcourut avec une aisance parfaite la gamme de tous les sentiments qu'une pièce de théâtre, calquée sur la vie, peut exprimer. Ardente et habile, douce et violente, simple et hautaine, élégante et passionnée, charmante et insolente, elle étonnait, par sa résistance, sa volonté, par les brusques explosions d'une force concentrée dans un corps frêle, ses amis les plus anciens, et elle déconcerta les ennemis qui la guettaient ».

Les apparitions de Rachel dans le drame romantique ne se limitent pas à *Adrienne Lecouvreur*. Malgré ses sentiments plus que refroidis pour Alexandre Dumas, en février 1850 elle va jouer *Mademoiselle de Belle-Isle*, l'une de ces pièces à mouvements comme l'auteur des *Trois Mousquetaires* a l'art de les concevoir. Dans ce rôle, un danger la guette : rien de plus loin des personnages classiques que celui qu'elle incarne ici, point de tirades à psalmodier, point de mélopées au lyrisme échevelé. Autre épreuve à affronter, le souvenir de Mlle Mars, récemment décédée, qui créa l'ouvrage. Cet obstacle aussi, Rachel le surmonte. Contrairement à Mlle Mars, elle ne recherche pas les effets qui risqueraient de déséquilibrer la pièce ; elle joue le drame avec une simplicité, une rigueur qui font l'admiration du public et de la critique.

C'est encore le souvenir de Mlle Mars qu'elle rencontre en interprétant le personnage de Tisbé dans *Angelo, tyran de Padoue* de Victor Hugo. Dès la lecture de la pièce, elle a senti sur elle le souffle puissant de l'auteur, comme elle le rapporte dans une lettre à son amoureux du moment : « Quelle émotion encore que celle d'aborder le drame de Victor Hugo, quel style à coups de poings ! Quel libertinage de vérité, quelle brusquerie dans les sentiments les plus tendres ! Vraiment, il faut comme moi, pauvre petite fille, avoir chanté dans la rue pour comprendre un peu et traduire ce caractère de la Tisbé, mélange de charme et de fille libre, de cœur et de férocité, de sentiments élevés au milieu d'une vie de luxe et de luxure. Oh, l'étrange chose de cette femme qui est née sur le pavé et qui se réveille dans des draps de satin. Quel mépris et quel fiel n'a-t-elle pour ce monde, qui, hier, la délaissait, pure, et, ce matin, lui prodigue ses caresses, déshonorée ! C'est un grand caractère à jouer, bien difficile à reproduire, et, pourtant, il est vrai, il est dans la nature, mais tous, nous n'avons pu le voir marcher ; moi, je l'ai vu, moi seule peut-être le comprends et je ne sais encore quels seront les éclairs que je jetterai dans ce personnage charmant et fatal. »

Analyse pertinente d'un personnage et aussi d'une œuvre riche en péripéties et en sentiments de toutes sortes. Avec *Angelo*, Rachel a vraiment abordé le théâtre romantique qu'elle enrichit des ressources d'un talent aux multiples facettes. Victor Hugo, d'abord réticent en raison du passé « classique » de l'artiste, est très vite plein d'admiration pour cette interprète d'une dimension supérieure à toutes celles qu'il a eues jusqu'à présent. Il s'attache à elle au point de veiller lui-même aux costumes qu'elle doit porter dans sa pièce. À mesure que se déroulent les répétitions, l'illustre poète est conquis, charmé, bouleversé par cette nouvelle Tisbé plus vraie, plus émouvante que celle qu'il avait rêvée. Comme nous les connaissons l'un et l'autre, on peut être surpris que leurs relations n'aient pas pris un tour plus intime ; ils se borneront simplement à un échange de coquetteries. Il est vrai que, dans le domaine amoureux, chacun de son côté est fort occupé... En tout cas, ce qui est bien dommage c'est qu'après une si brillante intrusion dans le drame romantique Rachel n'ait pas eu le temps de confirmer son emprise sur cet autre aspect de l'art dramatique comme elle l'avait exercé sur le théâtre classique. L'exil de Victor Hugo et sa propre fin prématurée la privèrent sans aucun doute de plusieurs créations prestigieuses, mais les échos du succès qu'elle avait connu dans *Angelo* ne furent pas près de s'éteindre.

Théophile Gautier, son thuriféraire habituel, a trempé sa plume dans l'ambroisie pour rendre compte du spectacle et de son interprète : « Rachel s'est emparée du drame comme elle s'était emparée de la tragédie, écrit-il. Elle régnera désormais sans rivale sur l'empire romantique, comme elle régnait naguère sur l'empire classique... On peut affirmer hardiment que personne ne jouera mieux la Tisbé que Mlle Rachel. Ce rôle fait corps avec elle ; il lui appartient aussi sûrement qu'elle lui appartient... » Ces louanges sont d'autant moins suspectes de complaisance pour la tragédienne que Gautier – une fois n'est pas coutume – n'a jamais aspiré aux faveurs intimes de la jeune femme ; par ailleurs, comme chez bien des hommes de son temps, il y a en lui un vieux fond d'antisémitisme qui surgit parfois dans ses articles, notamment lorsqu'il lance quelque flèche perfide en direction d'Offenbach.

L'enthousiasme pour l'interprétation de Rachel est général, à commencer par celui de l'auteur. Victor Hugo est littéralement emballé et ne le cache pas. Au lendemain de la première, Rachel reçoit chez elle une magnifique gerbe de roses accompagnée de quelques lignes révélatrices :

« Je me croyais revenu de tous les bonheurs... – lui affirme le poète –, c'est que je ne soupçonnais pas qu'il existât une interprète de votre qualité ! » Cet envoi de fleurs – au propre comme au figuré – vaut à Hugo une scène de ménage de la part de Juliette Drouet, mais, répétons-le, pour une fois l'illustre écrivain n'a rien à se reprocher.

Pour fêter ce nouveau triomphe, Rachel, quelques jours plus tard, réunit quelques intimes dans son hôtel de la rue Trudon. Un invité d'honneur, ce soir-là : le prince Napoléon. Rachel n'est pas fâchée d'exhiber à sa table le cousin germain du futur empereur ; son aventure avec ce dernier ayant tourné court, elle s'est « rabattue » sur Plon-Plon, une manière d'affirmer sa fidélité aux Bonapartes. N'est-elle pas la mère du petit-fils de Napoléon Ier ? Elle ne cherche donc nullement à faire mystère de sa liaison. Ce soir-là, servis par des laquais en habits à boutons dorés – comme nous sommes loin de la carriole du père Félix ! – les invités ont largement apprécié les grands crus qu'ils ont dégustés. Est-ce cette atmosphère joyeuse qui pousse l'un des convives à poser une question impertinente :

– Chère divine, demande-t-il à la jeune femme, est-ce vrai, ce qu'on murmure ? Que vous seriez de marbre comme les raisins de théâtre ?

Il en faudrait davantage pour désarçonner Rachel... et aussi pour la choquer. Du tac au tac, elle réplique tout en désignant du regard Jérôme Napoléon :

– Vous voyez bien que le prince ne s'y est pas cassé les dents !

Et Plon-Plon d'approuver en hochant la tête.

Le succès qu'elle rencontre avec *Angelo* fortifie son désir de s'impliquer davantage dans le drame romantique et de créer des œuvres nouvelles. Hélas, celles qui lui sont proposées ne sont pas dignes de son talent : qui se souvient de ces « chefs-d'œuvre » qui ont pour nom *Valéria*, *Louise de Lignerolles* ou *Lady Tartuffe* ? Même le génie de Rachel ne pouvait leur apporter une existence qu'ils n'avaient jamais eue, aussi revient-elle à son répertoire de prédilection où le public la retrouve avec un plaisir évident.

En attendant, c'est avec lucidité qu'elle analyse son interprétation de la pièce d'Hugo : « ... Il faut que tu vois ce que j'ai su faire de ce caractère de la Tisbé, écrit-elle. Le langage, tout d'abord nouveau pour moi, à force d'étude s'est familiarisé avec mes qualités et mes instincts dramatiques et puis, je ne sais à quoi cela tient, mais il m'a semblé que cette prose passant par ma bouche ne causera plus cette vulgarité dont, trop souvent, l'ouvrage abonde ; enfin, j'ai été glorieusement récompensée de cette création qui ne m'a laissé ni paix ni trêve pendant près de deux mois, mais voilà mon succès assuré, voilà ma santé qui semble revenir un peu, je dois ajouter que le printemps contribue à ce changement. Quoi qu'il en soit, je me dis encore la femme la plus heureuse qu'il y ait sur la terre où plus de pleurs sont versés que de joies exprimées... Ma jeune sœur Rébecca a été vraiment charmante dans le rôle de Catarina. Ma joie est douce et grande, c'est à moi qu'elle doit son titre de sociétaire, encore un ruban d'honneur dans la famille des heureux, ne nous appelons-nous pas Félix ?... » Comme elle le souligne, c'est en effet grâce à elle que sa cadette est entrée au Français où elle a l'occasion de démontrer des qualités scéniques qui semblent ataviques chez ces « heureux » Félix. Elle nourrit pour sa jeune sœur les sentiments les plus tendres. Chez Rachel, l'amour de la famille n'est pas une formule, mais de tous les éléments de la « tribu » c'est Rébecca qui a ses préférences.

Pour écrire la lettre ci-dessus, comme toujours lorsqu'il s'agit d'une missive d'ordre intime, Rachel a délaissé son élégant boudoir et son salon luxueux pour se réfugier dans une petite chambre située tout en haut de son hôtel. Tranchant avec l'aspect un peu tapageur des autres pièces, ici tout est sobriété, presque austérité ; aucun meuble de style, pas de tableaux aux murs, rien que deux fauteuils confortables, une petite table avec un écritoire et un divan sur lequel elle s'étend quant elle est prise d'un de ses coups de fatigue, de plus en plus fréquents désormais. Si elle s'est retirée pour écrire, c'est que le destinataire de sa lettre est le partenaire privilégié d'un roman à deux personnages sur lequel elle laisse tomber un voile pudique. L'aventure fut à ce point discrète que nous ne connaissons même pas le nom complet de son heureux bénéficiaire ; nous devons nous satisfaire d'un prénom et d'une initiale.

Quand au printemps de 1849 Rachel retrouve Hector B., dont elle connaît la famille depuis plusieurs années, sa vie amoureuse a un « premier » occupant, Arthur Bertrand, qui s'apprête d'ailleurs à céder la place à un second « occupant », le prince Napoléon. À ces messieurs s'ajoutent parfois quelques « passants » dont le plus prestigieux est sans conteste le futur maître de la France, le prince-président Louis Napoléon. Abondance d'amants ne nuit pas, telle pourrait être la devise de Rachel qui va donc ajouter un fleuron de plus à sa couronne en la personne du jeune Hector B. sans pour autant renoncer à ses autres soupirants. Toutefois, une nuance s'impose : Hector ne saurait être placé sur le même plan ; on peut même dire qu'il occupe un rang à part ; pour elle, il est comme un coin de ciel bleu au milieu des orages, amateur privilégié qui cultive la petite fleur bleue de son jardin secret. C'est un phénomène bien connu qu'une femme qui a mené jusque-là une existence sentimentale tumultueuse, qu'une artiste encensée, fêtée, glorifiée, qu'une divinité qui règne sur l'Olympe de l'actualité aspire soudain à une vie paisible, sans honneurs, sans champagne, sans tumulte... Rachel nourrit en elle ce projet, qui ne s'accomplira jamais, de rompre avec le microcosme parisien. Elle a soudain envie de campagne, de pureté, de vérité, toutes choses qu'Hector B. semble à même de lui apporter.

Disposant d'une belle fortune, ce jeune homme habite une vaste propriété entourée de terres. Par son caractère, par ses mœurs, par son mode de vie, il est aussi éloigné que possible de l'entourage coutumier de l'artiste. Est-elle sincère dans sa volonté de rompre avec son passé, de se transformer en brave petite bourgeoise ? Sur le moment, elle est toujours sincère ; c'est ensuite que le climat change. De bonne foi, Rachel paraît donc prête à tout quitter pour se ranger. Pas tout de suite, toutefois... Elle ne peut du jour au lendemain abandonner ses obligations, mais dans un délai de deux ans, elle sera prête à devenir « Madame B. », car bien entendu il ne peut être question d'autre chose que de mariage entre Hector et elle, bien qu'ils aient déjà touché un « acompte » sur leur avenir conjugal. Cet avenir s'annonce sous les meilleurs auspices, du moins si l'on en juge par le ton de leur correspondance : « L'air que je respire est ton souffle qui m'arrive doucement dans la poitrine... Je t'aime, crois en moi, en ta Rachel, en ta femme qu'il faudra bien que je sois... »

Et Rachel de faire des rêves bucoliques ; elle se voit déjà menant une saine existence provinciale, loin des bruits et des faux plaisirs de Paris. Ce qui la conforte dans ses espérances, c'est qu'elle a fait aussi la conquête de la famille du jeune homme... qu'elle considère déjà comme la sienne. Elle ne craint pas de s'engager, comme il ressort d'une lettre adressée au père d'Hector : « Si vous voulez me conserver tous, pendant deux ans, le souvenir que vous m'avez promis, vous verrez bien que je n'ai pas oublié mes promesses. Adieu, mon cher et tendre père (*sic*), chargez-vous de lire cette lettre à tous ceux qui vous entourent. Croyez-moi toujours votre bien dévouée fille. »

On voit le ton : le préjugé que nourrissait la bourgeoisie de l'époque à l'encontre des artistes n'a pas résisté aux charmes et aux sortilèges de Rachel. Qu'elle soit la mère de dcux enfants naturels n'a pas effrayé davantage Hector et les siens. Si l'amour de Rachel, comme d'habitude, procède surtout d'un emballement, celui d'Hector en revanche est très profond ; il considère la jeune femme comme sa fiancée, il lui voue une passion que le passé bien rempli de l'artiste ne saurait ternir. Il est vrai que Rachel s'y entend pour entretenir sa flamme : « Je ne puis vivre sans vous, et vous n'êtes pas là... Je suis brisée, anéantie, je n'ai pas la force de supporter ce bonheur immense que j'éprouve depuis que tu as su lire en moi. Mon Dieu, mon Dieu j'ignorais ce que c'était d'aimer ! » Rachel ne joue pas la comédie ; ce n'est pas du théâtre quand elle écrit au cher Hector qu'elle ignorait ce qu'était l'amour avant de l'avoir rencontré. Sa mémoire a souvent des défaillances quand il s'agit de ses amours passées. Amnésie salutaire qui lui permet de trouver des accents qui apportent au jeune B. la certitude que ses sentiments sont payés de retour ; son réveil n'en sera que plus douloureux.

Durant ce même été 1849, entre deux voyages professionnels, elle est venue passer quelques jours au sein de la famille B. Moments idylliques où Rachel se comporte en vraie petite « fiancée ». Une fois encore, son fameux sens de l'adaptation lui permet de jouer ce nouveau rôle avec un naturel parfait. Elle semble trouver un vif plaisir dans des activités fort éloignées de ses habitudes. Qu'elle entraîne la famille dans un joyeux pique-nique au bord de la rivière qui baigne la propriété de B., qu'elle passe de longs moments en cuisine pour confectionner de bons petits plats ou qu'elle dispute une partie d'échecs avec son « beau-père », elle est tout aussi convaincante que si elle venait de sortir d'un couvent ! D'ailleurs, elle ne se force pas pour offrir d'elle-même cet aspect inattendu. Sur le moment, elle est convaincue que c'est désormais la vie qui lui convient. La Rachel d'hier est morte ; vive la Rachel de demain ! Qu'on lui laisse deux ans pour régler ses affaires et on assistera à l'éclosion d'une femme nouvelle. Promis ! Juré !

En attendant, il faut bien reprendre le chemin de la gloire... et du gros cachet ! Et la correspondance reprend toujours dans le même climat : « Sur mon passage, je reçois des applaudissements ; Monsieur, quand vous m'aurez bien à vous, outre heureux que je veux bien vous faire vous serez bien flatté de posséder une gentille petite merveille pareille à moi. Ce n'est pas ma faute si je manque de modestie, mais tout ce que je vois, tout ce que j'entends me fait être ainsi ; il sera temps encore, quand j'habiterai le même toit que mon homme des champs de me rendre la vie réelle, calme et douce. » Cette lettre marque l'apogée des amours de Rachel et d'Hector. Déjà, sans qu'elle se l'avoue à elle-même, le mirage d'une existence rangée commence à se dissiper ; déjà la perspective de quitter un mode de vie pour lequel elle est faite commence à l'effrayer. Par toutes les fibres de son corps, par tous les élans de son cœur, elle appartient au théâtre et à son milieu. Dans l'euphorie d'une passion nouvelle, elle a cru qu'elle pourrait s'en éloigner, mais la voici qui revient de son erreur. Si elle a fixé à son impatient amoureux et à sa famille un délai de deux ans pour abandonner sa carrière, c'est d'ailleurs parce qu'elle redoutait inconsciemment le moment où elle devrait tout quitter. L'osmose absolue qui s'est opérée entre son art et elle fait qu'ils sont liés l'un à l'autre indissolublement. Cela, la jeune femme l'a toujours su ; en essayant de l'oublier, elle s'est trompée elle-même, tout autant qu'elle a trompé le brave Hector. Et le théâtre n'est pas seul en cause ; il faut aussi compter avec les curiosités amoureuses de Rachel ; pourrait-elle, même à l'abri des tentations, même protégée par l'affection de toute une famille, demeurer jusqu'à la fin de ses jours fidèle au même homme ? Pourrait-elle renoncer à ces désirs qu'elle voit s'allumer dans le regard des hommes qui l'entourent, à leur empressement, aux déclarations passionnées qu'ils lui adressent ? Sans doute l'a-t-elle cru sincèrement ; c'est de bonne foi qu'elle a aidé Hector à bâtir des châteaux en Espagne, des châteaux qu'ils n'habiteront jamais ensemble...

Reste maintenant à faire marche arrière, opération délicate qui n'ira pas sans causer des dégâts. Il va tomber de haut, le pauvre Hector quand, à la fin de la tournée qui a entraîné sa bien-aimée sur les routes de France, il va recevoir le billet suivant : « Demain mon congé [1] sera fini, demain après la représentation, je roulerai sur la route de Paris, mais je ne veux pas y rentrer sans vous prier, mon

1. Celui que la Comédie-Française lui avait octroyé.

cher B., de ne venir me joindre dans la capitale que sur une lettre de moi qui vous marquera le jour où je pourrais vous voir sans ennuis, sans préoccupations. Entre autres, on m'écrit que la Comédie-Française se prépare à me chercher chicane, je ne veux vous revoir, bien cher ami, que lorsque je pourrai être seule et tout entière à vous. » On remarquera, au passage, qu'elle assortit du mode conditionnel le moment où elle compte retrouver son amoureux et aussi qu'elle lui donne du « bien cher ami », qui doit résonner de manière désagréable à l'oreille de celui auquel il est adressé. Et pourtant, Hector poursuit son rêve ; sans doute, comme l'a écrit Valérie Thomson [1], « elle restait pour lui magnifiée par les sentiments des héroïnes qu'elle faisait revivre. Et puis, de quelle séduction experte ne devait-elle pas savoir entourer celui qu'elle voulait s'attacher ? Ne lui attribue-t-on pas la douce parole devenue une sorte de devise de tendresse : "J'aime qu'on m'aime comme j'aime quand j'aime" ? »

Le jeune B. doit avoir l'espérance chevillée au corps, car il se refuse à comprendre ce qui est évident ; il ne veut pas croire que les projets qu'il a caressés avec sa « fiancée » avaient la consistance d'une bulle de savon. La fiction du grand amour va donc se poursuivre encore durant quelques mois, passion toujours exacerbée du côté du jeune homme, sentiments beaucoup plus tièdes de la part de Rachel. Le succès qu'elle connaît avec *Angelo* achève de la ramener définitivement dans le tourbillon de la vie parisienne. Peu après, un voyage en Angleterre, suivi d'un autre en Allemagne, prélude à leur séparation définitive.

1. Une des biographes de Rachel.

En Allemagne, fêtée par des admirateurs toujours aussi fervents, Rachel n'a pas dû repousser toutes les tentations qui s'offraient à elle, car le bruit en est parvenu jusqu'à Hector. Le naïf jeune homme ne pouvait s'imaginer que la femme qu'il aime pût être infidèle. Il lui a donc fait part de ses soupçons, ce qui lui vaut, lorsque Rachel regagne Paris à l'automne 1850, cette mise au point :

« Mon cher Hector

Je comprends à peine ce que vient de me dire N., mais cependant il me dit que vous êtes fâché, colère, et je veux vous voir pour vous demander une explication sur un soi-disant bal dans lequel j'aurais paru d'une façon assez défavorable pour la tendresse que vous m'avez toujours témoignée. Je ne sais ce que cela veut dire, mais ce dont je puis vous assurer, c'est que ma place n'est point au bal... Ah, mon pauvre B., déjà vous vous rangez au nombre de ces Parisiens, déjà vous voulez perdre ce qui est le meilleur de la vie : les illusions du cœur. Je vous aime quand même. Votre amie toujours. »

Rachel a appliqué la vieille tactique selon laquelle l'attaque est la meilleure des défenses. De son côté, Hector s'accroche encore à son rêve. Tout au long de l'année 1851, il continue d'adresser des billets où il proteste de la pérennité de son amour ; les réponses de Rachel sont beaucoup plus évasives et, surtout, de plus en plus espacées. La dernière en date est d'une froideur et d'une brièveté sans équivoque. Hector ayant annoncé sa prochaine visite à Paris, Rachel lui écrit : « Mon cher Hector, je crois mon désir de vous revoir aussi vif que le vôtre peut-être.

Venez donc je serai chez moi jusqu'à deux heures. Mille souvenirs les plus tendres. »

Quand on compare ce billet laconique aux déclarations passionnées de la tragédienne, au début de sa liaison avec le jeune homme, on arrive à cette évidence qu'au milieu d'une existence vouée au théâtre il n'y avait de place que pour des amours éphémères. Rachel le savait bien qui, un jour, avait confié à sa sœur Sarah : « Je suis amante, je suis mère, mais avant tout cela je suis artiste. Parfois, je cherche à me convaincre que je suis une femme comme les autres, mais alors je me mens à moi-même. »

Exit donc Hector et ses chers parents, le foyer conjugal, la vie à la campagne ! Adieu veau, vache, cochon, couvée ! Rachel s'en console d'autant plus aisément que durant ses « fiançailles » avec le jeune B. elle s'est autorisée quelques petites distractions. Le prince Napoléon a continué de figurer parmi ses familiers, mais il n'était pas seul à bénéficier de cette faveur. Elle avait créé au Français un petit acte en vers, *le Moineau de Lesbie*, dû à l'inspiration d'un poète débutant qui n'avait que vingt ans, Armand Barthet. Outre sa jeunesse, ce garçon avait de l'esprit, de la fantaisie et possédait le don de faire rire les femmes auxquelles il faisait la cour. Ces quelques particularités suffirent à émouvoir la grande artiste. Oh, pas très longtemps ! La pièce n'eut que trente-trois représentations et les visites de Rachel chez le jeune homme furent encore moins nombreuses, mais elles suffirent à illuminer les souvenirs du garçon pour le reste de sa vie. Il avait écrit d'autres pièces, mais il ne parvint à en faire jouer aucune. Alors Rachel, bonne fille, s'entremit auprès d'Arsène Houssaye qui accepta d'engager Armand Barthet comme secrétaire. Ainsi, à défaut de hanter la scène du Français, continua-t-il d'en fréquenter les coulisses. Ce qui lui permettait, de temps à autre, de croiser Rachel... hélas, dans une position verticale !

Rachel, qui n'a pourtant guère plus de trente ans, sent-elle déjà les premières atteintes de l'âge ? C'est un fait que depuis quelque temps elle considère les garçons plus jeunes qu'elle avec un intérêt croissant. Après Armand Barthet et ses vingt printemps, voici qu'elle jette son dévolu sur un autre auteur qui, lui, a vingt-quatre ans et commence à se tailler une jolie réputation dans le monde des lettres et du théâtre. L'histoire serait banale s'il ne s'agissait... d'Alexandre Dumas fils. Si jadis elle remit le père vertement à sa place, il en va autrement avec son fils auquel elle trouve infiniment de charme. Entre eux s'établit un climat de marivaudage dont le jeune écrivain s'autorise pour lui adresser ce madrigal :

Trop de clarté nuit
À l'objet qui nous séduit
Et les beautés que l'on devine
Sont souvent, j'imagine,
Plus attrayantes que celles qu'on voit !
Aussi, crois-moi,
Dans l'obscurité complice
De ta délicieuse impudeur
Je découvrirai le secret du bonheur,
Qui sommeille encore en ta chair novice
Et sous mon baiser savant et lourd
Tu râleras d'amour.
Dis, veux-tu, ma belle,
Soufflons la chandelle.

Ce n'est là qu'œuvre de poète, car dans la réalité Alexandre est beaucoup moins hardi ; à moins que – toutes les hypothèses doivent être envisagées –, il ait été le seul homme insensible à la séduction de la tragédienne. Est-ce parce qu'elle le sent réticent que Rachel se pique au jeu ? La voici qui multiplie les avances. Revenant de voyage, elle s'empresse d'inviter le jeune écrivain à déjeuner dans sa maison de Montmorency, sur un ton d'originalité dont elle a le secret : « Mon cher ami, venez demain déjeuner avec moi. Vous ne vous amuserez certes pas beaucoup, parce que je n'ai pas d'esprit, mais votre visite me permettra d'en avoir le lendemain, car j'ai bonne mémoire. » Comment résister à une invitation formulée en de tels termes ? Dumas fils se rend donc le lendemain à Montmorency où Rachel lui laisse entendre qu'elle ne verrait aucun inconvénient à... ce qu'il restât à dîner ! Mais le garçon fait celui qui ne comprend rien.

Un peu plus tard, avec la création de sa pièce *le Demi-Monde*, Dumas acquiert une célébrité qui le rend encore plus attrayant aux yeux de Rachel. Celle-ci, nous le savons, est accoutumée d'aller au bout de ses désirs et de ne pas s'embarrasser des convenances. Elle arrive un soir rue de Boulogne, où loge Dumas et, sans faire de manière, s'offre à lui. Il faut croire que le fils n'a décidément pas les mêmes goûts que le père, car il trouve un prétexte astucieux pour se dérober :

– Non, je n'ai pas de raison d'être désagréable au prince Napoléon, déclare-t-il à la tragédienne.

Celle-ci ne se laisse pas démonter et réplique :

– Si ce n'est que cela, je le quitterai.

– C'est la même chose. Prenez un autre amant que je ne connaîtrai pas, et celui-là je le tromperai !

– Épousez-moi !

– Je n'épouse pas mes maîtresses. Comment voulez-vous que j'épouse celles des autres ? rétorque-t-il.

En dépit de cette fin de non-recevoir, Rachel eut assez d'esprit pour ne pas en vouloir à l'auteur de *la Dame aux camélias* et ils demeurèrent les meilleurs amis du monde, Dumas fils se ventant d'avoir été le seul homme qui ait pu résister à la magie de l'étoile.

Cependant, Dumas fils constitue une exception. S'il n'a pas succombé au charme de Rachel, ce ne sont pas les volontaires qui manquent pour le faire à sa place ; le dernier en date, Roger de Beauvoir. Viveur infatigable, réputé pour sa fantaisie et pour son esprit, amateur d'amours faciles, Beauvoir n'en est pas moins très attiré par la tragédienne. À la suite d'une comédie de Ponsard, *Horace et Lydie*, qu'elle vient de créer, il lui adresse des vers, façon discrète de faire acte de candidature :

Lydie obtint des succès, entre nous,
Vous valez mieux, elle avait des poètes,
Et vous avez un peuple à vos genoux.

Si elle accueille avec plaisir ce nouvel hommage, elle n'a pas trop de temps à consacrer à la bagatelle, car voici revenu le temps des tournées. C'est d'abord le nord de la France qu'elle visite, jouant successivement à Boulogne-sur-Mer, Valenciennes, Douai, Arras, Amiens, Dunkerque et Lille. Heureusement, la récente mise en service du chemin de fer atténue les fatigues de tels déplacements. Profitant de sa notoriété, Rachel a obtenu qu'on lui installe dans le wagon une véritable chambre à coucher ! Elle y dort tellement bien qu'en arrivant à la gare du Nord le contrôleur la découvre plongée dans un sommeil profond et n'ose pas la réveiller ; il fait ranger le wagon sur une voie qui mène à l'atelier de serrurerie ; c'est cet atelier qu'elle découvre quand elle ouvre les yeux, à la fin de la matinée. En voyant descendre de son wagon cette élégante voyageuse, les ouvriers de l'atelier n'en croient pas leurs yeux.

Entre-temps, un autre amour, comme elle n'en a jamais connu bien entendu – autrement dit comme tous les autres ! – a traversé son existence ; traversée brève qui n'en fut pas moins ardente, car Rachel ne fait jamais les choses à moitié. Quand elle aime, c'est toujours pour la vie... même si cette éternité se réduit finalement à quelques semaines, voire à quelques jours, voire... à une nuit ! L'année précédente, lors d'une soirée de représentation à Bordeaux, elle a été reçue avec tous les honneurs dans une famille de notables locaux, les Rodrigues. Les Rodrigues ont un fils, Oscar qui, dès qu'il a rencontré la tragédienne, en est tombé éperdument amoureux. Sentiments partagés ; Rachel se donne à lui dès le premier soir et, quand elle quitte Bordeaux, elle entame une correspondance passionnée.

Incorrigible Rachel ! La voici de nouveau qui grimpe sur son nuage conjugal ! Paradoxe : cette célibataire endurcie, dès qu'elle est amoureuse, n'a qu'une idée en tête : convoler avec l'amant du moment. Avec le jeune Oscar Rodrigues, ses projets matrimoniaux sont d'autant plus surprenants que ses « fiançailles » avec Hector B. ne sont pas encore officiellement rompues et que, par ailleurs, le prince Napoléon demeure toujours dans la course. Tout ceci n'empêche pas la jeune femme d'adresser au nouvel élu des messages dans le style de celui-ci : « Après que vous m'ayez quittée, ce matin, je me suis crue seule au monde ; il me semblait vous perdre à jamais et mes yeux de répandre un torrent de larmes. Vous n'étiez plus là et cependant, étrange effet d'une imagination en délire, il me semblait vous voir encore. » Quelques jours plus tard, elle récidive sur le même ton : « J'ai assez d'amour pour toi, mon bien-aimé, assez de forces pour réaliser mon beau et doux rêve. Je veux être ta compagne, ta femme... »

Le brave Oscar n'ose pas croire à son bonheur. Comme il a raison, car peu à peu les lettres de la tragédienne vont s'espacer en même temps que s'éteint le « volcan » que sa rencontre avec le jeune homme avait éveillé. De son côté, le protecteur officiel, le prince Napoléon, sans être au courant de la nouvelle lubie de sa maîtresse, perçoit l'écho d'une menace et s'en ouvre à l'intéressée ; celle-ci prend très mal des soupçons pourtant fort justifiés : « J'ai tant perdu la confiance en votre affection pour moi que souvent je me dis, il vaut mieux vraiment renoncer à ce sans cœur de Napoléon, que de vous perdre un jour au moment où je m'y attendrai le moins. Cependant, je ne suis pas encore décidée tout à fait à prendre ce parti violent, aussi viens-je vous dire : je serai, à Blois, les 10 et 11 août... »

Plon-Plon ne se le fait pas répéter et, tout frétillant, vient rejoindre la belle sans même s'entourer de la discrétion la plus élémentaire ; la presse régionale ne manque pas l'occasion de s'en faire l'écho. Après quoi Rachel reprend sa tournée, toujours poursuivie par les lettres passionnées d'Oscar qui a bien du mal à concevoir que son beau rêve est terminé.

L'année suivante, profitant de son congé annuel, Rachel

va se produire à l'étranger. Au mois de mai 1850, elle part pour l'Angleterre et l'Écosse où, pour cinq semaines de représentations, elle perçoit la somme à peine croyable pour l'époque de cent vingt mille francs ! Vient ensuite une série de spectacles en Allemagne qui commence à Berlin le 1er août. À cette occasion, toute la cour de Prusse, le roi Frédéric-Guillaume en tête, s'est déplacée et ne lui ménage pas ses applaudissements. C'est le début d'un périple marathon qui la conduit à Hambourg, Magdebourg, Dresde, Leipzig, Brême, puis elle enchaîne avec Vienne, où son admirateur le plus enthousiaste n'est autre que le jeune empereur François-Joseph. Puis la voici de nouveau en Allemagne : à Munich, Stuttgart, Karlsruhe, Mannheim, Darmstadt, elle ramasse sa gerbe de bravos habituels. Elle est enfin de retour rue Trudon le 1er novembre où elle retrouve ses deux fils avec des larmes de joie.

Ce qu'il y a de remarquable dans ces publics en délire qui acclament Rachel partout où elle passe, c'est qu'il s'agit d'étrangers alors qu'elle joue en français. Certes, à cette époque – que les temps ont changé ! –, la langue française est le véhicule culturel de l'Europe ; non seulement elle est le langage des cours et de l'aristocratie, mais aussi celui de la bourgeoisie et surtout celui d'une jeunesse qui trouve dans tout ce qui vient de France le reflet de ses aspirations et de ses idéaux, aussi bien dans les domaines de la pensée, de l'art, que dans celui de la politique. Mais ce n'est là qu'un des aspects de la question ; en fait, si la personnalité de Rachel irradie à ce point, si elle communique sa flamme à son auditoire, si elle lui fait partager ses sentiments les plus profonds, c'est qu'au-delà de la langue il s'établit une correspondance étroite entre l'artiste et le public. C'est là sans doute où le génie de Rachel atteint son paroxysme.

La satisfaction qu'elle éprouve devant l'accueil des Anglais et des Allemands est telle qu'elle ne peut se retenir de parler de ses « triomphes » dans les lettres qu'elle adresse notamment à Rébecca, sa préférée. Autre motif de satisfaction : malgré la fatigue inhérente à ses déplacements continus, sa santé l'a laissée tranquille ; ses douleurs de poitrine, qui ces derniers mois se faisaient de plus en plus fréquentes, ne se sont plus manifestées. Enfin, la tournée allemande a rapporté à Rachel cent mille francs, lesquels s'ajoutent aux cent vingt mille de la tournée anglaise ; détail non négligeable, n'est-il pas vrai ?

VIII

SIGNES EXTÉRIEURS DE RICHESSE

Si Rachel est ravie des couronnes qu'elle a glanées au cours de ses séjours en Angleterre et en Allemagne, si elle apprécie à leur juste valeur les énormes cachets qu'elle a perçus et les cadeaux précieux dont le roi de Prusse l'a comblée, il lui tardait pourtant de regagner Paris. Pour y retrouver quelque nouvel amoureux ? Nullement ; pour revoir ses deux fils dont l'absence – à chaque fois qu'elle doit s'en séparer – lui pèse cruellement. Cette artiste adulée, cette amoureuse effrénée, est aussi une mère attentionnée. Le sens de la famille, que possèdent les membres de la tribu Félix, s'exprime ici dans toute sa ferveur. Bien qu'affranchie depuis longtemps de la tutelle paternelle, on a vu qu'elle continuait de prodiguer à ses parents de vives marques d'affection. Il en est de même pour ses sœurs et pour son frère Raphaël, dont elle a fait son imprésario et aussi, occasionnellement, son partenaire. Mais c'est la jeune Rébecca qui demeure sa préférée ; toutes les occasions sont bonnes pour lui témoigner sa tendresse souvent de manière très originale, comme en témoigne l'anecdote suivante : pendant les représentations d'*Angelo*, où les deux sœurs se produisent, un soir Rébecca est particulièrement applaudie. En sortant de scène, Rachel la complimente :

– Ma chère enfant, tu as joué comme un ange ; je veux t'en récompenser : allons souper chez toi !

Étonnement de la jeune fille :

– Chez moi ? interroge-t-elle. Tu veux dire chez nos parents ?

– Non, non, j'ai dit chez toi, reprend Rachel. Tu sembles embarrassée ? Eh bien tiens, voici ta clef !

Et de tendre une clef à sa cadette que celle-ci considère l'air intrigué. Les deux sœurs montent dans le coupé de Rachel qui les dépose devant une jolie maison de la rue Mogador, à deux pas du propre hôtel de la tragédienne. Rébecca croit rêver... À moins qu'il ne s'agisse d'une de ces farces dont son aînée est coutumière.

Les deux femmes grimpent jusqu'au deuxième étage de l'immeuble et s'arrêtent devant une porte :

– Eh bien, ouvre... Nous y sommes... dit Rachel.

Et comme Rébecca, de plus en plus perplexe, hésite à obtempérer, voilà que la porte s'ouvre et qu'apparaît sur le seuil une vieille domestique que Rébecca connaît bien. Elle ne se décide toujours pas à entrer alors Rachel la pousse doucement à l'intérieur :

– Tu peux entrer, cette maison est la tienne. Il y a du bois au grenier, du vin à la cave, et le loyer est payé pour un an. À présent, soupons... À toi de faire les honneurs.

Dans la salle à manger, en effet, un souper délicat a été préparé ; la servante apporte un perdreau rouge de chair et noir de truffes qui provoque un cri de joie chez Rébecca.

Après le repas, sous la conduite de Rachel, la jeune fille procède à l'examen des lieux ; chaque pièce fait naître chez elle un nouveau mouvement d'enthousiasme. La visite se termine par la chambre à coucher, luxueusement décorée et où rien ne manque pour le confort de celle qui va l'occuper ; l'armoire à glace est pleine de lingerie féminine, le buffet est rempli de linge de table. Dans le cabinet de toilette, Rébecca découvre ces mille petits riens qui rendent agréable la vie d'une femme, tandis que le salon regorge de bibelots charmants... L'appartement semble déjà habité, et par une personne de goût.

On devine la joie de la jeune artiste ; paralysée par l'émotion, elle ne trouve pas les mots pour exprimer sa gratitude. Alors, avec tendresse, sa grande sœur lui explique qu'elle a cru le moment venu où son avenir professionnel[1] exigeait une certaine tranquillité pour étudier ses rôles, incompatible avec la vie de famille « toute hérissée de petites sœurs et d'incompatibilités d'humeur ». Rachel explique également à Rébecca que si elle lui a choisi un appartement proche de son hôtel particulier, ce n'est pas pour la surveiller, mais pour pouvoir la ramener souvent du théâtre dans sa propre voiture. Ce qu'elle ne lui dit pas, c'est que l'ensemble lui a coûté dix mille francs, mais plus encore que le cadeau c'est la façon dont elle l'a offert qui témoigne de la délicatesse de ses sentiments.

La rue Mogador, où Rachel a installé l'appartement de sa petite sœur, existe toujours, mais la rue Trudon, du nom d'un ancien échevin de Paris, a disparu sous les pio-

1. N'oublions pas en effet que, grâce à son illustre aînée, Rébecca est devenue sociétaire de la Comédie-Française.

ches des ouvriers d'Haussmann. C'était donc là qu'était situé l'hôtel où le comte Walewski avait niché la tragédienne, du temps de leurs amours. Bien que Rachel soit souvent absente de Paris, en raison de ses nombreux contrats en province ou à l'étranger, ou bien parce que sa santé l'oblige à se reposer dans sa maison de Montmorency, son hôtel n'en est pas moins le port d'attache où elle retrouve ses fils et où elle reçoit ses nombreux amis et ses non moins nombreux admirateurs.

Arrivés à ce moment de l'évocation de la divine, il est temps, semble-t-il, de regarder de plus près le décor dans lequel elle vécut. L'hôtel ayant lui aussi disparu, nous devons donc nous référer aux témoins du temps. Dans un numéro du *Figaro* du 30 novembre 1856, j'ai retrouvé le reportage d'un journaliste du nom de Louis de Vimont, qui effectua une visite des lieux au moment où la tragédienne avait décidé de mettre en vente son hôtel. Disons tout de suite que ce Vimont se rangeait certainement parmi la cohorte des envieux qui ne pardonnaient pas à Rachel son éclatante réussite ; sa description sent en effet la malveillance à une lieue. Néanmoins, à défaut d'autre témoignage, celui-ci offre l'avantage de constituer un inventaire précis. Dès les premières lignes, on est fixé sur l'état d'esprit du plumitif : « Plusieurs journalistes qui semblent écrire à genoux – rapporte-t-il – ont récemment épuisé toutes les formules de l'admiration banale pour célébrer l'hôtel Rachel ? Nous avons fait comme tout le monde, nous avons voulu voir, nous avons vu... hélas et hola ! »

Vimont poursuit sur le même ton en affirmant que

l'hôtel n'est qu'une mesquine maison bourgeoise qui regarde d'un côté un pensionnat de garçons, et de l'autre le jardin du banquier Mirès. Elle se compose d'un entresol, d'un premier étage et de quelques mansardes. Quant au rez-de-chaussée, il est occupé par un vestibule, la « niche » des portiers et un petit parloir où « les adorateurs non reçus venaient inscrire leurs hommages ».

Toujours dans ce même style « amical », Vimont nous apprend que « l'escalier est noir comme la gueule d'un loup et que l'on peut s'y rompre bras et jambes ; avec cela, il est étroit à obliger les croupes à la mode (*sic*) à déposer la crinoline chez le concierge ». À l'entresol, nous pénétrons dans une salle à manger où, toujours selon notre guide, nous pouvons voir « une réunion de choses disparates, visant au style, à l'érudition et à l'archaïsme, mais jurant tout haut de se rencontrer ensemble ; un tapis moderne et des boiseries moyen âge, des peintures gréco-romaines et des bahuts renaissance, des vases étrusques et des cristaux de Paris »... L'autre côté de la maison n'est pas mieux traité avec « un petit salon perse dont s'arrangerait la femme d'un banquier trop vite enrichi pour avoir du goût. Il y a dans une armoire vitrée du bric-à-brac, des statuettes qui posent, des figurines qui gambadent, des chinoiseries qui grimacent... La bibliothèque est à côté de ce salon ; on a remarqué méchamment que c'était la plus petite pièce de la maison... On éprouve une impression de froideur devant ces livres correctement reliés, qui ont l'air de n'avoir jamais été lus »...

Admirons au passage le don de double vue de M. Vimont qui, rien qu'en regardant un livre, sait s'il a été lu ou s'il ne l'a pas été ! Mais continuons la visite sous la conduite de ce guide insolite ; nous arrivons au salon :

« Le salon est riche et a dû coûter cher. Voilà tout ce que je puis en dire. Les rideaux sont en cachemire brodé, les meubles en damas rouge et en bois doré, les lambris bois et or. Avec de l'argent, le premier agent de change venu pourra dès demain en trouver tout autant. Rien ne nous révèle le sentiment intime, la personnalité propre, l'âme vivante et émue de la femme ou de l'artiste. Pas un bronze, pas un marbre, pas un tableau de quelque valeur... » Quant au boudoir, il est tellement sombre qu'il est qualifié de « vrai coupe-gorge » par notre aimable chroniqueur qui, pourtant, semble être sorti indemne de cette pièce !

« Je n'ai rien à dire de la chambre à coucher ; elle est splendide et dorée », reconnaît M. Vimont, mais il assortit aussitôt ce compliment d'une réflexion péjorative : « Pour celles qui vivent par le cœur et qui sentent la poésie de l'amour, cette chambre sera toujours sans charme parce qu'elle est sans recueillement et sans mystère. »

Verdict sans appel de M. de Vimont, qui termine son article sur un autre avis restrictif, concernant cette fois le talent de l'artiste, car il s'estime aussi compétent en matière de théâtre qu'en objets d'art et en tissus d'ameublement ! Étant donné le nom qu'il a laissé à la postérité, on peut juger de l'importance du personnage et conclure que, pour écrire son article, il a dû tremper sa plume dans le fiel de la jalousie.

Cela dit, nous savons que Rachel n'avait pas un goût très sûr ; elle avait conservé de ses jeunes années de privations une attirance pour le clinquant. Aussi se plaisait-elle à empiler les objets qu'elle aimait, sans souci d'harmonie entre eux, ce qui débouchait parfois sur une sorte de bric-à-brac comparable à ce qu'elle avait vu jadis dans la carriole de son père. Mais ces quelques fautes de goût ne justifiaient en rien les considérations sans doute inspirées par l'envie. Viel-Castel, qui n'est pourtant pas réputé pour son indulgence, apporte un démenti énergique à ce qu'a prétendu Louis de Vimont à propos du caractère impersonnel du salon de Rachel, quand, rendant compte d'un dîner auquel il a été invité chez la tragédienne, il écrit : « L'hôtel est meublé avec un luxe de bon goût. Partout, il y a des tableaux, des sculptures, des bronzes. L'argenterie est magnifique, les laquais sont nombreux et bien tenus... » Il faut croire qu'Horace de Viel-Castel et Louis de Vimont, quoique ayant visité le même salon, ne l'ont pas regardé avec les mêmes yeux. Après le coup d'État du 2 décembre 1851, qui donnera tous les pouvoirs à Louis Napoléon, Rachel recevra dans le salon en question les plus hauts personnages du règne.

En attendant, elle s'occupe à aménager au mieux l'appartement qu'elle a loué pour sa sœur. Là ne se borne pas le soin qu'elle prend d'elle : ayant assuré la situation matérielle de Rébecca, elle souhaiterait aussi ordonnancer sa vie sentimentale. Comme Rachel, dix ans plus tôt, Rébecca aspire à se libérer de la tutelle familiale et pense au mariage comme naguère son aînée. Justement, un jeune aristocrate s'est mis sur les rangs. Tout naturellement, Rébecca a demandé conseil à sa grande sœur ; celle-ci a cru déceler que sa cadette n'était pas tellement éprise de son soupirant. Sentimentale comme toujours, Rachel la met en garde ; c'est son cœur, avant tout, que Rébecca doit écouter : « Si tu aimes M. de M. et que M. de M. t'aide à sortir de chez ta famille, puisque tel est ton désir, alors épouse-le. Si, au contraire, tu n'as aucun penchant arrêté pour lui, fixe ton cœur sur un jeune et honnête garçon qui t'aime aujourd'hui, qui t'aimera beaucoup si tu le permets, et qui ne sera jamais pour toi une source de chagrin... »

Une chaumière et un cœur ! Il y a un côté « midinette » chez Rachel, et les conseils qu'elle donne à sa sœur nous révèlent ce qui correspond sans doute à quelque aspiration secrète. Le portrait du mari idéal, qu'elle brosse pour Rébecca, correspond assez à celui d'Hector B., qu'elle a finalement repoussé. Cet époux bien sage et bien gentil qu'elle souhaiterait pour sa sœur n'est pas du tout ce qui lui convient, même si, parfois, elle essaie de se convaincre du contraire.

Cependant d'autres sujets que ceux du cœur vont l'occuper un certain temps, en raison des événements politiques qui, une fois de plus, s'apprêtent à bouleverser le sort de la France. Lors de son élection, Louis Napoléon Bonaparte a affirmé qu'il n'avait d'autre ambition que de gouverner le pays dans le cadre des institutions, mais par définition il faut considérer les serments des hommes politiques avec circonspection. Le prince n'a jamais renoncé aux rêves qu'il nourrit depuis toujours. Ce désir explique ses deux tentatives malheureuses de 1836 et 1840. En se faisant élire président de la République, grâce au nom qu'il porte, il espérait donc se procurer un tremplin pour bondir sur le trône impérial. La méfiance grandissante des parlementaires, qui ont deviné ses desseins, constitue un obstacle sérieux à leur réalisation. Dès le premier jour de son élection, il a pensé au coup d'État qui lui donnerait le pouvoir. Aujourd'hui, arrivé au terme de son mandat, ne pouvant être réélu puisque la Constitution ne le permet pas, il n'a plus le choix des moyens. Criblé de dettes, il n'a pu mener jusque-là le train fastueux qui est le sien qu'en puisant dans les coffres de sa maîtresse attitrée, l'Anglaise Miss Howard, qui lui a avancé cinq millions ! En outre, l'Assemblée nationale lui a consenti à trois reprises une augmentation de son traitement, ce qu'elle se refuse à faire une quatrième fois. Louis-Napoléon s'est donc résolu à franchir le Rubicon. Cette tentative sera la bonne, pour une grande part grâce au sang-froid et à l'habileté du demi-frère de la main gauche du futur empereur, le futur duc de Morny. Dans la nuit du 1er au 2 décembre 1851, la France se trouve donc pourvue d'un nouveau régime qui va déboucher bientôt sur la restauration de l'Empire.

Bien qu'elle ne s'intéresse guère à la politique, Rachel a suivi les événements d'un regard sympathique. Cataloguée républicaine bon teint jusque-là, en raison surtout de sa fameuse interprétation de *la Marseillaise*, la voici devenue bonapartiste du jour au lendemain. Plusieurs raisons expliquent cette conversion instantanée, à commencer par les bonnes « relations » qu'elle entretient avec le nouveau maître de la France. Même si leur aventure amoureuse n'a été au fond qu'une passade, de temps à autre, en amateur de femmes qu'il est, Louis Napoléon pratique le système du « revenez-y » et Rachel continue de bénéficier de son soutien. Par ailleurs, Morny, l'éminence grise du nouveau régime, est également un des intimes de l'artiste, bien qu'on n'ait jamais su au juste jusqu'où était allée leur intimité. Quoi qu'il en soit, Morny fait partie des habitués de la rue Trudon. Enfin, dernier point, mais peut-être le principal, Rachel est la mère du petit-fils du grand empereur. Et puis, n'oublions pas non plus le prince Jérôme Napoléon qui, en dépit des infidélités de la tragédienne... et des siennes propres, lui demeure toujours tendrement attaché.

C'est donc de grand cœur qu'elle va servir la propagande bonapartiste, notamment, on l'a vu, en interprétant cet à-propos d'Arsène Houssaye, dont le titre, *l'Empire c'est la paix*, est sans équivoque. De même, dans les années qui suivent, lorsque la Comédie-Française donne des représentations gratuites pour la fête de l'Empereur ou pour la commémoration d'une victoire napoléonienne, Rachel en est l'interprète principale. La voici devenue véritablement l'égérie du pouvoir ; elle en tire d'ailleurs quelque vanité. Peu de temps après le coup d'État, Napoléon, venu assister à une représentation de *Phèdre*, a été témoin de l'enthousiasme indescriptible qui a salué la prestation de la jeune femme. Dans sa loge, après le spectacle, comme il lui en fait compliment, Rachel lui confie d'un air satisfait :

– Ces gens-là, quand ils m'entendent jouer *Phèdre*, ils poussent le même cri que devant une boîte de chocolat ! Ce peuple-là, je l'amènerais où je voudrais !

– Amenez-le où vous voudrez, répond le futur empereur, pourvu que ce ne soit pas à la place que j'occupe !

Cette faveur dont jouit Rachel va la conduire parfois à des initiatives inconsidérées. Peu de temps après le mariage de l'empereur avec Eugénie de Montijo, les Parisiens voient passer sous l'Arc de triomphe un superbe équipage où trône une femme brune très élégante. Aussitôt, les badauds de se grouper et de crier « Vive l'impératrice ! ». C'est celle-ci en effet qu'ils ont cru reconnaître dans la voiture, d'autant que le passage sous l'Arc de triomphe est un privilège réservé aux souverains. En réalité, c'est Rachel qui s'est permis cette fantaisie, Rachel que le bon peuple a prise pour la souveraine. Le quiproquo ne semble pas troubler la tragédienne. À quelque temps de là, Morny, venu dîner chez elle, commente l'incident ; elle lui fait cette réflexion pour le moins irrévérencieuse : « Être prise pour l'impératrice ? J'aime mieux être ce que je suis ! »

L'affaire, cependant, fait quelque bruit et arrive aux oreilles de l'empereur. Rachel n'a pas que des amis, on le sait ; dans l'entourage du souverain, il se trouve quelque mauvais esprit tout heureux de faire ressortir ce qu'il y a eu de choquant dans l'acte audacieux de Rachel. Il faut croire que Napoléon III n'a pas oublié les charmes de la tragédienne, car il explique avec bonne humeur : « Il est vrai que seuls les souverains ont en principe le droit de faire passer leur voiture sous l'Arc de triomphe, mais Rachel n'est-elle pas la reine du théâtre ? Elle était donc parfaitement fondée à user de son privilège ! »

Dans la famille Bonaparte, Rachel a une autre alliée en la personne de la cousine germaine de l'empereur, la princesse Mathilde, qui est aussi, rappelons-le, la sœur du prince Jérôme Napoléon et qui n'ignore pas les liens de son frère avec Rachel. Est-ce là la raison du courant de sympathie qui existe entre les deux femmes ? En tout cas, Mathilde ne rate pas une occasion de prendre le parti de l'actrice. À une duchesse qui critique devant elle le mépris des convenances que pratique volontiers Rachel, la princesse réplique : « Faut-il avoir du talent pour mener de front tant de choses. Recevoir comme une dame tout en conservant son franc-parler, je ne peux me défendre d'admirer cette petite bohémienne ; il n'y a qu'elle pour réussir un tel amalgame. »

Il faut dire que la cousine de l'empereur sait de quoi elle parle car elle-même utilise souvent un langage musclé. Ayant été très contrariée du mariage de son cousin avec Eugénie, elle nourrissait contre celle-ci un ressentiment permanent. Faisant allusion au peu d'intérêt que l'impératrice éprouvait pour les plaisirs de la chair, elle disait à qui voulait l'entendre : « Eugénie ? Elle n'a pas plus de cœur que de c... ! »

Aussi se montre-t-elle ravie des saillies de Rachel, surtout lorsque celles-ci visent l'impératrice. Ainsi, lors d'une réception aux Tuileries, la tragédienne glisse à l'oreille de la princesse une réflexion qui la réjouit : « Je n'aime pas la façon dont Sa Majesté fait la révérence. Il faudra que je la lui apprenne... » Ce qui fera dire à Mérimée, fidèle ami de l'impératrice, à propos des relations amicales de Rachel et de la princesse : « Rien d'étonnant à ce qu'elles aient le même langage : ce sont toutes les deux des bohémiennes ! »

Lors de son passage sous l'Arc de triomphe, on a vu que Rachel aimait se livrer à des paris hasardeux ; un semblable goût de la témérité l'inspire parfois dans le choix de ses rôles. D'ailleurs, en embrassant cette carrière de tragédienne pour laquelle ni son physique ni son milieu ne la prédisposaient, n'était-ce pas déjà un défi qu'elle se lançait à elle-même ? Ce petit être frêle a une âme de combattant ; elle aime se lancer à l'assaut de bastilles apparemment imprenables en interprétant les personnages les plus dissemblables et, souvent, les plus éloignés d'elle. Les victoires qu'elle remporte n'en ont alors que plus de prix. C'est ce qui l'a poussée à se tourner vers le drame romantique, en jouant Hugo et Dumas avec autant de réussite que lorsqu'elle se produit dans Racine et dans Corneille ; mais c'est évidemment le théâtre de forme classique qui conserve sa préférence, ce qui encourage les auteurs de tragédies à lui soumettre leurs œuvres, la présence de Rachel dans une distribution étant synonyme de succès.

Entre tous les manuscrits qui lui ont été proposés depuis un an, Rachel choisit *Valéria*, une pièce de Lacroix et Maquet, le collaborateur habituel d'Alexandre Dumas. L'histoire qui se déroule à Rome, sous le règne de l'empereur Claude, n'a rien de particulièrement remarquable, mais elle comporte un défi à relever et c'est ce qui a conquis l'actrice. Elle doit incarner en effet l'épouse vertueuse de l'empereur, victime de sa ressemblance avec Lycisca, une courtisane dépravée. Naturellement, Rachel jouera les deux personnages et pourra ainsi offrir au public deux versions opposées de son talent. Ce double aspect, avec toutes les difficultés qu'il comporte, a séduit la tragédienne et l'a conduite à imposer la programmation de la pièce. Il y a aussi dans *Valéria* un autre obstacle à franchir : une ode latine aux paroles osées que Lycisca, dans une tenue impudique, doit chanter à la fin d'un festin, montée sur une table. Voilà qui la change sérieusement de ses personnages habituels, mais voilà aussi ce qui la tente.

L'ode en question a été mise en musique par un jeune homme encore inconnu du grand public qui se nomme Jacques Offenbach. Le futur compositeur de tant d'opérettes à succès remplit alors les fonctions de chef d'orchestre de la Comédie-Française ; c'est Arsène Houssaye qui a eu l'idée d'engager ce musicien plein d'enthousiasme afin de remplir les temps morts qui s'écoulent durant les entractes... Animé par cet enthousiasme qui le caractérise, Offenbach s'est mis au travail avec ardeur ; il a engagé de nouveaux musiciens et constitué un répertoire avec ses propres compositions. Pour augmenter les effectifs de son orchestre, il a fallu supprimer un rang de fauteuils, ce qui a attiré les foudres des sociétaires sur la tête

du malheureux chef d'orchestre, car supprimer des fauteuils signifie également supprimer des recettes !

Autre reproche fait à Offenbach, tout au plaisir de jouer sa propre musique : il a tendance à allonger les entractes et même, crime de lèse-majesté, à introduire quelques mesures de violon ou de violoncelle entre deux scènes ! Un jour, pendant la répétition d'une reprise de *Phèdre*, Rachel s'arrête brusquement à la fin d'une réplique et, se tournant vers le « criminel », s'écrie : « Je voudrais bien savoir si *Phèdre* est de monsieur Racine ou de monsieur Offenbach ! » Bien que le musicien soit un de ses coreligionnaires, Rachel voit d'un très mauvais œil l'intrusion de la musique au milieu des tragédies. Les choses pourtant s'arrangeront bientôt entre eux, et Rachel protégera Offenbach de toute son autorité lorsqu'un litige l'opposera aux autres sociétaires. Elle va donc apporter tous ses soins à l'interprétation de la chanson de *Valéria* et se tailler ainsi un succès de plus. Étonnantes destinées parallèles que celles de Rachel et d'Offenbach, ces deux jeunes Juifs venus de l'Est qui vont conquérir Paris en illustrant deux traditions spécifiquement françaises : la tragédie classique et l'esprit gaulois.

Grâce à Rachel, *Valéria* rencontre dans le public un accueil favorable que ni la tragédienne ni Arsène Houssaye n'avaient prévu, car la pièce est, répétons-le, d'une banalité remarquable. Hélas, il en est de même de la plupart des ouvrages que les auteurs de l'époque proposent à Rachel. Si grâce à sa personnalité la tragédie classique survit encore, ce n'est qu'à travers les œuvres des maîtres du genre, Corneille et Racine, mais aucun de leurs émules ne possède un souffle égal au leur. En réalité, le drame romantique, prélude au théâtre moderne, a porté un coup mortel à un style, un mode d'expression, une construction qui ne correspondent plus aux goûts du public.

On en a une démonstration de plus avec la création de *Diane*, une pièce d'Émile Augier, que l'auteur s'est pourtant efforcé d'habiller à la mode du temps. En vérité, plus que d'un drame, il s'agit d'un mélodrame qui utilise sans ménagement toutes les ficelles du genre. Pourquoi Rachel a-t-elle accepté de prêter son talent au rôle d'une médiocrité affligeante que l'auteur lui a concocté ? À moins qu'elle ait eu alors, comme le bruit en a couru, une petite aventure avec Émile Augier, ce qui ajouterait une célébrité de plus à toutes celles qui fréquentèrent l'alcôve de la divine ? Dans ces conditions, on pourrait comprendre qu'elle ait pu dire un texte aussi insipide, dont la dernière réplique donne une idée du reste : « Je vais être grand-mère ! » s'écriait Rachel au moment où le rideau tombait. Si l'on se souvient qu'elle vient alors de dépasser tout juste la trentaine, on se demande encore comment le public, devant un aveu aussi incongru, n'éclata pas de rire. Nouveau miracle de Rachel, *Diane* fait d'excellentes recettes, malgré une critique désastreuse.

Cette pièce, très longue, expose son interprète principale à de nouvelles fatigues qui vont aller croissant avec l'ouvrage suivant : *Louise de Lignerolles*, une reprise d'une qualité très approximative elle aussi. Compensation pour Rachel, cette pièce lui permet de retrouver à ses côtés sa chère Rébecca. Depuis des mois, sa jeune sœur est restée éloignée de la scène, en raison d'une santé défaillante. La santé de Rachel non plus n'est pas brillante ; sans qu'elles en aient conscience, les deux sœurs se dirigent déjà vers le destin cruel qui sera le leur.

C'est au mois de février 1852, c'est-à-dire quelques

semaines après le coup d'État du 2 décembre précédent, qu'a débuté la carrière de *Diane*. Les représentations, comme celles de *Louise de Lignerolles*, sont une occasion pour le nouveau maître de la France de témoigner publiquement de l'intérêt qu'il porte à l'étoile du Théâtre-Français. Il est présent à chacune des premières de ses pièces et ses applaudissements prolongés vont droit au cœur de celle à laquelle ils s'adressent. Ce qui va déboucher sur un incident cocasse.

Lors de la représentation de *Diane*, il est venu accompagné de Miss Howard, qui est à la fois son égérie officieuse et... son commanditaire non moins officieux. À ce titre, la jeune Anglaise s'arroge certains droits, dont celui de surveiller un amant dont elle ne connaît que trop l'humeur volage. À l'entrée en scène de Rachel, elle a remarqué un mouvement d'intérêt que Louis Napoléon n'a pas dissimulé, ainsi que plusieurs regards de l'actrice en direction de la loge présidentielle. À la fin du premier acte, la véhémence avec laquelle le futur empereur applaudit la tragédienne n'a pas non plus échappé à sa maîtresse. Et voilà qu'au deuxième entracte – la pièce comporte cinq actes – Louis Napoléon se lève sous le prétexte d'aller fumer un cigare. Miss Howard n'est pas dupe, d'autant que l'absence du prince se prolonge, prolongeant du même coup la durée de l'entracte, car il ne peut être question de recommencer en l'absence d'un spectateur aussi prestigieux.

Que s'est-il donc passé pour que Louis Napoléon ait mis autant de temps à... fumer un cigare ? Tout simplement, il est allé rendre visite dans sa loge à Rachel où la divine lui a réservé le meilleur accueil : « Quel dommage, Monseigneur, que vous soyez accompagné, déclare-t-elle à son visiteur. Ce soir, je ne regagne pas mon hôtel mais mon pied-à-terre de la rue Joubert... J'aurais été ravie d'y préparer pour vous un petit souper intime ! » Navré, comme on peut s'en douter, le président est obligé de décliner l'invitation en raison de la présence inopportune de Miss Howard. Mais durant le trajet qui ramène le couple à l'Élysée, il cherche un moyen de se libérer. Le futur empereur est ainsi fait que lorsqu'une femme passe à portée de son désir, il n'a de cesse que ce désir ait été satisfait. Exemple éloquent de ce comportement, il finira par se résoudre à épouser Eugénie de Montijo, parce que la jeune fille, en pudique Espagnole, se refusait à devenir sa maîtresse.

Tout en cheminant, soudain, Louis Napoléon ordonne à son cocher de se rendre rue du Cirque. C'est là où l'Anglaise a son hôtel particulier, si voisin de l'Élysée que Louis Napoléon n'a qu'à traverser la rue pour la rejoindre. Miss Howard est ravie de ce changement de direction qui indique que son amant a l'intention de passer le reste de la nuit avec elle. Effectivement, le prince accompagne sa maîtresse jusque dans son salon, mais arrivé là, il se frappe le front brusquement : « Où avais-je la tête ? Morny doit passer cette nuit à l'Élysée ; il a une communication confidentielle à me faire... » Et sur un baiser rapide, le prince plante là la belle Anglaise, toute déconfite. Sans doute a-t-elle flairé quelque traîtrise, mais sa situation n'est pas assez stable pour qu'elle se permette un éclat. Elle nourrit toujours l'espoir de se faire épouser et ce souhait la condamne à la tolérance ; surtout avec un coureur de jupons aussi impénitent que son amant.

Sitôt qu'il a quitté la jeune femme, le prince-président est retourné à l'Élysée et a commandé une voiture, sans armoiries ni signes distinctifs cette fois, et fouette cocher ! Direction la rue Joubert ! Tandis que le fiacre roule, par la pensée Louis Napoléon évalue les délices auxquels il est promis. Mais l'affaire va se corser. Rachel, de son côté, est rentrée rue Joubert où, à défaut du maître de la France, elle a accueilli un autre soupirant. Et voilà que soudain on frappe à sa porte, on appelle et qu'elle reconnaît la voix du président. Heureusement, l'appartement de la rue Joubert comporte une deuxième issue qui va permettre à l'autre visiteur de sortir prestement et discrètement. Quant à Rachel, c'est avec un charmant sourire qu'elle accueille son amoureux princier, auquel elle va préparer le souper promis sans que rien dans son attitude ne révèle le moindre trouble. Elle n'est pas comédienne pour rien...

Cet épisode héroï-comique n'est qu'un intermède dans l'existence de Rachel. Malgré sa fatigue, malgré ses douleurs dans la poitrine qui ont repris, elle entend honorer les contrats, toujours aussi fructueux, qu'elle a signés avec plusieurs théâtres de province. Avant de partir, elle donne dans son hôtel de la rue Trudon un dîner fastueux qui réunit pêle-mêle des dirigeants du nouveau régime et des hommes de lettres : Morny, Rouher, Achille Fould voisinent avec Alfred de Musset, Jules Janin, Arsène Houssaye, Horace de Viel-Castel, et Nestor Roqueplan. Autre présence remarquée, celle d'un jeune homme de dix-neuf ans, Léopold Le Hon, le fils de la comtesse Le Hon, la maîtresse en titre de Morny. Que vient faire ce garçon au milieu de tous ces importants personnages ? L'explication est toute simple : depuis quelques semaines, Rachel en a fait son chevalier servant. Eh oui ! Un de plus ! Quand on vous disait que la divine avait de plus en plus de goût pour la jeunesse !

Le dîner que ce soir-là Rachel offre à ses hôtes est particulièrement raffiné : outre les mets savoureux qui leur sont servis dans une argenterie rutilante, les invités sont accueillis par des valets en livrée qui les introduisent d'abord dans le grand salon richement décoré avant de les conduire dans la salle à manger. Au milieu des uns et des autres, Rachel évolue avec une aisance remarquable, se mêlant aux conversations avec esprit, illuminant la soirée de toutes les ressources de sa grâce naturelle. Qui reconnaîtrait dans cette femme élégante, sûre d'elle, la petite chanteuse des rues de jadis ?

Précisément, à l'occasion de la tournée qu'elle entreprend au mois de juin 1852, Rachel va retrouver des images de son passé. Venue donner une représentation à Chalon-sur-Saône, avant le spectacle, elle s'est précipitée chez Mme Vanhove, cette brave femme qui jadis avait accueilli dans sa maison la famille Félix, alors bien peu reluisante. Bien qu'elle n'aime guère desserrer les cordons de sa bourse, la jeune femme cette fois n'a pas regardé à la dépense : elle est arrivée chez Mme Vanhove avec des monceaux de cadeaux et, tout émues, les deux femmes ont évoqué les jours de naguère quand Rachel et Sarah revenaient d'avoir quêté dans les rues de la ville. En rentrant dans sa chambre d'hôtel, Rachel épanche sa nostalgie dans une lettre à sa sœur : « Quelle étrange chose que ma carrière ! Quelle destinée aura été la mienne ! Que de souvenirs remontent à ma mémoire depuis que je suis ici ! Pour rendre hommage au passé, je t'assure que je tâcherai de donner ce soir sur le petit théâtre de Chalon une de mes meilleures représentations de *Phèdre*. Je jouerai toute la soirée en souvenir de mes premières soirées d'artiste quand je me produisais dans les cafés où l'on voulait bien me laisser dire ma chansonnette ; dire est bien le mot, car la voix soprano m'a toujours manqué ! »

Malgré sa fatigue croissante, malgré plusieurs alertes qui l'obligent parfois à remettre une représentation, Rachel poursuit sa tournée en France d'abord, puis en Belgique ; après quoi c'est en Allemagne qu'elle va se rendre, où elle a obtenu des conditions exceptionnelles. Ces conditions, Rachel les doit tout autant à son habileté en affaires qu'à sa réputation. Elle a une façon d'opérer lorsqu'on lui propose un contrat à l'étranger qui tient de la virtuosité. Quand un imprésario se présente, elle évite de parler d'argent, mais le lendemain les journaux, alertés par elle évidemment, écrivent que l'on a offert deux cent mille francs à Mlle Rachel pour qu'elle vienne se produire à Londres ou à Berlin. Ainsi les théâtres qui désirent l'engager sont-ils avertis des « sacrifices » qu'ils devront consentir. Chacun de ses contrats au-delà des frontières lui rapporte en moyenne quatre cent mille francs, sans compter les cadeaux que lui offrent les hauts personnages qui sont venus l'applaudir. Sans compter non plus les admirateurs qu'elle cueille au passage et dont elle accepte, parfois, de satisfaire les désirs... s'ils sont jolis garçons ! Cette fois encore, c'est un engagement mirifique qui lui est proposé pour l'Allemagne. Il est vrai qu'outre des représentations dans la grande salle de l'Opéra royal de Berlin, elle doit se produire à Potsdam[1] devant le roi de Prusse et sa cour, et aussi devant un invité prestigieux, le

1. Le château de Potsdam était la résidence des rois de Prusse.

tsar de toutes les Russies Nicolas Ier. Ce dernier a d'ailleurs insisté tout particulièrement pour voir jouer l'illustre tragédienne dont la réputation est venue jusqu'à lui.

Pourtant, cette soirée du 13 juillet commence sous de fâcheux auspices. En arrivant à l'île des Paons, au milieu du lac de Potsdam où doit avoir lieu la représentation – Rachel va donner des extraits de *Phèdre* avec son frère Raphaël comme partenaire –, la tragédienne cherche en vain la scène. Un M. Schneider, organisateur de la soirée, lui apprend alors que le spectacle se déroulera sur une pelouse, face aux invités. Fureur de l'artiste qui se refuse à jouer en plein air et menace de repartir pour Berlin sur-le-champ. Affolé, le malheureux Schneider lui fait observer : « Cette absence de préparatifs, loin de signifier un quelconque mépris, prouve que Leurs Majestés n'ont pas engagé Mlle Rachel, de la Comédie-Française, à venir leur donner une séance de déclamation, mais qu'elles ont invité Mlle Rachel Félix à l'une de leurs soirées, espérant qu'avec son amabilité bien connue, après avoir pris le thé avec Elles, Mlle Rachel Félix sera assez bonne pour leur dire quelques vers. » À ces arguments diplomatiques, le brave Schneider joint la promesse d'un cachet de... trois cent mille francs et la certitude qu'en raison de la présence du tsar l'artiste sera engagée en Russie à des conditions tout aussi intéressantes que celles-ci. Ce dernier argument, on le devine, a plus de poids pour emporter la décision de Rachel que... la perspective de boire une tasse de thé, même en une aussi brillante compagnie que celle de deux monarques et de leur suite.

Ce que fut le spectacle, Rachel encore toute émerveillée, devait le rapporter dans une lettre à sa mère : « La séance dura près d'une heure et, si j'avais voulu, je les aurais tenus là toute la nuit. Le roi s'aperçut le premier que j'étais lasse, et il donna le signal de la fin en se levant et en venant me remercier. L'empereur suivit son exemple et resta un instant auprès de moi à causer. En quelques minutes, je devins le centre d'un cercle que je n'oublierai de ma vie... »

Rachel ne dissimule pas sa fierté lorsqu'elle annonce à sa famille ce nouveau succès, mais c'est la présence de l'empereur de Russie qui l'impressionne le plus. Dans ses propos comme dans sa correspondance, la jeune femme n'hésite pas à déclarer qu'elle considère Nicolas Ier comme « un Dieu », ni plus ni moins ! Sans doute, le fait que le tsar soit fort bel homme n'est-il pas étranger à cette flatteuse opinion. On comprend donc qu'elle soit très émue lorsqu'à la fin de son récital l'autocrate vient vers elle ; comme Rachel lui fait une profonde révérence, il lui prend les mains et la redresse, en lui disant : « Mademoiselle, vous êtes encore plus grande que votre réputation. Je garderai toujours le souvenir du spectacle que vous m'avez donné. Je forme l'espoir de vous voir vous produire dans toutes mes Russies, et cela dès l'année prochaine. » Rachel est d'autant plus sensible aux compliments du tsar qu'ils sont assortis de la remise d'une bague ornée d'une superbe opale et de plusieurs diamants.

Et la tournée se poursuit, dans plusieurs villes allemandes d'abord, puis en Alsace et en Lorraine. Chaque représentation constitue un tour de force pour Rachel, tant elle est lasse. Lorsque le spectacle est terminé, elle regagne aussitôt son hôtel et s'écroule sur son lit, incapable de faire un geste. Pourtant, le lendemain, elle est présente au départ du train qui l'emmène vers sa prochaine étape. Comme auparavant, elle a fait installer un lit dans son wagon, mais elle n'y trouve qu'un repos relatif. Bien que déjà très maigre, elle a encore perdu du poids et ses douleurs de poitrine ne cessent pratiquement pas, chaque nouvel effort compromettant davantage son état. Elle est d'ailleurs consciente des menaces qui pèsent sur elle, si l'on en juge par cette lettre adressée à Sarah : « J'ai de grands succès ; mais comment les ai-je ? Aux dépens de ma santé, aux dépens de ma vie... Cet enivrement que donne un public chaud passe dans mon sang et le brûle. Crois-tu que quand il me faut, après cela, rentrer froidement chez moi, manger ma soupe et me coucher seule et désespérée, cela me soit agréable ? »

Certes, elle ne se couche pas toujours seule et elle mange souvent autre chose que de la soupe, mais il n'empêche que ces quelques lignes dépeignent l'envers du décor d'une façon aussi cruelle que réaliste. La femme adulée, acclamée, couverte de bijoux et d'argent, n'est plus soudain qu'une pauvre fille qui marche inexorablement vers un destin impitoyable... « Pauvre petit bout de tragédienne que le peuple appelle Rachel et ses amis Rachon » ; elle seule a compris depuis longtemps que ces bravos qui la rappellent en scène, après que le rideau est tombé, finiront par la tuer...

IX

L'ÉGÉRIE DE L'EMPIRE

En retrouvant Paris, et surtout ses deux fils, Rachel semble retrouver en même temps la santé. Il est vrai qu'avant de reprendre ses représentations à la Comédie-Française elle a enfin observé une période de repos ; trois semaines sans sorties, sans dîners, sans amis, sans... amants. C'est le meilleur des remèdes et, dès qu'elle se sent mieux, voilà Rachel prise d'une nouvelle lubie : elle veut avoir sa statue ! Nous avons vu combien d'atermoiements avaient précédé le choix d'un peintre, quand il s'était agi de son portrait. Cette fois, elle n'hésite plus : Paul Gayrard, le sculpteur à la mode, aura le privilège de modeler la divine en Hermione. Ce personnage de Racine est en effet l'un des préférés de la grande artiste, celui dans lequel elle se reconnaît le mieux. Seulement Gayrard est un artiste de style moderne, peu inspiré par les figures du passé ; la perspective de s'attaquer à un modèle aussi illustre, dont les exigences sont trop connues, ne l'enchante guère, mais on ne contrarie pas les désirs de Mlle Rachel. Venue voir Gayrard dans son atelier, la tragédienne a refusé toutes les suggestions de l'artiste, elle veut être représentée en Hermione, martèle-t-elle de sa belle voix de théâtre. Gayrard, conscient de sa valeur et de sa réputation, est vexé, mais il lui faut bien se mettre au travail. Il le fait avec un ennui évident.

Il convient d'abord de réunir les vêtements d'époque qui habilleront l'actrice pour la pose. Sans trop de mal, il a trouvé la chlamyde et le péplum. Pour les cothurnes, c'est une autre affaire ; jamais Gayrard n'en a dessiné, mais il n'entend pas avouer son ignorance à la tragédienne. En revanche, il se confie à un autre sociétaire du Français, Beauvallet, qui lui prête une des sandales qu'il porte à la scène en lui affirmant que cela fera l'affaire.

Le lendemain, en possession de la sandale, Gayrard prend le moule puis, n'en ayant plus besoin, la laisse traîner par terre où Black, son chien, s'en empare et la met soigneusement en morceaux. Or, lors de la dernière séance de pose, Rachel est intriguée par le manège de Black et interroge le sculpteur :

– Monsieur Gayrard, lui demande-t-elle, avec quoi donc joue votre chien ?

En un éclair, Gayrard perçoit le moyen de se venger des exigences de son modèle. Feignant l'indignation, il se précipite vers Black et lui arrache la sandale de la gueule, tout en s'écriant à l'adresse du chien :

– Eh bien on t'en donnera, des reliques pareilles à dévorer !

Au mot relique, Rachel a tiqué, tout objet précieux attirant toujours son intérêt :

– De quelle relique s'agit-il ? Expliquez-moi...

Alors, le sculpteur de lui apprendre qu'il s'agit de... la sandale que Talma avait utilisée dans une tragédie de Sophocle ! Il n'en faut pas davantage pour faire bondir la tragédienne vers l'objet ; elle s'en empare, la presse sur son cœur, l'affleure de ses lèvres et, dans une explosion digne d'une tragédie, elle lance à Gayrard :

– Monsieur, voilà qui est indigne d'un aussi grand artiste que vous ! Montrer si peu de respect pour un tel souvenir... Quoi, sans mon intervention, votre chien...

– Se serait étranglé en avalant le reste ! Vous lui avez sauvé la vie, reprend le sculpteur, qui a bien du mal à maîtriser son envie de rire.

Au moment où Rachel s'apprête à partir, il lui remet la « relique » enveloppée dans un journal. Rachel, ravie du présent, apporte le lendemain la sandale chez un gainier en renom, la fait monter sur velours et y ajoute une inscription qui indique sa prestigieuse origine. Après quoi, elle installe l'objet sur un des murs de son salon.

À quelque temps de là, Rachel donne une réception et fait admirer à ses invités ce souvenir de Talma qu'elle a acquis « à prix d'or », dit-elle. Tandis qu'on s'extasie devant la trouvaille, Beauvallet, qui est présent, s'écrie de sa voix de stentor : « Tiens, ma savate ! » Ce qui, comme on peut en douter, ne manque pas de jeter un certain froid.

Cependant, les événements politiques qui se déroulent en France, à la fin de l'année 1852, vont contribuer à renforcer l'influence de Rachel au sein de la Comédie-Française. On a vu qu'après le coup d'État du 2 décembre 1851 elle avait amorcé un virage qui l'avait amenée à se déclarer ouvertement en faveur de Louis Napoléon Bonaparte. Les relations personnelles qu'elle entretenait avec ce dernier ne pouvaient que justifier un tel choix ; le fait qu'elle fût la mère du petit-fils de Napoléon Ier également. Son sens de l'opportunité allait faire le reste.

Le 27 novembre 1852, le plébiscite qui, par plus de sept millions de voix, approuve le rétablissement de l'Empire, est célébré de manière spectaculaire par Rachel qui décore de lampions la façade de son hôtel particulier. Le 2 décembre, jour de la proclamation du nouveau régime, toujours sous l'influence de la tragédienne, la troupe du Français se donne le titre de « Comédiens ordinaires de Sa Majesté l'Empereur ». Les preuves de la faveur impériale se manifestent aussitôt : dès le 14 décembre, l'empereur est présent à la représentation d'*Adrienne Lecouvreur*. Il vient ensuite féliciter Rachel au foyer et, quelques jours plus tard, elle est invitée au premier grand dîner que donne, depuis son accession au trône, le souverain aux Tuileries.

Rachel est évidemment ravie de cette position d'égérie du nouveau régime. Pourtant, peu auparavant, elle a démontré une fois de plus qu'elle était décidément la femme des paradoxes en témoignant de son intérêt pour le plus célèbre, le plus redoutable des adversaires du souverain, Victor Hugo.

Après le départ en exil du poète, son mobilier est dispersé à l'hôtel des ventes. Rachel, qui a la passion des reliques – on l'a vu plus haut –, a voulu acheter le bureau de l'écrivain, où tant de chefs-d'œuvre ont été conçus. C'est sans compter avec la convoitise des antiquaires, à l'affût de ce qui a appartenu au grand homme. Tout ce qu'elle pourra obtenir à prix d'or, c'est un buvard marqué au chiffre du poète et un écritoire de Boulle. Montrant fièrement ses achats à des amis, le soir même, elle leur déclare : « J'aurais payé l'écritoire de toute ma fortune acquise et espérée, si j'avais cru trouver à y puiser la suite interrompue des idées du poète ! »

La rumeur de la faveur impériale s'est vite répandue et vaut à Rachel un regain d'intérêt de la part de ceux qui espèrent tirer quelque avantage du rétablissement de l'Empire. Parmi ceux-ci, nombreux sont les membres de l'aristocratie, y compris celle de l'Ancien Régime. Ce ralliement de la noblesse traditionnelle au « parvenu impérial » peut surprendre à première vue ; en fait, l'arrivée de Napoléon III a été accueillie avec soulagement comme synonyme de l'ordre retrouvé en opposition à l'aventure que représentait la République. D'où cet empressement de la part de certaines grandes familles auprès du personnage proche du nouveau pouvoir. Rachel est donc courtisée tout particulièrement ; elle ne sait plus comment répondre à toutes les invitations qu'elle reçoit. Sans doute est-elle flattée de cette montée en flèche de sa popularité auprès de la haute société, mais elle ne l'impressionne pas outre mesure. Comme elle le dit, elle aspire souvent à se « désenducailler » et à retrouver un peu de simplicité auprès des siens. Son vocabulaire reprend alors sa gaieté d'origine et elle se laisse aller à sa nature avec un plaisir visible. Ce billet qu'elle adresse à sa mère, lorsqu'elle rentre de sa tournée en Allemagne, en est une vivante illustration : « Comme je vais me flanquer du repos après ces trois mois de pioche ! Tâche que ma chambre soit ficelée si tu veux "monnoyer" un peu. Adieu, ma vieille (*sic*) et mon vieux père. À bientôt. »

Parfaite femme du monde lorsqu'elle reçoit dans son salon les grands noms de la politique, de la littérature ou de l'aristocratie, elle redevient l'instant d'après, avec ses proches, la brave fille qu'elle est restée au fond d'elle-même. Le prince Napoléon, qui l'a aimée sincèrement et qui l'a connue mieux que la plupart de ses amis, la définissait fort bien quand il disait d'elle : « Elle m'enchante de toutes les manières. Elle est Iphigénie et elle parle argot avec la même haleine. Quand elle laisse tomber des tapis de gros mots, je les croque comme des bonbons. » Plus tard, bien des années après la disparition de la tragédienne, Plon-Plon, qui ne l'avait jamais oubliée, confiait à Prosper Mérimée qui, lui, n'avait pas aimé Rachel et s'était laissé à aller à émettre quelques propos acerbes à son endroit : « Quoi que vous en disiez, on ne remplacera pas une femme qui vous trompait avec tant de grâce. Où trouverons-nous une artiste qui sait incarner Phèdre et une heure après le petit Zouzou ? »

Les ennemis de l'artiste se gaussent de cet aspect insolite ; ils l'accusent de fausse simplicité, affirmant qu'elle joue les bonnes filles mais que ce n'est qu'une apparence destinée à la galerie. Certes, dans ses démonstrations de « bon garçonisme », Rachel en fait parfois un peu trop ; la solidarité qu'elle affecte envers ceux qu'elle appelle bruyamment ses « camarades »[1] obéit à une arrière-pensée : faire oublier l'énorme disproportion qui existe entre ses appointements et ceux des camarades en question. Il n'empêche qu'elle ne rate pas une occasion de défendre les intérêts des membres de la troupe face à l'administration. Ainsi, un jeune pensionnaire, à la suite de plusieurs retards, se voit renvoyer par le comité ; Rachel se bat bec et ongles jusqu'à ce que l'acteur soit réintégré. Une autre fois c'est un vieux sociétaire, au contraire, qu'on veut mettre à la retraite ; Rachel plaide

1. Au théâtre, c'est ainsi que l'on appelle couramment ceux que l'on ne peut pas voir en peinture !

sa cause auprès de l'administrateur avec des larmes dans la voix : « Si vous privez cet homme de ce qui représente son existence même, vous le condamnez à une mort certaine ! » Les sanglots de la tragédienne sont assez convaincants pour écarter la menace. Encore un exemple de sa solidarité : pendant sa récente tournée en Allemagne, lors de la représentation qu'elle donne à Potsdam, on lui a préparé un succulent repas qu'on lui sert en grande pompe dans une des salles du château, tandis que sa troupe – la « répopée », comme elle appelle les artistes qui l'accompagnent – est servie dans une autre salle et n'a droit qu'à un repas frugal. Rachel proteste avec véhémence : « J'ai proclamé à son de trompe que je ne l'entendais pas comme cela – déclare-t-elle à M. Schneider, l'organisateur du spectacle – et j'ai eu, à ce qu'on m'assure, un fameux mouvement oratoire en disant qu'un bon général, aux grands jours de la bataille, doit prendre sa nourriture au milieu de ses troupes. » Belle déclaration qui fait son effet. Mais elle n'est pas toujours aussi soucieuse du bien-être de ses « camarades ». Quand elle voyage, si elle exige pour elle un compartiment confortable, il arrive que ses compagnons s'entassent dans des wagons de troisième classe ; et si, à l'arrivée, certains se plaignent du traitement dont ils ont été l'objet, elle feint la surprise : « Il fallait venir me voir ; j'aurais arrangé les choses. De toute façon, je peux vous promettre que cela ne se produira plus... » Bien entendu, le prochain voyage se déroule exactement de la même façon.

Comment lui en vouloir, car d'un sourire, d'un mot, elle sait se faire pardonner tous ses manques. Et surtout, il y a en elle une gaieté spontanée à laquelle il est bien difficile de résister. Sa fulgurante réussite, ses succès glanés sur toutes les scènes ne l'ont pas grisée. Elle se dépouille avec plaisir de sa panoplie de femme du monde pour redevenir la « petite saltimbanque » qu'elle est demeurée au fond de son cœur. Legouvé, auquel l'ont opposée parfois de sérieuses controverses, et même un procès, lui a gardé son affection et analyse sa personnalité avec clairvoyance quand il dit qu'il y a « en elle, mêlé à tout et surnageant à tout, un titi gouailleur qui parle tous les langages, change de dictionnaire en changeant d'interlocuteur et ne connaît pas de plus vif plaisir que de rire des gens et de les attraper ».

Elle-même confirme cette opinion quand, au lendemain d'un nouveau triomphe, elle écrit de Vienne à Rébecca : « Laissons tous les honneurs de l'artiste pour entrer dans le cœur humain plus avant, c'est-à-dire le cœur de la mère de famille... Raphaël et Dinah, à qui j'ai lu ta lettre, ont pleuré comme des veaux... qui pleurent ! » Même ton enjoué quand elle annonce à sa mère qu'elle a décidé de l'amener « en pique-nique sur l'herbette » et qu'elle préparera elle-même un repas champêtre. Et le soir même, la gamine qui a joyeusement gambadé toute la journée dans « l'herbette », redevient Rachel la divine tragédienne...

Autant à la ville qu'à la scène, elle exerce une influence sur la mode et son temps. Rompant avec le penchant pour le clinquant qu'affichent alors de nombreuses femmes, elle s'habille avec recherche mais avec simplicité ; aussitôt, les dames de la société se mettent à imiter la sobriété de ses robes et de ses manteaux ; ressembler à Rachel devient pour beaucoup une véritable obsession. Elle va même faire une adepte de choix en la personne de l'impératrice, comme le rapporte un chroniqueur du temps : « C'est elle qui avait appris à l'impératrice Eugénie la révérence profonde et lente pendant laquelle ses yeux faisaient circulairement le tour de l'assistance afin que chacun pût croire qu'elle lui était particulièrement adressée. »

Ce qu'il faut remarquer dans le choix de la souveraine qui, d'habitude, se montre très jalouse des femmes qui approchent l'empereur, c'est qu'elle ne semble nourrir aucun soupçon à l'encontre de Rachel. Ajoutons que sa jalousie ne manque pas de motifs ; l'empereur lui-même devait en convenir, qui confiait à Morny : « J'ai été fidèle à l'impératrice pendant six mois et après je suis retourné à mes petites distractions. » Rachel fait-elle partie des « petites distractions » en question ? Il y a tout lieu de le supposer. Surtout si l'on se réfère à l'anecdote suivante, dont on doit la révélation à une « mauvaise langue » de l'entourage impérial. Mais le devoir de l'historien n'est-il pas d'écouter les mauvaises langues ?

Donc, au mois de septembre 1853, alors que l'impératrice Eugénie se trouve occupée à une visite charitable dans un hôpital des environs de Paris, Napoléon III est à Saint-Cloud. À la fin de la journée, alors que la nuit est déjà tombée, une voiture s'arrête dans le parc, une femme enveloppée dans un long manteau, le visage dissimulé derrière une épaisse voilette, quitte la voiture et est introduite à l'intérieur du château par une petite porte de service. Ce qui ressemble à l'épisode d'un roman policier est plus simplement la péripétie d'une aventure galante. La jeune femme mystérieuse qui vient d'entrer dans l'édifice c'est Rachel, et c'est l'empereur qu'elle vient retrouver.

Reçue dans les appartements privés du souverain, tête

à tête avec lui, Rachel se trouve là depuis plus de deux heures et l'on peut imaginer le tour qu'a pris son entrevue avec Napoléon III. Soudain, des bruits de voitures se font entendre devant le palais, l'impératrice qui devait passer la nuit aux Tuileries revient à l'improviste. Bien imprudent avec un époux comme l'empereur ! Ce qui se passe alors évoque irrésistiblement le scénario d'un vaudeville. Ayant envoyé un domestique s'informer, l'empereur apprend l'arrivée inopinée de son épouse. Il ne faut à aucun prix que cette dernière s'aperçoive de la manière dont son mari profite de son absence. Rachel est donc escamotée prestement ; par un escalier dérobé, elle quitte les appartements impériaux, mais comme elle risquerait de se cogner le nez contre l'impératrice, elle est consignée dans une petite pièce où un repas froid lui est apporté en attendant qu'elle puisse enfin quitter le château.

Cependant, comme si de rien n'était, Napoléon III, le sourire aux lèvres, a accueilli Eugénie et s'est informé des raisons qui l'ont conduite à revenir à Saint-Cloud. Eugénie se borne à lui répondre qu'elle souhaitait le rejoindre, mais avec son instinct de femme jalouse il est bien possible qu'elle ait flairé quelque chose. Quant à Rachel, elle restera prisonnière plusieurs heures avant de pouvoir enfin rentrer chez elle.

Cette histoire a quand même un épilogue plus souriant : quelques jours plus tard, la tragédienne reçoit un bracelet d'or et d'émeraudes, cadeau de Sa Majesté, destiné à lui faire oublier la « nuit de Saint-Cloud ». Finalement, tout est bien qui finit bien...

Il nous faut parler maintenant d'une nouvelle aventure amoureuse de la tragédienne. Une de plus, constatera le lecteur qui doit à présent être blasé, tant la tragédienne l'a comblé sur ce plan. En cette occasion et pour la première fois dans l'existence de la jeune femme, l'amour est étroitement mêlé au théâtre. L'objet de l'intérêt de Rachel n'est ni un Bonaparte, ni un haut personnage du régime, ni un riche aristocrate, mais tout simplement un auteur dramatique.

François Ponsard – c'est lui le nouvel heureux « élu » – est aujourd'hui bien oublié, mais il a eu au milieu du XIXe siècle son heure de gloire. Élu à l'Académie française, décoré de la Légion d'honneur, François Ponsard est accueilli comme le Messie par tous ceux qui déploraient la décadence du théâtre classique. Depuis *Hernani*, les romantiques avaient le vent en poupe et relégué les « vieilles barbes » au placard. C'est alors que Ponsard fait jouer sa tragédie, *Lucrèce*, et qu'il est aussitôt salué comme le sauveur de la tradition. Ce succès subit dépasse la personnalité de celui qui en est l'objet. C'est alors un paisible provincial de quarante ans, qui vit dans les environs de Vienne, au sein de sa famille. Il habite une belle demeure au milieu des bois, chassant avec ses chiens et goûtant avec satisfaction aux bons petits plats que sa mère lui prépare. Il est d'une nature effacée, de mœurs paisibles et le premier surpris de sa réussite. Jamais cet homme intelligent et sensible n'avait imaginé que ses œuvres pourraient avoir un tel retentissement, pas plus qu'il n'imaginait qu'il pourrait séduire une femme comme Rachel. Regardons son portrait : il n'est pas beau, avec sa tête ronde, de gros yeux à fleur de peau et un corps qui n'a rien de svelte, mais il se reflète une telle bonté dans son regard clair, sa voix est si douce, on sent si bien la générosité de son âme qu'on peut comprendre que Rachel ait été touchée. La simplicité de Ponsard, son manque d'assurance même, qui la changent tellement de l'arrogance de ses soupirants habituels, ont su parler à son cœur un langage qui l'a émue.

Pourtant, les premiers contacts entre l'actrice et l'auteur dramatique ont été rien moins qu'encourageants. Ponsard, déjà d'un naturel timide, avait été désagréablement impressionné par l'autorité de Rachel et par sa véhémence. Avec un grand succès, en 1848, elle avait repris dans *Lucrèce* le rôle créé jadis par Marie Dorval, mais, toujours sur la réserve, Ponsard n'avait eu avec elle, pendant les représentations de la pièce, que des rapports lointains. Au lendemain de la dernière, en dépit de la célébrité soudaine qui lui tombait dessus, l'auteur avait sagement regagné sa demeure de l'Isère. Il se sentait mal à l'aise dans ce rôle de chef de l'école classique qu'on voulait lui faire endosser. Mais il n'en continuait pas moins à travailler. Ainsi avait-il écrit une pièce, *Agnès de Méranie*, pour laquelle il pensait à Rachel, évidemment, mais en raison de la fraîcheur de leurs rapports il n'osait lui en parler.

Au même moment, sur les conseils d'amis à lui, Ponsard décide de s'essayer au drame moderne. La Révolution est dans la mémoire de tous, de nombreux témoins oculaires vivent encore ; quel meilleur climat de théâtre que celui de ce temps d'exception où la vie et la mort se côtoyaient sans cesse ? Parmi les personnages sanguinaires qui ont marqué l'époque de leur redoutable empreinte, la pure image de Charlotte Corday se détache. Ponsard s'est attaché au personnage et finit par lui consacrer une pièce ; le directeur de la Porte Saint-Martin le reçoit sans hésiter.

Et voilà que Rachel entend parler de l'œuvre par Émile Augier, dont on sait que lui aussi, durant une brève période, fut du dernier bien avec elle. Aussitôt, prise d'une de ces lubies dont elle est coutumière, Rachel s'emballe et décide qu'elle jouera l'œuvre de Ponsard à la Comédie-Française. Or la pièce est déjà promise à un autre théâtre ; la situation est donc des plus délicates, mais quand Rachel s'est mise une idée en tête, comment lui résister ? Elle fait le siège d'Arsène Houssaye pour qu'il obtienne la création de l'œuvre. L'administrateur du Français ne peut rien refuser à Rachel ; ne lui doit-il pas sa nomination ? Il obtient donc le désistement du directeur de la Porte Saint-Martin, pour la plus grande satisfaction de la tragédienne dont le désir de jouer la pièce se trouve décuplé en raison des difficultés qui se sont présentées. Restera évidemment à recevoir l'autorisation du ministre de l'Intérieur, car il s'agit d'un ouvrage politique. Or, en ces premières années de l'Empire, une censure sévère s'exerce sur tous les écrits à connotations plus ou moins tendancieuses, et les autorités considèrent d'un œil soupçonneux tout ce qui a trait à la Révolution.

Pour connaître sans attendre l'opinion du pouvoir, Rachel obtient que la lecture de *Charlotte Corday* ait lieu au domicile même du ministre intéressé, Ferdinand Barrot, lequel est un de ses admirateurs.

Quelques jours plus tard, un dîner réunit chez le ministre, outre celui-ci et Rachel, Arsène Houssaye, Ponsard et plusieurs membres de l'entourage de l'empereur, afin d'écouter la lecture de la pièce. C'est Ponsard qui la fait ; il a une mauvaise diction, de surcroît sa timidité le fait souvent bafouiller. Malgré cela, l'assistance applaudit longuement l'ouvrage et félicite son auteur. La hardiesse avec laquelle le sujet est traité, la vigueur du dialogue sont appréciés par tous... par tous, sauf par Rachel. À la fin de la lecture, elle serre silencieusement la main de l'auteur, sans lui adresser le moindre compliment. Son seul commentaire, elle le réserve à Houssaye dans l'oreille duquel elle glisse ce verdict sans appel : « Il y a une chose certaine, c'est que je ne jouerai jamais cette folle-là ! [1] »

Peu de temps après, la pièce est reçue à la Comédie-Française. Tout naturellement, le comité demande à Rachel de jouer la pièce qu'elle a patronnée ; la tragédienne refuse. « Ce rôle n'est pas fait pour moi ; j'y serais détestable... De plus, les convictions qui y sont exprimées ne sont pas les miennes. Prenez donc Judith ; elle n'a ni personnalité ni opinion ; un tel personnage lui conviendra très bien. » Ne soyons pas surpris par ce coup de griffe ; bien que Judith et Rachel soient cousines, elle ne s'aiment guère, et si Rachel ne ménage pas Judith celle-ci n'est pas plus aimable avec elle. À l'un de ses amis qui s'étonne de cet antagonisme entre les deux femmes qui appartiennent à la même confession, Judith offre cette explication pleine de sous-entendus : « Moi, je suis une Juive, mais Rachel, elle, est un Juif ! » Judith, ainsi qu'on l'a vu, a eu comme premier professeur de diction Papa Félix. Peut-être se souvient-elle que, lorsqu'elle manquait de « zenzibilidé », le cher Félix lui en insufflait... au moyen d'une bonne paire de gifles !

C'est donc Judith et non Rachel qui incarne Charlotte Corday. Le forfait de la divine ne surprend d'ailleurs pas

1. C'est de Charlotte Corday dont il était question.

Ponsard. Quand Arsène Houssaye l'avait informé qu'elle désirait jouer sa pièce, l'auteur avait répliqué d'un air désabusé : « Oh, je la connais, elle ne le jouera que trois fois et elle abandonnera le rôle ! »

Quelles que soient les apparences, Ponsard est meurtri par le refus de Rachel, et ses préventions à l'égard de la tragédienne s'en trouvent renforcées. Cependant, Judith justifie la confiance placée en elle et entraîne dans son sillage *Charlotte Corday* vers le succès. Là-dessus, nouveau caprice de Rachel ; devant la réussite de la pièce, elle se mord les doigts de l'avoir refusée et elle se rend chez Ponsard pour lui demander de lui rendre le rôle ! L'auteur ne peut évidemment accéder à ce désir ; comment retirer à Judith un personnage où elle fait merveille ? Alors, Rachel se fait suppliante : « Je vous en prie, mon cher Ponsard, écrivez-moi un rôle exprès pour moi ! Vous ne le regretterez pas, je vous le jure... »

Effectivement, il ne va pas le regretter ; comme l'a écrit Valérie Thomson : « Trois mois plus tard, elle apparaissait, exquise de grâce et de charme ensorcelant, dans *Horace et Lydie*, pièce écrite en effet pour obéir à son désir... »

Entre-temps, les choses ont changé : Ponsard est tombé éperdument amoureux de celle qu'il considérait jusqu'alors avec méfiance et, chose plus étonnante encore, ses sentiments semblent partagés. Le poète en est le premier surpris ; il sait qu'il n'est pas beau, qu'il n'est pas brillant, qu'il ne peut rivaliser avec aucun des hommes qui ont peuplé la vie amoureuse de Rachel, mais c'est, répétons-le, en raison de sa sincérité toute simple qu'il a conquis cette étoile qui lui paraissait inaccessible. Car Rachel se met à l'aimer, ou du moins le croit-elle, ce qui revient au même. Et comme toujours dans ce cas-là, elle n'est pas avare de déclarations passionnées : « J'ai tant besoin que tu m'aimes, que tu me le répètes cent fois, puis cent fois encore, et cent fois après... »

Ponsard ne se fait pas prier pour lui obéir. Alors qu'elle est partie, au mois de juin 1853, pour l'une de ses fructueuses tournées en Angleterre, il lui écrit : « Je m'ennuie, je m'ennuie, je m'ennuie. Il pleut autour de moi et en moi... » Et comme il est poète, c'est aussi en vers qu'il lui exprime sa nostalgie de la savoir de l'autre côté de la Manche, et son désir de l'y retrouver.

Londres, la ville des brouillards,
Des ennuyés, des hypocondres,
Devient la ville des beaux-arts ;
Avec toi, Paris est à Londres.
Adieu campagne, adieu Paris,
Je vais à Londres où j'ai mon âme,
Et celle que j'y vais chercher
N'est pas l'actrice sans pareille
Qui met tout Paris en émoi ;
Phèdre, Camille ni Lucrèce,
C'est mieux, c'est mon amie à moi,
C'est mieux encore, c'est ma maîtresse[1]...

Ce séjour à Londres fait suite à une série de représentations dans l'ouest de la France, entrecoupée par de brefs retours à Paris où les nouveaux amants connaissent des moments d'extase dans une petite chambre que l'auteur

1. Cité par Louis Barthou dans *Rachel.*

a louée rue Neuve-de-l'Université. Mais il faut se séparer ; tandis que Rachel part pour Londres, Ponsard est rappelé dans sa bonne ville de Vienne qui souhaite lui rendre hommage.

Les honneurs n'effacent pas les affres dus à l'éloignement de celle qu'il aime, ainsi qu'il le lui écrit : « On m'a donné une belle sérénade, mes amis m'ont serré la main, mes chiens m'ont mangé ; il ne me reste plus qu'un cœur pour vous aimer, et des doigts pour vous écrire. Vous avez désenchanté mes pauvres arbres et mes vieilles collines ; ce sont d'insipides compagnons, parce que je songe à ma chère compagne. Écris-moi un petit mot, et je me promènerai avec sous les arbres... »

Bien qu'assaillie, comme toujours lorsqu'elle se trouve en Angleterre, par une pluie d'admirateurs et un flot d'invitations, Rachel retrouve son cœur de petite fille exaltée pour répondre sur le même ton : « J'ai lu ta lettre en courant, mais je l'ai lue cent fois. L'assurance que tu me donnes de ton affection me rend bien heureuse et bien fière je t'assure, et je voudrais pouvoir te prouver à quel point je t'aime... »

Cette dernière phrase rappellera sûrement au lecteur certaines protestations qu'en termes semblables Rachel adressa à d'autres hommes ; mais le poète, lui, ne le sait pas, et c'est sans retenue qu'il déguste son bonheur d'être aimé d'une telle créature. « Bien aimée Rachel, ta lettre m'a réjoui le cœur. Je regardais comme sœur Anne et je ne voyais rien venir, mais enfin le facteur m'a apporté un morceau de soleil dans sa poche, un vrai morceau de soleil dans nos pluies éternelles ; il pleut autour de moi et en moi. C'est le souvenir des beaux jours qui m'attriste ainsi ; j'ai été très heureux à Paris pendant vingt jours et la vivacité de ces émotions me fait paraître bien monotone ma solitude actuelle...[1] »

Il voudrait rejoindre la « charmante créature du Bon Dieu » en Angleterre, mais la créature en question n'aurait guère de temps à lui consacrer entre ses représentations et ses mondanités. D'ailleurs, à peine revenue à Paris, après avoir embrassé ses fils, elle va partir pour la Belgique où Raphaël, son frère imprésario, a signé pour elle un contrat toujours aussi mirifique. Heureusement, cette fois, François l'accompagne ; il la rejoint à Bruxelles le 2 juillet et la suit dans un périple qui les fait changer de ville jour après jour. Mais qu'importe au poète de devoir aller... de lit en lit, puisque chaque nuit il y retrouve sa maîtresse si chérie. Voyage idyllique, on s'en doute, et dont les délices vont se prolonger durant le mois d'août à Paris ou, plus précisément, dans le village d'Auteuil : Rachel a loué une maison afin d'y prendre un repos bien gagné ; une fois de plus, elle est allée jusqu'au bout de ses forces, au point qu'elle a dû renoncer à une tournée en Hollande qui devait suivre celle de Belgique.

François devait conserver de ce séjour auprès de l'aimée un souvenir ébloui qu'il se plaisait à rappeler à celle qui le lui avait procuré : « Quoique je sois allé tous les jours à Auteuil, il me semble encore que je n'en ai pas assez bien profité ; je n'ai pas cueilli assez de noisettes sur tes arbres, assez de roses dans ton parterre, et assez de baisers sur tes lèvres. Elles étaient bien fraîches et bien petites, ces jolies lèvres où retentissait pourtant si grandement Corneille. »

1. Valérie Thomson, *la Vie sentimentale de Rachel.*

Au milieu de cette existence insouciante, le théâtre se rappelle au souvenir de Rachel ; elle a promis depuis longtemps à son ami Legouvé de jouer une *Médée* qu'il a commise et dont, par surcroît, elle a accepté d'assurer la mise en scène. En fait, tous les prétextes lui sont bons pour retarder l'exécution de sa promesse ; de toute façon, nous savons que Rachel ne s'est jamais sentie liée par ce genre de pacte.

Dans le climat de détente qui règne à Auteuil, auprès de ses enfants, Rachel retrouve sa gaieté enfantine. Outre Ponsard elle reçoit de nombreux amis, dont l'éditeur Michel Lévy, son ami d'enfance. Il n'y a jamais rien eu entre eux – le fait avec Rachel est suffisamment rare pour être souligné – mais le jeune homme n'est pas moins jaloux des fréquentes visites de Ponsard, ce qui semble indiquer qu'il est, comme tant d'autres, amoureux de la tragédienne. Comme tant d'autres en effet, car Rachel n'a pas renoncé à son habitude de « doubler » ses amants. C'est encore ce qui va se produire.

À vrai dire, cette nouvelle liaison s'entoure d'une telle discrétion qu'elle serait sans doute demeurée ignorée si la découverte de nombreuses lettres de la tragédienne n'était venue la révéler. Les ténèbres qui l'entourent sont si épaisses que de celui qui fit battre le cœur de Rachel on ne connaît que le nom d'Henry Mure, sans autres détails sur sa personnalité ni sur ses activités. Ces lettres furent publiées dans *la Revue de France*[1] au lendemain de la Grande Guerre, alors qu'Henry, devenu nonagénaire, vivait encore, sous un titre révélateur : *Lettres de l'Aimée.*

1. Elles sont aujourd'hui introuvables.

On y trouve le reflet d'une tendresse, d'une grâce souriante, d'une sincérité auxquelles Rachel ne nous avait pas accoutumés. La jeune femme s'y livre sans restrictions, mettant son âme à nue comme elle ne l'avait jamais fait quand elle s'adressait aux autres hommes. Elle s'y montre épistolière accomplie, cultivée même... Comme elle est loin la jeune personne qui demandait jadis à Adolphe Crémieux de lui écrire des billets qu'elle recopiait ensuite. À travers cette correspondance, nous découvrons peu à peu le portrait d'Henry ; nous apprenons qu'il est plus jeune qu'elle d'une bonne dizaine d'années, que sa « physionomie est bonne et douce » et qu'il a « une petite tête frisée » que Rachel ne peut jamais contempler sans émotion. Ils se sont rencontrés peu de temps avant le départ de la tragédienne pour la Russie et leur aventure a repris de plus belle au retour de Rachel.

Comme souvent chez elle, elle est tombée très vite amoureuse : « Pourquoi vous aime-t-on si vite et si fort ? » lui demande-t-elle. Mais il doit partir en voyage ; elle l'accompagne à la gare et elle est bien triste car il ne s'est pas penché à la fenêtre de son compartiment quand le train est parti... Ne dirait-on pas les mots d'une collégienne amoureuse plutôt que ceux d'une femme ayant dépassé la trentaine ? Le cœur de Rachel, pourtant si souvent sollicité, retrouve une ardeur juvénile quand il bat pour Henry.

Pendant son absence, et pour lui plaire, elle cultive son esprit par la lecture des grands auteurs. Quel courage, n'est-ce pas ? Et quelle preuve d'amour : « Je me suis enfermée avec mes livres ; j'ai essayé de rire avec Boileau ; j'ai fait de l'analyse avec La Bruyère ; j'ai causé avec Mme de Sévigné... Puis je me suis reposée l'esprit et le cœur dans la Bible ; cette dernière lecture m'a fait du bien et du mal... » Toujours en l'absence de l'aimé, elle pose chez Charvet qui peint d'elle une miniature, à lui destinée évidemment, « car je vous donnerai tous les portraits du monde, et moi par-dessus le marché » !

Le « don » a lieu vraisemblablement après la tournée en Russie ; elle écrit alors à Henry qu'il pourra « venir prendre possession de son cœur sans trouver aucune résistance »... Il le fait sans se faire prier puisqu'à partir de ce moment il la nomme « ma femme ». Ce qui ne peut que la réjouir ; elle a toujours eu l'obsession du mariage et se verrait très bien l'épouse d'Henry. Seule ombre à ce tableau idyllique, elle se trouve trop vieille pour lui et elle est jalouse des autres femmes, même de sa sœur Sarah qui correspond elle aussi avec le jeune homme, au vif mécontentement de Rachel[1] : « Vous ne devez écrire qu'à votre femme ; voilà, Monsieur, comment j'entends que vous vous conduisiez ; à vous, maintenant, de me donner vos ordres, que je serai bien heureuse d'exécuter fidèlement... À vous, comme dans l'avenir. »

La célèbre tragédienne, lorsqu'elle est amoureuse, met volontiers sa fierté entre parenthèses pour s'offrir toute entière à sa passion : « Tu es un adorable petit chien, que j'aime vraiment de tout mon cœur, et je te jure qu'il désire ardemment te le prouver. Mais me voilà clouée pour trois jours au moins dans mon lit. Cela empêche bien des choses... Mais cela ne m'empêche pas de te voir demain vers deux heures. J'ai pris tous tes baisers sur ton bouquet ; demain, tu y trouveras les miens. »

1. C'est Sarah qui avait présenté Henry à Rachel.

Henry, à son tour, a eu droit au titre de « petit chien », après le prince de Joinville et quelques autres ; il est en bonne compagnie pour recevoir de l'artiste une appellation qui est, chez elle, un signe d'extrême tendresse. Mais avec Rachel, tout a une fin, y compris les idylles qui devaient durer toute la vie ! Sa dernière lettre a la politesse d'un licenciement :

« Mon cher Henry

» Vous avez eu grand tort de ne pas venir hier au soir. Il faut que je songe sérieusement à ma santé, à ma vie qui appartient à mes enfants. Je ne puis sérieusement penser à autre chose. Soyez mon ami et ne m'en veuillez pas ; la douleur physique a rongé mon cœur. Je n'ai plus de force que pour me soigner. Venez me voir dans quelques jours. Votre amie, Rachel. »

« Votre amie Rachel »... Il n'y a pas si longtemps, elle signait encore « ta femme ». Chez elle, les « divorces » sont rapides et toujours conclus à ses torts !

Admirons encore une fois l'ubiquité sentimentale du personnage ; il ne faut pas perdre de vue en effet que sa romance avec Henry ne l'empêchait de vivre une autre romance avec François Ponsard, tandis que de temps à autre le prince Napoléon était fort bien reçu rue Trudon... Et tout cela en dépit d'une santé qui se dégradait chaque jour un peu plus ! Une idée du formidable appétit amoureux de Rachel nous est fournie par les lettres qu'elle échange avec Ponsard alors qu'elle échange à peu près les mêmes avec le jeune Henry. Qu'on en juge en donnant la parole à Ponsard : « Chère bien aimée que j'aime tendrement, j'ai reçu à Paris la caresse et le baiser qui sont allés à Vienne, mais le courrier me les a rapportés ici. Je les ai sur mon cœur et sur mes lèvres, je les garde comme un petit trésor... »

Ponsard a raison de jouir du présent ; avec Rachel, il faut se méfier de l'avenir. Pourtant, elle n'est pas en reste de protestations passionnées : « Anna me réveille pour me remettre tes lettres si longtemps attendues et si ardemment désirées [1]. Je viens de les dévorer des yeux, du cœur et de mes deux trop petites lèvres... »

Avant son départ pour la Russie, Rachel avait accepté d'accompagner François dans une escapade d'amoureux qui devait les conduire à Spa, à Aix, puis à Vienne, dans la maison du poète. Prise par ses engagements, Rachel se décommande. S'il est déçu, le brave Ponsard prend quand même bien sa déconvenue : « Je comprends tout ce que tu me dis et je n'ai pas de mauvaise pensée ; puisque tu m'aimes toujours, je suis content. J'ai quelque chagrin à renoncer à mon projet, mais c'était un conte des *Mille et Une Nuits* ; on bâtit des châteaux magnifiques ou imaginaires, puis, presque toujours, la réalité souffle dessus et tout disparaît. Adieu donc, notre belle chimère ! C'était trop beau et la vie ne se prête pas ainsi à la poésie. Mais la poésie, c'est toi !... » Cet homme excellent est tout entier dans cette sage acceptation des événements. Même lorsque entre Rachel et lui la tempête de la passion se sera calmée et que la vague s'en sera retirée, une amitié sincère s'y substituera.

1. Cette lettre est du 18 novembre 1853 ; Rachel était alors en Russie pour une série de représentations.

X

LA MORT D'UNE SŒUR

Ce qui renvoie aux calendes les espoirs de voyage de François Ponsard, c'est l'invitation faite à Rachel d'aller se produire à Saint-Pétersbourg moyennant une rémunération de... quatre cent mille francs ! Comment résister à une telle offre ? Rachel avoue elle-même qu'elle n'en a pas le courage. Et puis ce n'est pas dans ses habitudes ni dans celles de Raphaël, son frère impresario, de repousser une manne aussi exorbitante.

Il n'empêche que cette décision de partir pour la Russie tombe mal ; d'abord aux yeux du public, de la presse et de la Comédie-Française, elle passe pour un abandon de poste. Pour obtenir le congé de plusieurs mois qui lui est indispensable afin de remplir son contrat, la tragédienne a dû faire agir ses puissantes relations. Le ministre d'État Achille Fould est lui-même intervenu pour que l'administration du Théâtre-Français donne son accord. Il semble même que l'empereur en personne s'en soit mêlé[1], dési-

1. Document inédit.

reux de rendre service à Rachel, sans doute... en souvenir du bon vieux temps.

Mais surtout ce qui suscite des critiques à l'égard de Rachel, c'est la tension qui règne avec la Russie. Depuis longtemps un conflit oppose l'empire des Romanoff aux puissances occidentales, à propos de la protection des orthodoxes dans l'Empire ottoman. Le conflit est aggravé par la rivalité entre l'Église russe et son homologue catholique romaine. En réalité, ce n'est là qu'un prétexte ; depuis longtemps, la Russie louche sur le détroit des Dardanelles et sur Constantinople. Après une longue période pendant laquelle l'Empire ottoman a dominé l'Europe orientale, et même menacé l'Europe centrale, est arrivé le temps de la décadence. Aujourd'hui, la Porte[1] est l'homme malade de l'Europe ; le tsar Nicolas a jugé le moment propice pour intervenir et s'assurer la possession de Constantinople. Voilà ce que la France ni l'Angleterre ne sauraient tolérer ; ces deux pays sont donc prêts à voler au secours de la Turquie pour le cas où le tsar mettrait ses projets à exécution.

Dans un tel climat, il n'est pas recommandé de se rendre en Russie ; cela, Rachel ne l'ignore pas, mais encore une fois comment repousser le pactole qui s'offre à elle ? L'odeur de l'or, depuis toujours, est pour elle un parfum enivrant. À ceux qui lui font observer combien son voyage est inopportun, elle répond qu'au contraire, vu sa popularité, sa présence en Russie peut réconcilier ce pays avec la France. Le plus remarquable, c'est qu'en énonçant cette

1. Ou Sublime-Porte, surnom donné au gouvernement de l'Empire ottoman.

incongruité la tragédienne paraît sincère. Elle-même a consenti un sacrifice en s'éloignant de ses deux amoureux, le brave François et le gentil Henry. Par la même occasion, elle se débarrasse de la *Médée* de Legouvé qu'elle a de moins en moins envie de jouer, bien qu'elle ait promis le contraire à son auteur.

Le 20 octobre 1853, Rachel et les quelques comédiens qui l'accompagnent quittent Paris pour Saint-Pétersbourg où ils arrivent neuf jours plus tard après un voyage des plus inconfortables. Compensation toutefois pour Rachel : la présence dans la troupe, outre Raphaël, de sa jeune sœur Dinah. L'accueil qu'elle va recevoir du public russe va d'ailleurs lui faire très vite oublier les fatigues du parcours.

Il y avait à Saint-Pétersbourg une tradition qui devait perdurer jusqu'en 1914 : chaque année, une saison théâtrale française se déroulait au sein du théâtre Michel, spécialement destiné à cet effet. Les spectacles étaient donnés devant la haute société russe pour laquelle la langue française était aussi familière que la sienne propre.

L'annonce de la présence de Rachel a eu sur le public un effet immédiat qui se traduit par l'ampleur des locations. Lorsqu'elle entre en scène, le 25 octobre, pour jouer *Phèdre*, l'une de ses pièces de prédilection, la salle est bondée. Dans une avant-scène, le tsar et la tsarine, entourés de tout le « gratin » de Saint-Pétersbourg. Ce que ressent la salle tandis que la tragédienne égrène les strophes des chefs-d'œuvre de Racine, le *Journal de Saint-Pétersbourg* en rend compte en termes révélateurs : « À la vibration de ces paroles mourantes et découragées, mais modulées avec un accent profond, tous les cœurs furent frappés à la fois d'un même choc électrique, toutes les poitrines retinrent leur souffle, toutes les âmes se suspendirent aux lèvres de la divine artiste. La scène se déroula, frémissante, émue, sombre, ardente, douloureuse, et elle était à peine arrivée à son dernier vers qu'un tonnerre d'applaudissements éclata dans la salle, mêlé de bravos et de trépignements d'enthousiasme. Mlle Rachel comptait une victoire de plus. »

Les quinze autres représentations que Rachel donne à Saint-Pétersbourg se déroulent dans la même ambiance. Comme elle l'écrit à sa mère, avec une légitime fierté, elle a eu sept cents rappels. Elle n'exagère pas : à la fin de chacune de ses prestations, il faut attendre au moins une heure pour que la salle se vide, et pendant cette heure, les spectateurs, dont pas un n'est parti, ne cessent d'applaudir et de réclamer Rachel, qui revient saluer à chaque fois. Le succès de la tragédienne ne se limite pas à la scène ; quand elle se montre dans un lieu public, elle est aussitôt l'objet de manifestations d'enthousiasme « à la slave », c'est-à-dire sans retenue. Ainsi, les jeunes officiers de la garnison de Saint-Pétersbourg ont-ils semé un parterre de roses tout le long du chemin entre le théâtre Michel et son appartement de la perspective Nevski.

L'écho de son triomphe est parvenu jusqu'en France, mais au lieu de grandir son image, il a au contraire provoqué contre elle un surcroît de malveillance. Les rapports entre la France et la Russie, qui se brouillent de plus en plus, en sont responsables, mais d'autres facteurs entrent en jeu. Les adversaires de Rachel lui reprochent d'avoir quitté Paris pour le seul appât du gain sans avoir tenu compte de la tension qui régnait entre les deux pays. On l'accuse aussi de mépris à l'égard de la Comédie-Française ; ce sentiment est encore renforcé par la lettre de démission qu'elle adresse de Saint-Pétersbourg à la

Comédie-Française ; elle explique que cette décision est provoquée par son désir de renoncer définitivement au théâtre après presque dix-sept années d'activité. Mais personne, à Paris, ne veut la croire et l'on met son départ sur le compte de ses éternels caprices.

À Saint-Pétersbourg, grisée par son succès, submergée d'hommages et de présents, la tragédienne ne perçoit pas cette hostilité ; elle est toute à la joie et à la fierté de l'accueil qui lui est fait, comme en témoigne les véritables bulletins de victoire qu'elle adresse à ses parents. Celui-ci, rédigé au lendemain de sa dernière représentation au théâtre Michel, est particulièrement significatif... Un grand banquet a été donné au palais impérial en l'honneur de « la fille au père et à la mère Félix », comme elle se nomme : « ... C'est un grand-duc, frère de l'empereur, qui vient lui-même m'offrir la main pour me conduire à la table du banquet. La famille impériale, les grands-ducs, les petits ducs et les archiducs, tous les ducs enfin de tous les calibres, et tout ce tralala de princes et de princesses, me dévorent des yeux, épiant mes mouvements, mes paroles, mes sourires. Eh bien, ne croyez pas que j'ai été embarrassée. Pas le moins du monde !... Les toasts en mon honneur commencent... Les jeunes archiducs, pour me voir de plus près, quittent leurs places, montent sur des chaises et mettent même un peu les pieds sur la table ! Et les voilà qui poussent des cris à m'assourdir, et qui me demandent de dire quelque chose. Répondre à des toasts par une tirade de tragédie, c'était bien étrange ; mais je ne me suis pas laissée démonter ; je me suis levée et, reculant ma chaise, j'ai pris le geste le plus tragique de mon répertoire et je leur ai entamé la grande scène de *Phèdre*... Tous m'écoutaient religieusement... Quand j'eus fini, ce fut un nouvel assaut de bravos, de chocs de verre et de nouveaux toasts... Bientôt, je me montai moi-même aussi et, excitée par l'odeur des vins, des fleurs et par tout cet enthousiasme qui n'était pas sans chatouiller mon petit orgueil, je me levai de nouveau et j'entonnai ou plutôt je déclamai avec beaucoup de chaleur l'hymne national russe. Alors, ça devint du délire ; on s'empressa autour de moi, on me serrait les mains, j'étais la plus grande tragédienne du monde et des temps passés et futurs... Mais l'heure de la retraite avait sonné. Je l'opérai avec la même dignité souveraine qu'à mon arrivée. » Description vivante, haute en couleurs, qui méritait une longue citation et qui nous prouve par le ton utilisé que, même au milieu des honneurs, même célébrée comme une princesse, Rachel demeure au fond d'elle-même cette gamine des rues, fidèle à son passé.

Elle est aussi, du moins par lettre, fidèle à ses sentiments. Elle n'oublie pas son cher François et le lui fait savoir : « ... Soyez, Monsieur, un peu flatté de tous les sentiments que vous avez su m'inspirer, car, malgré les nombreux seigneurs qui forment ma cour à Pétersbourg, je ne songe qu'à vous et je ne désire que vous... »

Quand il reçoit de telles déclarations, il est aux anges, le cher François ; à son amour se mêlent la gratitude et l'admiration pour sa maîtresse : « J'en veux beaucoup à la Russie et cependant j'avoue que tu as bien fait. On ne doit pas se refuser à l'admiration d'un peuple ; l'art n'est pas comme le trésor de l'avare, il luit pour tout le monde et... je ne vois pas comment on pourrait te blâmer de répandre notre influence littéraire... Ceux qui disent le contraire disent des sottises et il ne faut pas s'en préoccuper... Tu as mille fois raison, ne t'inquiète pas des clameurs. Si tu étais pauvre et seulement célèbre, on ne te contesterait pas ta célébrité, mais on serait enchanté de te voir pauvre ; ce serait une satisfaction pour l'envie et personne ne te viendrait en aide... » Par ces mots, François Ponsard répond avec fermeté aux propos perfides, aux allusions mensongères qui sont en effet le résultat de la jalousie que Rachel a provoquée depuis ses débuts. Son départ pour la Russie, assorti du contrat que l'on sait, a évidemment augmenté le nombre des calomniateurs, mais ceux-ci n'avaient pas attendu cet événement pour se manifester.

Cependant, la tragédienne poursuit en Russie son parcours triomphal ; après Saint-Pétersbourg, Moscou l'accueille avec la même ferveur. Et pourtant la conjoncture ne devrait pas être favorable à une actrice française, puisqu'à la veille même de ses débuts dans la grande cité, les relations diplomatiques ont été rompues entre la France et la Russie. Mais rien ne saurait nuire au succès de la grande artiste. « Bientôt, écrit cette dernière à Rébecca, Moscou sera pris, les Moscovites nous rendent avec usure ce qu'ils nous ont pris en 1812. » Symbole de cette opinion, la comtesse Rostopchine, proche parente du gouverneur de Moscou qui mit le feu pour empêcher Napoléon de s'emparer de la capitale, ne lui ménage pas son admiration.

L'expédition de Rachel, si elle est une réussite absolue sur le plan artistique, ne l'est pas moins sur celui des affaires. Raphaël, qui organise la tournée, a encaissé une somme rondelette et Rachel tout autant. Dans une lettre, elle annonce à sa mère qu'elle lui adresse quatre-vingt mille francs qu'elle devra investir dans « de la rente qui bien décidément est encore la meilleure des spéculations », nous prouvant encore une fois qu'on peut être une grande artiste et une excellente comptable ! En même temps, elle recommande à sa mère de garder, sur les douze mille francs qu'elle lui a laissé en partant, ce qu'elle lui doit personnellement ainsi que les frais de pension de ses deux fils. La chère Esther, en effet, si elle aime bien ses petits-enfants, n'entend pas pour autant les entretenir, partant sans doute du principe que les bons comptes... font les bonnes grands-mères !

Autre information que nous donne Rachel dans cette lettre : lorsqu'elle a joué *Marie Stuart*, le public a manifesté un tel enthousiasme qu'elle a cru un moment qu'il allait envahir la scène ! Quant aux preuves de satisfaction du couple impérial elles ont pris parfois un tour pittoresque, bien digne de ce pays dont les mœurs sont si différentes des nôtres. Pour sa santé, sur la recommandation de son médecin, Rachel fait régulièrement des cures... de lait d'ânesse, remède fort à la mode à l'époque. Mais à Saint-Pétersbourg, c'est une denrée rare ; Rachel va-t-elle devoir se priver de son lait miracle ? Nullement : « Vois la bonté de l'impératrice, annonce-t-elle à sa mère, ayant appris que je cherchais à me procurer du lait d'ânesse et la chose étant difficile, Sa Majesté m'a fait envoyer immédiatement une ânesse à mon appartement, accompagnée d'une lettre du ministre de la maison de l'empereur où il me dit l'intérêt qu'à pris Sa Majesté à mon indisposition et me recommandant les plus grands ménagements... Le lait m'a fait grand bien, ma voix est redevenue la même et je continue à faire les délices de ce pays... »

L'ânesse n'est pas le seul témoignage de la générosité impériale : Rachel rapporte aussi un bracelet en brillants, des boucles d'oreilles en émeraude et une bague faite d'émeraude et de diamants, ainsi qu'une boîte à écriture en malachite garnie d'un beau camée au portrait d'Alexandre[1].

Sur le chemin du retour, Raphaël, décidément insatiable, avait négocié une soirée de représentations à Varsovie, mais Rachel décide d'y renoncer, non seulement en raison de sa fatigue, mais surtout à la suite des nouvelles qu'elle a reçues de Rébecca. L'état de la jeune fille, qui donnait des signes alarmants, s'est brusquement aggravé. Pour lutter contre ce mal inexorable dont elle est atteinte, les médecins l'ont envoyée à Pau, espérant du climat pyrénéen une bien improbable guérison.

Lorsqu'elle arrive à Paris et qu'elle apprend ce qu'il en est, Rachel est désespérée ; elle aime tendrement sa jeune sœur et ne peut accepter l'idée de la perdre. Aussi prend-elle la décision de partir aussitôt pour Pau ; avec cette détermination qui l'anime toujours dans les moments d'épreuve, elle veut lutter de toutes ses forces pour arracher sa sœur chérie au destin funeste qui lui semble promis. Elle-même n'est pas tellement bien ; ses douleurs de poitrine ont repris, mais elle n'y prend pas garde, occupée qu'elle est à veiller la pauvre petite Rébecca.

Rachel va demeurer six semaines aux Eaux-Bonnes, où elle a fait transporter sa chère malade dans l'espoir qu'une cure dans cette ville thermale pourra lui apporter quelque soulagement. Il lui faut pourtant revenir à Paris : son

1. Cette boîte à écriture est toujours la propriété du comte Charles-André Walewski, l'arrière-petit-fils de Rachel.

congé est terminé et la Comédie-Française la réclame, sans compter Legouvé qui n'a toujours pas digéré d'avoir dû remettre sa *Médée* dans son tiroir et qui n'hésite pas à assigner Rachel par huissier pour l'obliger à jouer sa tragédie.

La tragédienne va donc faire sa rentrée au Français, après une absence qui a duré plus de six mois. Quel va être l'accueil du public ? Quel va être celui de la presse ? Durant son séjour en Russie, les médisants s'en sont donné à cœur joie, accusant Rachel de trahison et prédisant la fin de sa légende. Aussi, quand elle entre en scène pour y jouer *Phèdre*, ce 30 mai 1854, elle est tellement émue que sa voix a du mal à passer les premiers rangs de l'orchestre. Est-ce en raison du climat exceptionnel de cette soirée ? En effet, lorsqu'elle a paru, le public est demeuré étrangement froid. Mais soudain, en elle, la passion du théâtre se réveille ; en un instant, elle redevient Rachel la sublime, Rachel la divine et, à la fin de l'acte, les acclamations du public lui disent qu'elle n'a rien perdu de sa magie. Et tant pis pour tous les envieux qui espéraient sa chute ! Ils ont dû laisser leur fiel au vestiaire !

Dans la salle, l'empereur et l'impératrice ont attesté par leur présence que le retour de Rachel constituait un événement dans la vie nationale. La venue du couple impérial revêt une signification particulière en cette période ; en effet, depuis plusieurs semaines déjà les hostilités ont commencé entre la France et l'Angleterre d'un côté, et la Russie de l'autre, conflit qui passera à la postérité sous le nom de « guerre de Crimée ». Que Napoléon III et Eugénie soient présents pour la rentrée de Rachel est donc une réponse sans équivoque à tous ceux qui avaient critiqué son départ pour Saint-Pétersbourg alors que la guerre était en vue. L'expédition de Crimée a une autre incidence sur la vie privée de la tragédienne : le prince Napoléon, son principal « admirateur », a dû rejoindre les armées ; mais son peu d'inclination pour le manque de confort de la vie militaire l'a conduit à faire un détour par Constantinople où il a eu le bon goût de tomber malade, souffrant d'une affection qu'il fera traîner le plus longtemps possible. Après quoi, Plon-Plon regagnera la France sous les quolibets de l'opinion qui, à partir de ce jour, lui attribuera le nouveau surnom de « Craint-Plomb » !

De son côté, l'empereur, en souvenir de son oncle, a estimé que la tradition napoléonienne lui faisait un devoir de se rendre sur le champ de bataille. Il a commencé ses préparatifs de départ... en envoyant au quartier général français ses cigares ! Il ne les rejoindra jamais, car le gouvernement s'est opposé à ce qu'il risque son existence. Sans doute son absence a-t-elle été préférable, si l'on s'en rapporte à quel résultat aboutit sa participation à la malheureuse guerre de 1870.

Pour en revenir à la soirée du 30 mai, Rachel a donc reconquis son public, mais sitôt le rideau tombé, elle a retrouvé ses angoisses. La pensée de Rébecca l'obsède, comme elle le confie à François Ponsard, alors dans sa maison de Vienne : « ... Hier, j'ai fait un effort sublime pour rentrer au Théâtre-Français. Quelle position que la mienne, je ne dois pas me laisser aller à toute l'étendue de mon chagrin, dois-je oublier que j'ai des enfants et je ne puis pourtant pas sécher mes larmes, étouffer mes sanglots, arracher mon cœur de ma poitrine, vous savez combien je l'aime cette chère sœur, vous savez quelle belle et noble créature je perdrais là... Au revoir, mon ami, quand vous me retrouverez, me reconnaîtrez-vous ? » On remarquera, d'après le ton de cette lettre, que si Rachel ouvre toujours son cœur à François, c'est davantage le cœur d'une amie que celui d'une amoureuse. Il est vrai que, dans l'état moral où elle se trouve, Rachel n'a guère le cœur aux choses de l'amour.

Et voici que le lendemain même du jour où elle vient d'adresser au poète ces lignes désespérées, une lettre arrive des Eaux-Bonnes avec des nouvelles réconfortantes : un mieux s'est déclaré dans l'état de Rébecca, rendant l'espoir à Rachel et à toute la famille Félix. Hélas, ce n'est là qu'un répit ; le 19 juin dans la nuit, la malheureuse enfant achève à vingt-quatre ans une existence faite de tendresse et de sourire. Pour comprendre ce que ressent sa sœur aînée, il n'est pas de plus sûr chemin que de la laisser nous l'exprimer elle-même par le truchement d'une lettre adressée au fidèle consolateur, François Ponsard : « Ma pauvre sœur ne souffre plus, priez pour elle et priez avec nous... On est venu prendre chez nous ce que nous avions de plus doux, de plus tendre. Ô la cruelle voiture, ni ma douleur ni les cris de mon âme n'ont arrêté ses roues qui roulaient sur mon cœur... Savez-vous pourquoi je ne suis pas morte, c'est qu'on m'a jeté dans les bras mes deux petits garçons... Ils se sont fait hommes pour retenir le dernier souffle qui semblait vouloir sortir de ma poitrine. »

Ponsard est sincèrement peiné ; il répond à Rachel sur le même ton : « ... Je ne sais trop que dire, car je suis bien ému, j'ai été bien touché que vous m'ayez écrit au milieu même de la violente douleur, c'est une grande preuve d'amitié, c'est la plus grande. Croyez, chère et bonne Rachel, que vous n'avez pas affaire à quelqu'un d'insensible ou d'ingrat, je vous aime du fond du cœur et je souffre de vos souffrances. Votre ami. »

Qu'on ne s'y trompe pas ; le ton réservé de cette lettre ne signifie pas que le poète ait cessé d'aimer Rachel. Il est sincère quand il lui affirme qu'il l'aime du fond du cœur ; c'est Rachel elle-même qui lui a suggéré cette réserve en cessant de le tutoyer. Ponsard est un pudique, qu'un rien effarouche et qui redoute par-dessus tout de se montrer importun. Ses sentiments pour la tragédienne n'ont pas dépéri, mais il n'ose plus les exprimer avec la même fougue qu'un an auparavant. A-t-il pressenti la présence d'Henry Mure dans la vie de Rachel ? C'est improbable. N'oublions pas qu'il habite la province, ce qui le met à l'abri des qu'en-dira-t-on plus ou moins malveillants.

Cependant, Rachel a fait revenir des Eaux-Bonnes le corps de l'infortunée Rébecca ; le 23 juin, elle est inhumée au Père-Lachaise en présence d'une nombreuse assistance dont tous les membres communient dans un même sentiment de tristesse, car la pauvre enfant était aimée de tous. La troupe des comédiens français est presque au complet et Samson, oubliant la querelle qui l'a opposé au père Félix, prononce des paroles pleines d'une délicate émotion : « Pauvre et charmante Rébecca... Que de charme en son sourire, que de grâce en son regard ! Était-elle heureuse des bonheurs que lui donnaient le théâtre et sa famille qui la pleurent ! En la voyant dans cette tombe, ouverte avant l'heure, on peut dire que la Comédie-Française a perdu son printemps. »

Rachel elle-même se porte mal ; le coup qu'elle vient

de recevoir compromet une santé déjà fortement ébranlée. Elle est partie pour Bruxelles où réside l'un de ses médecins, avec la ferme intention de renoncer à sa carrière et de ne plus remettre les pieds sur une scène de théâtre. Voici qui désole Jules Janin. Rendons cette justice au célèbre critique ; il n'a pas toujours été tendre pour la jeune femme, mais n'oublions pas qu'il fut parmi les premiers à déceler son exceptionnel talent. Depuis, son admiration ne s'est pas tarie. Il le lui prouve par ces lignes qui la mettent sur un piédestal... tout en enterrant la Comédie-Française : « Que de choses vous restent à accomplir ! C'est vous Rachel, entendez-vous, qui êtes la vie et l'image de ce grand corps expirant sous le malaise et sous l'inhabileté du citoyen Achille Fould. Si vous abandonnez ce cadavre à lui-même, c'en est fait pour vingt ans de l'art sérieux, nous n'avons plus rien à attendre de la poésie. »

La lettre de Janin, une autre d'Achille Fould lui demandant de revenir jouer au Français le 15 août, à l'occasion de la fête de Napoléon, la ramènent au théâtre. À peine remet-elle les pieds sur une scène que la magie de l'art produit une fois de plus ses sortilèges. La voici reprise par son métier, renouant avec le succès, retrouvant la chanson des bravos si douce à son oreille... Elle retrouve aussi Legouvé, ce qui est moins drôle. Il a de la suite dans les idées, cet homme, il tient dur comme fer à ce que l'actrice crée sa *Médée*, dont elle ne veut à aucun prix. Le procès, qui va résulter de ce conflit, a au moins une conséquence heureuse : Rachel va se réconcilier avec les Crémieux. Bien qu'elle ait eu dans la rupture la plus grande part de responsabilité, dans son cœur elle a souffert d'être séparée d'un couple qui depuis son arrivée à Paris ne lui avait pas ménagé son affection. On se souvient que la révélation de la liaison de la jeune femme avec le docteur Véron avait provoqué l'indignation de Mme Crémieux, ce que Rachel avait très mal pris. Mais durant toutes les années où elle se trouvait séparée de ses amis, elle guettait l'occasion d'opérer un rapprochement. En 1848, avec l'avènement de la IIe République, elle a cru la trouver : Adolphe Crémieux est devenu ministre de la Justice et l'actrice était allée le féliciter au siège de son ministère. Elle avait été très bien reçue, mais ce qu'elle souhaitait c'est que Mme Crémieux, elle aussi, passât l'éponge. Il faut croire que la brave dame avait la rancune tenace, car elle opposa une fin de non-recevoir à son ancienne protégée, témoin cette lettre qu'elle lui adressa : « Franchement, Rachel, nous nous connaissons trop pour nous en faire accroire mutuellement. Je vous dirai donc que je ne crois pas plus à votre repentir qu'à la possibilité, pour vous, de changer votre genre de vie, et notre intérieur vous offrirait aujourd'hui bien peu d'agréments. Après cette opinion, vous concevez que je ne puisse vous rendre le sentiment que j'avais autrefois pour la jeune fille que j'ai accueillie... Si, cependant un jour, Rachel, dans la suite, montrait par sa tenue, par sa conduite, qu'elle peut tout ce qu'elle veut, mon amitié lui reviendrait tout naturellement et sans qu'elle la réclame... »

La lettre jeta un froid sur les sentiments de Rachel ; elle se sentit humiliée d'avoir fait en vain les premiers pas et sa réponse traduisit son ressentiment : « Si mon imagination avait pu me laisser penser à quel point j'ai été calomniée auprès de vous, certes, je ne me fusse pas abaissée à vous écrire les sincères pensées et désirs de mon cœur. Votre réponse me fait stupide et glacée, cependant, je ne puis me repentir d'avoir l'espérance, que donne la foi, qu'il y avait encore sur la terre, des cœurs indulgents et des âmes élevées... » Après cet échange de propos sans aménité, plusieurs années s'écoulèrent sans espoir, semble-t-il, que Rachel puisse retrouver un jour l'affection de celle qui la nommait jadis « ma troisième fille ».

Mais en 1853, sans que les deux femmes soient entrées en contact, Rachel apprend que Mme Crémieux est venue la voir à la Comédie-Française et qu'elle l'a applaudie chaleureusement ; les larmes lui viennent aux yeux. Une rencontre fortuite, un peu plus tard dans un salon avec Adolphe Crémieux, le sourire affectueux que l'avocat lui adresse, lui donnent à penser que la réconciliation est en vue.

Pour plaider sa cause contre Legouvé, elle ne veut pas d'autre défenseur que son vieil ami, mais elle n'ose pas l'aborder de front, aussi envoie-t-elle sa mère en ambassadeur auprès de l'avocat. Cet excellent homme a une réaction qui témoigne de l'affection qu'il a conservée à Rachel :

« Qu'elle vienne, je me croirai plus jeune de seize ans », dit-il à Esther.

Rachel qui, une fois de plus, a dû s'aliter ne peut se précipiter chez ses amis, comme elle l'aurait souhaité, mais le billet qu'elle adresse à l'avocat démontre qu'elle non plus n'a pas oublié : « Que de temps passé sans nous voir ! Ne vous êtes-vous pas trop avancé en rappelant 1838 ? Savez-vous que j'ai bien grand désir de retrouver ce bon temps, où vous m'aimiez de tout votre cœur, et où je vous aimais, vous et votre femme, de toute la force du mien ? Voilà que je m'emporte, comme si, en vous retrouvant, je sentais revenir ma jeunesse d'il y a seize ans. »

Quelques jours plus tard, remise de son indisposition,

Rachel se présente au domicile des Crémieux. Non sans peine, elle gravit les trois étages qui mènent à leur appartement ; ses amis l'attendaient sur le seuil. En les voyant, l'émotion est trop forte, ses jambes se dérobent sous elle et elle s'écroule dans les bras de Mme Crémieux qui, tout aussi émue qu'elle, mêle ses larmes aux siennes. Mais très vite la gaieté, qui demeure toujours dans un petit coin du cœur de Rachel, reprend le dessus et c'est avec grand sourire qu'elle déclare : « Figurez-vous que je voulais vous faire une surprise : je voulais mettre une de mes anciennes robes que je portais en 1838, afin de faire revivre pour vous la petite Rachel d'alors, mais je n'ai retrouvé aucun vêtement de cette époque. D'ailleurs, cela vaut mieux, j'aurais flotté dedans ! »

Il est vrai que sa maigreur, qu'elle dissimule sous les plis d'une longue robe noire, est effrayante et ne manque d'impressionner les Crémieux. À partir de ce jour, Rachel va venir souper souvent chez le couple ; pour ses vieux amis, la grande artiste redevient la gamine espiègle qu'ils ont connue et évoque avec un plaisir évident les souvenirs d'autrefois, du temps où elle suivait les cours de Saint-Aulaire et où les larmes qu'elle versait, lorsqu'elle lisait une scène dramatique, étaient dues davantage « aux oignons qu'elle avait épluchés qu'aux émotions qu'elle avait ressenties » !

Sur le plan juridique, les retrouvailles avec Adolphe Crémieux sont moins heureuses : le 21 octobre 1854, le tribunal, donnant raison à Legouvé, met Rachel en demeure de jouer cette « satanée » *Médée* qui la rebute si fort.

Elle ne peut décidément pas s'identifier à cette mère qui tue ses enfants. Elle a essayé de répéter la pièce mais elle n'a pu dépasser le premier acte. Sans doute aurait-elle dû s'en apercevoir plus tôt... Quoi qu'il en soit, Rachel ne jouera pas l'œuvre de Legouvé. La cour d'appel confirme le premier jugement et la tragédienne devra verser cinq mille francs de dommages et intérêts à l'auteur refusé.

Durant l'été, elle a retrouvé Henry Mure et, comme on l'a vu au chapitre précédent, elle a ressenti les effets d'un coup de foudre de plus dans une vie amoureuse qui en est déjà bien pourvue. Leur aventure sera exaltante et brève comme on le sait également. Rachel se détache du jeune homme aussi rapidement qu'elle s'y est attachée. Elle y est poussée par l'éditeur Michel Lévy ; celui-ci n'est pour la jeune femme qu'un simple ami, mais pour lui elle est beaucoup plus que cela. Il est jaloux d'Henry comme ce dernier est jaloux de lui. Cet échange de mauvais procédés devait déboucher sur une crise. Cependant, toujours animée par ce goût de la facétie qu'on lui connaît, Rachel est inspirée par le manège de ses deux amoureux lorsqu'elle écrit ce billet à Henry :

« Il serait à désirer que le “Mur” de Sébastopol[1] ne soit pas plus difficile à abattre que le “Mur” en question et que ton imagination a vraiment trop fortifiée. Viens donc, animal, ne fais pas de résistance, tous les “murs” qui auront l'audace de se mettre entre moi et ton affection, tomberont comme par enchantement. Dès ce matin, j'en ai fait l'assaut... »

Il faut croire que M. Henry Mure n'est pas plus sensible aux calembours qu'il ne se préoccupe du siège de Sébastopol que mènent les troupes françaises, car il a eu

1. Le siège de Sébastopol en Crimée se poursuivait toujours.

l'impression que Rachel se moquait de lui. C'est ainsi que la liaison va s'achever en queue de poisson. Ce ne sont là que péripéties à ajouter à toutes celles que l'actrice a connues.

L'envers du succès étant par essence l'envie qu'il suscite chez ceux qui n'en ont pas, les ennemis de la tragédienne n'ont pas désarmé ; ils guettent toujours la circonstance qui leur permettra d'assouvir leurs rancunes. Les critiques provoquées par le voyage en Russie se sont à peine éteintes qu'une lueur d'espérance jaillit, celle d'opposer à Rachel une rivale susceptible d'attirer à elle les faveurs du public.

Les adversaires de la grande artiste croient avoir trouvé « l'oiseau rare » en la personne d'Adelaïde Ristori. Venue donner une soirée de représentations à Paris avec une troupe italienne, Mlle Ristori a été couverte d'éloges par la presse. Il n'en faut pas davantage pour que certains prophétisent déjà que l'Italienne fera bientôt pâlir l'étoile de Rachel. Parmi les plus acharnés à vanter la Ristori, Alexandre Dumas se distingue particulièrement ; l'homme n'a toujours pas pardonné à Rachel le dédain dont il fut l'objet. Il orchestre donc avec vigueur la campagne contre la jeune femme et l'on regrette pour lui que ce grand écrivain se soit abaissé à de telles mesquineries.

En réalité, d'après des témoins impartiaux, elle n'avait rien d'extraordinaire, cette dame Ristori ; son visage anguleux était sans grâce et elle psalmodiait son texte sur le ton d'un prédicateur. Le docteur Véron, prouvant ainsi qu'il n'avait plus gardé rancune à la divine des cornes qu'elle lui avait plantées jadis, avait vu clair dans le jeu des jaloux, quand il déclarait plus tard : « Convenons que nous ne nous sommes tous attelés au char de triomphe de la Ristori que pour écraser un peu la pauvre Rachel. » Et à l'appui du revirement d'opinion qu'il avait opéré, il annonçait qu'en seize années de présence à la Comédie-Française Rachel avait fait entrer, dans les caisses du théâtre, plus de trois millions cinq cent mille francs.

Parmi ceux qui s'en prennent à Rachel, il y a certaines de ces « camarades », mais aussi quelques soupirants congédiés ou, pire, dont les soupirs ont été poussés en pure perte. Sur un plan moins intime, mais tout aussi féroce, il y a également tous ceux qu'à cause d'un caprice ou d'un accès de mauvaise humeur elle a rabroués, ceux dont elle a refusé les invitations, ou qu'elle s'est aliénée pour une réflexion maladroite. Mais ces mécontents ou ces envieux ne sont pas en mesure de nuire à son aura ; ne leur en déplaise, en cette fin d'année 1854, à chaque fois que Rachel est annoncée au Français, on refuse du monde bien que l'atmosphère générale dans la capitale ne soit pas à l'optimisme.

En effet, les nouvelles de la guerre de Crimée ne sont pas tellement bonnes ; le siège de Sébastopol s'éternise, causant de nombreuses pertes dans les rangs des troupes françaises, auxquelles s'ajoutent celles causées par le climat insalubre de la presqu'île. Il y a heureusement une exception à ce tableau dramatique, due au prince Napoléon. Plon-Plon – ou « Craint-Plomb » – est revenu de la guerre sans l'avoir faite, dans une forme apparemment excellente. Sa première visite a été pour Rachel et la grande artiste l'a fort bien accueilli. Si elle n'est pas, ou plus, amoureuse du cousin de l'empereur, elle est touchée par la fidélité de ses sentiments. Le prince, très volage par nature, n'en manifestera pas moins un attachement profond à Rachel qui l'accompagnera jusqu'à son dernier jour.

Un autre « revenant » a également repris sa cour : Adrien Delahante. Le lecteur se souvient peut-être que treize années auparavant Rachel avait eu quelques faiblesses pour ce jeune avocat, qu'elle avait accueilli dans l'appartement qu'elle occupait alors quai Malaquais. Comme d'habitude, le « grand amour » n'avait été qu'un feu de paille et le jeune homme s'était retiré avec dignité. Treize ans se sont donc écoulés depuis, mais Adrien Delahante n'a pas pu oublier la tragédienne. Il y a quelque chose de paradoxal dans cette constance des amoureux de Rachel, alors qu'elle-même se détache d'eux sans difficulté, semble-t-il. Il faut y voir un phénomène comparable à l'attraction qu'elle exerce sur le public... Toujours la magie de Rachel...

Adrien Delahante est devenu un brillant financier. Peu après la mort de Rébecca, Rachel l'a retrouvé ; au milieu de son désarroi, la présence de Delahante a été d'un grand réconfort. Ne nous étonnons donc qu'elle l'ait « récompensé » de la plus charmante des manières. Frappé par l'état de fatigue et surtout de maigreur dans lequel il la trouve, le jeune homme loue pour elle une ferme à Meulan, loin des miasmes et des fumées de Paris. À plusieurs reprises, Rachel viendra y chercher le calme et surtout un repos dont elle a bien besoin. Elle-même, malgré son optimisme habituel, semble maintenant se rendre compte de la gravité de son état. Au journaliste du *Figaro* Jules Lecomte, elle confie : « Si Mme de Girardin voulait me faire un rôle de poitrinaire historique, s'il y en a, car j'aime à tenir un rôle qui soit un nom, je crois que je le jouerais bien, et à faire pleurer, car je pleurerais moi-même. On a beau me dire que ce ne sont que les nerfs, moi, je sens bien qu'il y a du détraqué, car je sens quelque chose qui fait crac en moi quand je monte pour jouer... »

Chez Rachel, l'humour ne perd jamais ses droits, même quand les circonstances ne s'y prêtent guère. Quand elle se sent par trop épuisée, elle va passer quelques jours dans la ferme de Meulan où de nombreux amis viennent la voir, mais dès qu'elle est un peu mieux, elle reprend le chemin du théâtre. Les cabales qu'elle a vues naître autour d'elle, ces derniers temps, ont ranimé son esprit combatif. À ceux qui semblent douter d'elle ou qui brandissent le succès d'Adélaïde Ristori, elle veut prouver qu'il n'y a qu'une seule, qu'une incomparable Rachel. Elle va donc relever le gant avec une création, *la Czarine*, due à Eugène Schiler et qui mêle curieusement la bouffonnerie au drame. L'auteur y évoque un épisode très romancé de la vie de la Grande Catherine, la fameuse impératrice de Russie. Tout au long de ses cinq actes, la pièce se traîne et il faut le génie de Rachel pour assurer quand même son succès.

Dans le personnage de la Czarine, elle fait admirer son port de reine, la majesté de ses attitudes, les résonances profondes de sa voix. Dans Paris, on parle avec admiration de l'élégance somptueuse des robes qu'elle porte, de ses déshabillés, des broderies, des perles, des bijoux qui ornent ses vêtements. Rachel, sans l'avoir cherché, se voit proclamée arbitre de la mode. Les femmes de la haute société ambitionnent de s'habiller comme elle et les plus grands couturiers de l'époque, le célèbre Worth en tête, lui proposent leurs modèles. L'impératrice Eugénie elle-même l'a fait appeler parfois aux Tuileries et sollicite ses conseils pour ses toilettes. De son côté, l'auteur de la pièce fait chorus avec les admirateurs de l'interprète, ainsi qu'en témoignent les billets qu'il lui adresse, tous rédigés sur un ton dithyrambique : « Ma chère et belle souveraine (*sic*), j'ai pris froid ce matin au théâtre ; je suis rentré avec des douleurs d'entrailles qui me forcent à rester au coin de mon feu. Je serai donc privé, ce soir, du plaisir de vous voir et de vous entendre, et de celui surtout de vous remercier. Quant à vous applaudir... bien d'autres s'en chargeront... Quant à vous trouver belle... Je n'en parle pas ! L'admiration même n'est pas permise aux amoureux transis qui ont mal aux entrailles ! Ce que c'est que de plaisanter avec la Sibérie... »

Les succès qu'elle recueille n'effacent pourtant pas chez Rachel un accès de jalousie quand elle apprend quels débordements d'enthousiasme saluent chacune des apparitions de la Ristori. L'Exposition universelle, qui vient d'ouvrir ses portes, a drainé vers Paris des foules nombreuses qui se pressent chaque soir pour applaudir les comédiens italiens. Dans cet excès d'honneurs qui accompagne celle que l'on veut considérer comme sa rivale, Rachel voit davantage les effets d'une cabale fomentée contre elle qu'un hommage sincère au talent de l'Italienne. Désirant se rendre compte par elle-même, cachée au fond d'une baignoire, Rachel vient assister à l'une des représentations de *Myrha*, la pièce que joue à Paris la Ristori. Ce qu'elle voit ne doit pas lui faire plaisir car, impulsive comme toujours, elle quitte la salle après le deuxième acte. Elle ne part pas seule ; le prince Napoléon étant également présent dans une loge, Rachel vient le chercher et lui intime l'ordre de la suivre. Plon-Plon s'empresse d'obtempérer ; on ne plaisante pas avec les caprices de Mlle Rachel !

Pour sa part, la Ristori va se révéler meilleure joueuse ;

venue à la Comédie-Française le 12 juillet, comme le reste du public, elle est subjuguée par le talent de sa glorieuse rivale. Dans ses *Souvenirs*[1], elle le confessera avec un charmante sincérité : « Dès l'apparition de Rachel, je compris la puissance de la fascination qu'elle exerçait sur le public. On se serait cru en présence d'une statue romaine. Son port majestueux, sa démarche toute royale étaient étudiés avec un art admirable. Avec quelle surprenante agilité elle modulait les sons de son admirable voix. Quelle force elle savait donner à ses imprécations lorsque la fureur, qui lui remplissait le cœur, s'exhalait de ses lèvres frémissantes et faisait trembler la salle entière. Je n'écoutais qu'elle, je ne voyais qu'elle, et j'applaudissais avec frénésie, tandis que mes yeux ne pouvaient se détacher de cette noble apparition... Dès cette admirable soirée, j'avais compris combien ceux-là, d'entre les critiques, étaient dans le vrai qui prétendaient qu'aucune comparaison entre Rachel et moi n'était admissible. »

Admirons comme il se doit cette manifestation de sincérité, qui n'est pas si fréquente chez les comédiennes. Mise au courant des éloges de l'Italienne, Rachel en est touchée et l'invite à venir la voir dans *Phèdre*, qu'elle doit jouer le 20 juillet. À l'issue de la représentation, la Ristori vient féliciter Rachel qui accueille les larmes aux yeux sa « camarade », comme elle l'appelle, et les deux femmes tombent dans les bras l'une de l'autre. Touchant spectacle, n'est-il pas vrai ?

La Czarine aura été la dernière création de Rachel à la Comédie-Française, non que le succès de sa « vedette » se

1. Marquise Capranica del Grillo, *Souvenirs*.

fût démenti, mais sans doute est-elle lasse de remorquer une œuvre pesante et sans flamme. Rachel retourne à ses succès traditionnels : *Horace*, *Polyeucte*, *Andromaque* et surtout *Phèdre*, son cheval de bataille. Si le public est toujours fidèle aux rendez-vous que lui donne son actrice préférée, il faut bien reconnaître que la presse se fait plus avare de ses louanges. Peut-être en a-t-elle assez de répéter comme une litanie que Rachel est la plus grande ? Peut-être aussi est-elle avide de découvrir une nouvelle « poule aux œufs d'or » ? Aussi s'est-elle jetée sur la Ristori avec avidité, Alexandre Dumas n'étant pas le dernier à emboucher les trompettes de la renommée pour chanter les exploits de l'Italienne. La vogue de cette dernière ne sera d'ailleurs qu'un feu de paille qui ne survivra pas à la clôture de l'Exposition. Bientôt, lorsque Rachel sera partie vers l'Amérique, Adélaïde Ristori aura droit à ce commentaire peu charitable : « Rachel est morte ; voilà madame Ristori bien malade. »

Pourquoi Rachel accepte-t-elle cette tournée aux États-Unis qu'on lui propose ? Pourquoi se laisse-t-elle convaincre par Raphaël d'effectuer ce voyage qui n'est pas sans risque pour sa santé ? Certes, les impresarii américains lui ont promis un « pont d'or », ou plutôt l'ont promis à Raphaël et celui-ci a su se montrer convaincant, comme il l'est toujours lorsqu'il s'agit d'argent. Pour que Rachel ne puisse pas changer d'avis, il a pris la précaution de lui faire signer un contrat en bonne et due forme. Aux termes de ce contrat, Rachel et son frère se partageront la recette... déduction faite d'une somme de quatre millions six cent mille francs que Raphaël conservera pour ses frais et pour ses bénéfices ; le cher Raphaël garde toujours les pieds sur terre.

Rachel aurait pu se dispenser de ce long et fatigant périple. N'est-elle pas déjà assez riche ? Pourtant, ce n'est pas le seul appât de l'argent qui la pousse à partir pour l'Amérique, pas plus que l'insistance de Raphaël ; non, ses motifs sont plus complexes. Elle sent confusément que la gloire, qui l'a accompagnée depuis ses débuts, est en train de l'abandonner, que d'autres étoiles vont surgir au firmament du théâtre qui feront peut-être pâlir la sienne. Alors, cette formidable compétitrice qui est en elle la pousse à relever le défi, à prouver qu'elle demeure toujours la grande, l'unique Rachel. En dépit d'un état de plus en plus calamiteux, elle est donc prête à jeter ses dernières forces dans cette bataille, au risque que ce soit la dernière. Elle va chercher au Nouveau Monde la ferveur que l'Ancien lui mesure à présent. Autre facteur qui n'est pas à négliger, elle admire le sens des affaires de son frère et souvent s'en amuse. Ce qui lui a inspiré ce commentaire réaliste : « C'est le Juif errant, et c'est moi qui suis ses cinq sous », confie-t-elle parfois à ses intimes.

Le départ est donc décidé. En principe du moins. Car à plusieurs reprises, Rachel hésite et se demande si elle ne va pas renoncer à partir. Ses amis considèrent d'ailleurs que ce voyage est une grave imprudence. Michel Lévy est de ceux-là qui, jusqu'à la dernière minute, l'adjure d'abandonner son projet. Mais l'affaire est déjà trop engagée pour qu'elle puisse reculer.

Pour pouvoir s'absenter aussi longtemps de la Comédie-Française, Rachel a dû demander un nouveau congé, un très long congé de plus d'un an, qu'elle n'aurait sûrement pas obtenu sans l'intervention d'Achille Fould. Grâce à lui, plus aucun obstacle ne s'oppose à cette nouvelle absence, qui s'ajoute à tant d'autres et qui vaut à

Rachel de nouvelles critiques de la part de ses « camarades » de la Comédie-Française. À tous ceux qui ne comprennent toujours pas les raisons de son voyage, elle explique : « J'y laisserai peut-être mes os, mais que voulez-vous, c'est pour ma famille que je vais là... » Il est vrai que, du simple point de vue médical, cette expédition est contre-indiquée ; le docteur Denis, qui soigne la tragédienne, ne le lui a pas dissimulé. Malgré cet avis autorisé, ce qui réconforte la jeune femme, c'est qu'elle sera bien entourée : la tribu Félix, à l'exception d'Esther, va l'escorter ; outre Raphaël, le père Félix, les sœurs Sarah, Léa et Dinah seront du voyage.

La prochain départ de Rachel et ses hésitations font l'objet de nombreux commentaires dans les milieux du théâtre, des commentaires pas toujours favorables d'ailleurs. Alexandre Dumas, dont le temps n'a pas cicatrisé la blessure d'amour-propre, se permet cette réflexion d'un goût douteux : « Qu'on nous laisse tranquilles avec les transes mortelles de Mlle Rachel ! Que Mlle Rachel parte, que Mlle Rachel reste, qu'on lui marchande ou qu'on ne lui marchande pas ses congés, qu'importe ! Comme Ingres à l'Exposition, elle a sa salle à elle – la salle des morts – qu'elle y reste ! » Lorsque trois ans plus tard, le destin accomplira son œuvre sinistre, il n'est pas possible que Dumas n'ait pas éprouvé le remords de s'être laissé aller à de tels propos, peu dignes du « mousquetaire » qu'il était...

Le départ a été fixé au 27 juillet 1855 ; Rachel active ses préparatifs. Un moment, elle a songé à emmener avec elle ses deux fils ; ce n'est jamais en effet sans un serment de cœur qu'elle se sépare d'Alexandre et de Gabriel, mais Raphaël lui a fait observer la fatigue que représenterait pour ces deux garçons, encore bien jeunes, un périple à travers les États-Unis, et la tragédienne s'est rendue à ses avis. Les enfants resteront donc bien sagement à Montmorency, sous la surveillance de Maman Félix... qui n'oubliera surtout pas de compter à sa fille la pension de ses petits-fils !

Deux jours avant de quitter Paris, Rachel a donné un dîner rue Trudon à quelques-uns de ses intimes : le prince Napoléon, Michel Lévy, Arsène Houssaye, Adolphe Crémieux notamment. Tous communient dans le même regret de voir s'éloigner leur étoile. À onze heures, ces messieurs se retirent et Rachel s'apprête à se mettre au lit quand Rose, sa fidèle servante, entre dans sa chambre et lui annonce que François Ponsard est là.

Rachel le reçoit aussitôt, mais ne lui cache pas sa surprise de le voir débarquer chez elle à cette heure de la nuit et à l'improviste. Voilà qui est contraire à la réserve qu'observe habituellement le poète. Celui-ci demande à Rachel de vouloir bien l'excuser ; sa visite semble sans doute incongrue, mais il n'a pas pu se résigner à la laisser s'éloigner de lui sans la revoir une dernière fois ; il a donc quitté brusquement sa demeure de Vienne, a sauté dans le premier train en partance pour Paris et, sitôt arrivé dans la capitale, s'est fait conduire rue Trudon. À présent, il se rend compte de sa hardiesse et il est prêt à se retirer quand Rachel l'arrête : émue par la constance que le poète lui témoigne, elle le prie de demeurer encore auprès d'elle « un petit moment »...

Personne ne sut jusqu'à quelle heure de la nuit s'était prolongé ce « petit moment »...

XI

ARRÊT SUR IMAGE

Avant de suivre Rachel dans ses pérégrinations à travers les États-Unis d'Amérique et d'entamer le récit de la dernière partie de sa trop brève existence, arrêtons-nous un moment pour entrer plus avant dans l'étude de son étonnante personnalité. Car ce qu'il y a de remarquable chez elle, c'est que la femme est toute aussi passionnante que l'artiste, elle a autant de talent pour jouer son rôle dans la comédie de la vie que dans la tragédie classique, elle est une héroïne au même titre que celles auxquelles elle prête son souffle et son cœur, Hermione, Roxane, Camille, Phèdre ou Pauline. Elle n'est pas qu'une « bête de scène », pour employer une expression consacrée, elle est aussi un phénomène de vie, d'intelligence, de complexité. La révélation de son génie théâtral comme la formation de sa personnalité semblent tenir du miracle, dans la mesure où l'une et l'autre ne reposent sur aucune logique, ne procèdent d'aucune des filières habituelles ; c'est cette génération spontanée qui nous conduit à parler de miracle.

Cela dit, Rachel la divine, Rachel la merveilleuse, n'a

pas que des côtés séduisants, on l'a bien vu à la lecture de cet ouvrage : son amour exagéré de l'argent, son caractère souvent lunatique, ses caprices, ses accès d'ingratitude, son inconstance sentimentale, autant de reproches qu'on peut faire à la jeune femme, qu'elle compense par une gentillesse spontanée, une gaieté primesautière, une grande générosité envers sa famille et aussi vis-à-vis de camarades de travail déshérités. Mais surtout, ce qu'il y a d'exceptionnel en elle, c'est cette étrange séduction qui émane de ses mouvements comme de sa voix et qui explique le pouvoir qu'elle aura exercé sur les hommes. Personnalité déconcertante ? Sans aucun doute, et les quelques exemples qui suivent le démontrent, comme ils illustrent la fantaisie qu'elle mettait dans son comportement.

Ainsi éprouve-t-elle parfois le besoin de travestir la vérité afin de la rendre plus souriante ou plus glorifiante. On se souvient de l'épisode de la guitare avec laquelle elle prétendait avoir chanté dans les rues et qu'elle avait réussi à vendre au ministre Achille Fould moyennant un bon prix... Souvent elle attribue une origine imaginaire à des objets lui appartenant, à propos de ses bijoux notamment, qu'elle exhibe avec ostentation, mêlant les faux et les vrais sans la moindre gêne. Montrant un jour à un admirateur anglais un anneau d'or marqué de l'aigle impérial, elle laisse tomber négligemment : « Il m'a été offert lors de mon dernier voyage à Londres par le prince Louis Napoléon. Il m'a appris qu'il s'agissait d'un souvenir de sa mère et qu'il ne s'en serait jamais séparé, si ce n'avait été pour moi. »

L'histoire se passe au début de l'année 1848, peu avant

la chute de Louis-Philippe, alors que le futur Napoléon III se trouve en exil à Londres.

L'Anglais a été fort impressionné par ce récit, mais voici qu'à quelque temps de là notre homme est reçu chez la comédienne Augustine Brohan et remarque à son doigt un anneau semblable à celui que lui avait montré Rachel ; il interroge Mlle Brohan et celle-ci lui sert exactement la même histoire qu'il avait entendue de la bouche de la tragédienne. L'anecdote se répand très vite et un échotier malveillant se fait un plaisir de raconter dans son journal que « les bijoux de Mlle Rachel ne jouissent pas de l'exclusivité qu'elle leur attribue ».

Toujours dans le domaine des cadeaux qu'elle reçoit, Rachel démontre parfois un appétit étonnant si l'on songe à sa fortune. Comme l'écrit un témoin de cette avidité : « Tout était bois pour son feu, mais elle avait une puissance de séduction à ce point singulière que l'on appelait aimables plaisanteries ses manifestations d'avidité, et qu'on lui passait ses fantaisies onéreuses. » À l'appui de ce qu'il rapporte, il cite l'anecdote suivante : « Un soir, Rachel dîne chez le comte Duchâtel, le ministre de l'Intérieur, qui ne dissimule pas l'admiration qu'il éprouve pour elle. La table est jonchée de fleurs, mais plus que les fleurs, ce qui attire les regards de la tragédienne, c'est un surtout en argent. À deux ou trois reprises, elle en fait la réflexion à ses hôtes, si bien que, comprenant ce qu'elle souhaite, le comte Duchâtel lui offre l'objet de sa convoitise que Rachel accepte sans se faire prier. Mais elle n'a pas été sans remarquer que Mme Duchâtel faisait grise mine, aussi, pour prévenir un éventuel revirement, Rachel se retire assez rapidement. Comme elle est venue en fiacre, toujours très galant, Duchâtel lui propose de la faire raccompagner dans sa propre voiture. Rachel remercie : “Cela m’ira admirablement – dit-elle. Je n’aurai pas à craindre qu’on me vole le cadeau que vous m’avez fait et je pourrai l’emporter avec moi.” Connaissant bien la jeune femme, le comte va se permettre ce trait d’humour : “Parfaitement, mademoiselle, mais vous me renverrez ma voiture, n’est-ce pas ?” »

Rachel, pour sa part, fait aussi des cadeaux, mais elle a une curieuse manie : elle demande ensuite aux bénéficiaires qu’ils les lui retournent ! Ce qui lui vaut parfois d’être spirituellement remise à sa place. Ainsi le sociétaire de la Comédie-Française Léon Beauvallet, auquel elle avait offert une épée, la remercie en ces termes : « Ma chère amie, j’y ferai mettre une chaîne, afin de la fixer au mur de ma chambre définitivement. »

À Alexandre Dumas fils – le seul homme qui ait résisté à son charme –, Rachel offre un jour une de ses nombreuses bagues qu’elle retire de son doigt ; Dumas s’incline, prend la bague... et la remet au doigt de la donatrice. Celle-ci s’en étonne, alors l’auteur d’expliquer :

– Permettez-moi, mademoiselle, de vous prier à mon tour de l’accepter ; aussi vous éviterai-je la peine de me la redemander !

Rachel ne se vexe pas et réplique avec un charmant sourire :

– Rien n’est plus naturel que de reprendre ce qu’on a donné quand on a donné ce qui vous était cher.

Toujours à propos des bijoux qu’elle porte, si quelqu’un lui fait part de son admiration pour telle bague ou tel bracelet, dans un élan elle s’écrie : « Ceci est un cadeau que m'a fait un prince et je ne puis m'en séparer, mais puisqu'il vous plaît, je vous en ferai faire un semblable par mon bijoutier et je vous le ferai porter. »

En général, elle s'arrange pour former cette promesse dans sa loge ou au foyer, devant plusieurs personnes qui s'empressent de louer sa générosité. Mais celui ou celle à qui elle avait promis le présent ne verra jamais rien venir.

De même, parle-t-on d'un tableau, d'un meuble, ou d'une porcelaine, elle déclare, toujours devant le plus de monde possible : « J'ai cet objet chez moi... Je n'y tiens pas... Permettez que demain, je vous l'envoie. » Inutile d'ajouter qu'elle n'envoie rien du tout.

Rachel est quand même capable d'élans de générosité... dans certains cas. Ainsi un jeune auteur, fort pauvre, vient de terminer une comédie en trois actes et en vers, qu'il lit devant le comité du Théâtre-Français. La pièce est reçue à corrections. Il la corrige donc et prie Rachel d'assister à la nouvelle lecture. Malheureusement pour lui, la pièce est refusée, définitivement. Désespoir de l'auteur, que Rachel prend alors à part :

– Votre manuscrit est-il de votre propre main ? lui demande-t-elle.

– Entièrement, lui répond-il, et avec quel amour !

– Eh bien ! apportez-le moi dans deux heures.

Deux heures plus tard, le jeune homme retrouve Rachel :

– Je connais un Anglais très amateur d'autographes, lui annonce-t-elle, et aussi de manuscrits inédits. Voulez-vous lui céder le vôtre pour mille francs ?

Le poète croit rêver. Il n'a pas de mots pour exprimer sa reconnaissance. Rachel lui tend alors un billet de mille francs, un billet qu'elle a tiré de sa propre poche, évidemment. Huit jours plus tard, le manuscrit, relié, prenait place dans la bibliothèque de la tragédienne. Elle l'avait payé assez cher pour avoir le droit de le garder !

Ce don généreux n'est pas unique, Rachel en fera d'autres au cours de sa vie, et pourtant il n'y a pas pour elle de petits bénéfices, témoin cet autre anecdote révélatrice. Le baron Taylor – personnage important du monde des arts – organise un concert de charité pour lequel il sollicite le concours de Rachel ; plusieurs artistes célèbres ont déjà promis leur participation. La tragédienne ne demanderait pas mieux que de se joindre à ses camarades mais son contrat avec la Comédie-Française lui interdit de se produire sur une autre scène que sur celle de la Maison de Molière. Le baron Taylor insiste, aussi Rachel finit-elle par lui proposer :

– S'il ne vous faut que mon nom, prenez-le. À la dernière minute, vous attribuerez mon absence à une indisposition subite. Cela m'arrive souvent, hélas !

Taylor est ravi et va se retirer quand Rachel ajoute :

– Ne croyez-vous pas que mon nom vaut bien dix ou vingt billets de faveur ?

Taylor ne peut évidemment faire autrement que de lui offrir dix billets. Le lendemain, il rencontre le comte Walewski auquel, comme il le fait avec chacune de ses relations, il essaie de placer quelques billets, mais il s'entend répondre :

– Mon cher baron, la pauvre Rachel ne sait à qui céder les deux cents cartes que vous lui avez remises en tant que dame patronnesse, aussi voulait-elle que j'en prisse une vingtaine ; je m'en suis tiré avec dix. Et cela me coûte mille francs.

Bien que séparés depuis longtemps, Rachel et Alexandre

Walewski sont resté en très bons termes, il est donc bien naturel que Rachel lui ait proposé des billets ; ce qui l'est moins, c'est que Rachel ait pu proposer vingt billets à Walewski alors que Taylor ne lui en a remis que dix ! La baron est perplexe quand il rencontre le comte Le Hon, ancien ambassadeur de Belgique et père du jeune Léopold Le Hon. Ce dernier figure souvent parmi les invités de la tragédienne et représente peut-être pour cette dernière... un peu plus qu'un invité ! Au comte Le Hon également, Taylor voudrait bien céder quelques billets, mais le comte l'arrête aussitôt :

– Cher ami, je suis navré mais je viens d'acheter cinq billets à Mlle Rachel. Elle m'a dit qu'en tant que dame patronnesse, elle en avait reçu deux cents pour les placer. « Je les ai tous placés, voici les cinq derniers », m'a-t-elle annoncé avec son plus beau sourire.

Le baron Taylor finira par découvrir le fin mot de l'histoire... qui tient à la fois d'une véritable opération de Bourse et d'un problème d'arithmétique. Les cinq billets vendus au comte Le Hon provenaient des dix que Taylor avait offerts à la tragédienne et qu'elle avait ensuite placés à Walewski. Profitant de ses bonnes relations avec le père de son fils Alexandre, Rachel lui avait aussitôt demandé de lui en offrir cinq pour elle et ses quatre sœurs, qu'elle avait ensuite recédées à M. Le Hon. C'était simple ; encore fallait-il y penser. Résultat : bénéfice net pour Rachel, mille cinq cents francs ! Pas trop mal, pour une opération à but charitable ! Il est vrai, comme dit le proverbe, que charité bien ordonnée commence par soi-même...

Un autre exemple de la « générosité » de la grande artiste. Elle invite parfois ses camarades après le spectacle dans quelque grand restaurant parisien. Un soir, à la suite d'une représentation où elle a connu un triomphe particulier, elle annonce à Brindeau, l'un des acteurs de la pièce :

– Je veux payer à souper à tous mes camarades qui sont au théâtre ! Faites-moi le plaisir, pendant que je me change, d'aller commander un repas aux Frères Provençaux[1].

Brindeau s'empresse d'obéir et, en sortant du Théâtre-Français, croise un autre acteur du nom de Monrose :

– Où vas-tu, si triomphant ? demande Monrose.

– Rachel paye à souper, je vais commander, répond Brindeau.

– Diable ! Tu souperas, c'est possible, mais tu paieras l'addition, voilà qui est sûr... Adieu, et bon appétit !

Nullement convaincu, Brindeau, suivi d'autres comédiens de la pièce, se rend aux Frères Provençaux et, en attendant Rachel, tout le monde soupe gaiement. Le temps passe ; toujours pas de Rachel. Commençant à être inquiet, Brindeau envoie le chasseur du restaurant aux nouvelles ; l'homme revient et annonce que Rachel a quitté le théâtre, et qu'elle est rentrée chez elle en compagnie de plusieurs membres de sa famille. Il ne reste donc plus au naïf Brindeau qu'à régler l'addition... aussi copieuse que l'était le repas !

Sa devise, qu'elle a fait graver sur son papier à lettres,

1. Les Frères Provençaux étaient un établissement à la mode que fréquentaient les artistes dans la première partie du XIXe siècle.

sur son cachet, sur son argenterie, sur des rubans, est tout un programme, qu'elle observera à la lettre : « Tout ou rien. » Le premier terme étant évidemment celui qu'elle préfère et qu'elle fait en sorte d'appliquer.

Si ses contemporains lui ont fait la réputation d'une femme d'esprit, on a pu voir, tout au long de cet ouvrage, par certaines de ses répliques, que cette réputation n'était pas usurpée. Voici quelques-uns de ces mots qui justifient cette opinion :

« Un soir qu'elle a donné une représentation à l'Odéon, une violente dispute oppose deux des actrices de la pièce qu'on vient de jouer. Le ton monte et, oubliant leur dignité, ces dames se prennent aux cheveux ! Ce qui est d'autant plus regrettable que l'une des deux "combattantes" possède une chevelure magnifique ; mais voilà que dans la bagarre, un énorme chignon se détache de sa tête et reste aux mains de son adversaire. La dame, si brutalement "scalpée", couverte de honte, se sauve précipitamment sans même réclamer son postiche. Alors Rachel, s'adressant à la victorieuse, laisse tomber : "Ah, ma chère, vous venez de lui arracher une de nos illusions !" »

Une autre fois, Rachel écrit à Pierre-Jules Baroche, alors ministre de Napoléon III, une lettre de remerciements pour un service qu'il lui a rendu. Avant de l'expédier, elle montre sa lettre à l'administrateur du Français, qui est un ami fidèle. Après l'avoir lue, Arsène Houssaye conseille à son illustre pensionnaire de recopier sa lettre afin d'en supprimer les fautes d'orthographe : « Laissez donc, s'écrie-t-elle, comme ça ma lettre aura l'air plus sincère et il verra que c'est bien moi qui l'ai rédigée ! »

Une de ses camarades du Théâtre-Français a un visage angélique, mais elle est hélas affublée de pieds énormes, ce qui fait dire à Rachel :

– Elle a des pieds à dormir debout !

La même comédienne lui confie un jour :

– J'adore Meudon, j'y ai un petit pied-à-terre !

– Voilà bien le seul pied que vous ayez petit ! réplique Rachel.

Sa verve n'épargne pas toujours les membres de sa famille, qu'elle aime pourtant tendrement ; on a lu plus haut ce qu'elle disait à propos de l'âpreté au gain de son frère Raphaël. Sa sœur Léa offre des formes généreuses qui confinent à l'embonpoint. Un jour, Rachel la voit arriver vêtue d'une robe qui la fait ressembler à un personnage de Watteau :

– Tu as l'air d'une bergère qui aurait mangé tous ses moutons ! lui dit Rachel.

On parle devant elle d'un critique très malveillant :

– De quoi vit-il ? demande quelqu'un.

– De sa plume... répond un autre.

– Oui, il en vit comme d'autres en meurent, lance Rachel.

Un auteur dramatique en renom à l'époque, mais bien oublié depuis, du nom de Duflot vient lire une comédie au comité du Théâtre-Français, qui la refuse. Mortifié, l'auteur se retire en proférant des imprécations à l'adresse des sociétaires. Rachel, qui l'a entendu, prend un ton déclamatoire propre à la tragédie et improvise ces deux vers :

La pièce est refusée à l'unanimité,
Duflot, qui l'apporta, recule épouvanté.

En 1851 se prépare une représentation au bénéfice de Périer, un ancien sociétaire qui a pris sa retraite. Doté d'un physique avantageux et d'une voix d'ouragan, il est beaucoup moins doué sur le plan de l'intelligence, et ses réflexions font la joie de tous. Il doit alors jouer une pièce, *le Bourru bienfaisant*, dont les répétitions traînent en longueur et dont la première est sans cesse retardée. Abordant Rachel, il lui dit sur un ton plaintif :

– Il est grand temps que ça finisse ! Rendez-vous compte, voilà huit mois que je suis occupé à cette représentation... Dès que j'aurai un moment, j'irai prendre un bain !

– Bah ! Vous n'êtes plus à un jour près, attendez donc le Déluge, lui dit-elle.

Parfois, il lui arrive aussi de faire preuve de naïveté, mais elle s'en tire toujours avec esprit. En 1851, elle visitait l'Exposition universelle de Londres, la première du genre dans le monde. Son guide était lord Granville, ministre de la reine Victoria. À un moment elle aperçoit un objet singulier, d'un aspect nouveau, un tube avec une manivelle et une roue :

– C'est sans doute pour moudre le café ? demande-t-elle innocemment.

Le fabricant s'approche et explique :
– Non, madame, c'est pour prendre un lavement.
– Dans ce cas, réplique Rachel, je n'en ai nul besoin !

Rachel n'a pas moins d'esprit dans sa correspondance. Son goût pour la plaisanterie peut s'y donner libre cours en même temps qu'une certaine insolence vis-à-vis des organismes officiels et de leurs dirigeants. Ce mot, adressé à un membre de l'Académie française, en est une vivante illustration :

« Mon cher Quarante [1],
» Je vous ai envoyé hier une invitation comme à tous les autres. Mais en plus qu'à ces autres, je vous écris pour vous dire que si vous ne veniez pas, je montrerais à tout le monde, non pas le riant visage de l'hospitalité, mais la tête de Méduse, telle qu'elle est représentée sur votre cachet, où je l'étudie. À dimanche donc, pour sûr. »

On lui propose un rôle dans une pièce qu'elle accepte ; du coup la pièce est reçue au Français. Mais quelque temps plus tard, selon une habitude qui commence à devenir chez elle une tradition, elle change d'avis.

Du coup, revirement aussi du comité qui refuse l'œuvre... et pluie d'imprécations de l'auteur et de ses amis journalistes qui maudissent la versatilité de la jeune

1. Les membres de l'Académie française sont quarante... sauf quand il en meurt un ou plusieurs.

femme. Nullement émue, Rachel se charge d'arranger l'affaire comme elle le raconte à Arsène Houssaye : « Diable ! Il paraît que je suis en disgrâce ! Demain lundi, après la répétition générale, je mettrai ma petite capote rose et j'irai voir cinq ou six des ogres principaux, en commençant par le gros Janin, qui, dit-on, est celui qui crierait le plus. Ma capote rose, entendez-vous ! Je vous assure qu'ils sont frits, car je l'ai essayée, comme Cléopâtre ses poisons sur ses esclaves, et l'effet est sûr. Lorsque je l'ai étrennée, l'autre semaine, avec une robe de velours noir et bouffante, le jeune X. en était tout hébété ! Il l'est resté depuis, et on me dit qu'il l'était même avant, par prévision, sans doute ! Après tout, j'ai fait de mon mieux pour réparer l'affaire et par des moyens qui sont à moi... »

Rachel, on le constate, dans son courrier comme dans la vie, ne tombe pas dans le péché répandu chez les étoiles du théâtre : elle ne se prend pas au sérieux et n'hésite pas à se brocarder elle-même. Il est vrai qu'elle a de la vie une vision qui ne s'embarrasse pas d'artifices. Merle, un fidèle ami, ancien administrateur du Français, vient de mourir ; sa disparition inspire à Rachel ces lignes un peu désabusées : « Tous les journaux disent déjà de Merle un bien qui lui eût été plus profitable de lire lui-même dans sa pauvreté. Le fait est qu'il fait bon mourir en ce temps-ci, pour s'assurer une bonne oraison funèbre. À en croire les journaux, tous ceux qui s'en vont sont toujours dignes de Plutarque ou de Monthyon. Il ne restera donc bientôt plus que des coquins ? Le pauvre Merle fut un des plus hardis qui me soutinrent le plus lors de mes débuts au

Théâtre-Français. Je crois que je ne l'ai jamais oublié. Sa femme, madame Dorval, non plus... On dirait qu'elle lui en voulait de ce qu'il fit pour moi... »

À un journaliste qui ne la ménage pas : « Vous m'en voulez, dit-on, par la ville ? La merveilleuse preuve de votre tort, c'est que j'ignore pourquoi. Allons, venez ce soir m'admirer au moins, et, en sortant, écrirez-vous de façon à ce que ceux qui vous savent méchant pour moi vous entendent : "Je suis venu, j'ai vu, j'ai été vaincu." »

Lors du coup d'État de Louis Napoléon, un critique, qui avait été loin d'être gracieux pour elle, a de sérieux ennuis. Elle l'apprend, monte en voiture et se rend chez le nouveau maître de la France qu'elle convainc de libérer l'opposant. Après quoi, elle annonce à la femme de ce dernier : « Je suis heureuse d'avoir pu lui faire rendre la liberté... La liberté d'écrire de nouveaux articles contre moi. »

Avec Jules Lecomte, du *Figaro*, Rachel a des rapports ambigus ; le journaliste admire l'artiste, mais il ne la ménage pas toujours. Rachel ne lui en veut pas pour autant et tire, de son comportement avec elle, des conclusions pragmatiques : « J'ai ouï dire à bon nombre de gens d'esprit qu'il valait mieux être maltraité par la presse que de subir son silence et son oubli. Je viens donc vous remercier du souvenir que vous me donnez, mais pourquoi, cher ami, ne vous préoccupez-vous que des toquades de mariages que vous m'inventez pour m'en blâmer ? J'ai deux fils que j'adore, j'ai trente-deux ans sur mon acte de naissance, j'en ai cinquante sur ma figure ; je ne dirai pas combien a le reste. Dix-huit ans de tirades passionnées exhumées sur le théâtre, des courses folles au bout de tous les mondes, des livres de Moskova, des trahisons de Waterloo, le mur perfide, la terre ingrate, voilà qui vieillit vite un pauvre bout de femme comme moi ! » Saluons au passage la verve avec laquelle Rachel résume, en quelques lignes, son existence, et admirons les images que cette femme sans culture, sans éducation de base, a le pouvoir de faire surgir devant nous.

Au même Jules Lecomte, elle écrit à son retour d'Amérique, une expédition qui lui a valu bien des critiques ; avec esprit, elle met les choses au point : « Si j'étais morte en Amérique, vous eussiez tenu, oh, j'en suis bien sûre, à me consacrer, digne de votre esprit et de votre cœur, un de vos plus chaleureux feuilletons. Et parce que je suis ressuscitée d'une façon miraculeuse, parce que je puis espérer vous revoir, vous dites : “C'est bien, elle vit et grâce à Dieu ! Maintenant, taquinons-la !” Alors vous voilà reparti à irriter mes nerfs trop susceptibles et à amuser les gens aux dépens de la pauvre petite Rachel ! Le beau triomphe pour votre esprit, comme si les victimes lui manquaient ! Est-ce ainsi que vous devez agir avec une pauvre créature qui revient de l'autre monde ? Allons, soyez juste et bon, et accusez-vous bien vite de taquinerie invétérée à mon pauvre égard, pour que bien vite aussi je vous pardonne... Par Jupiter, je me trouve considérablement gentille d'agir ainsi avec vous, car cette lettre n'est certainement pas écrite par une “grande tragédienne”, mais par un bon enfant qui s'appelle Rachel. »

À un critique qui l'a « éreintée » de manière tout juste polie, elle adresse le billet suivant : « On vous demande, Monsieur, si, sachant mademoiselle Rachel mariée, ou en situation de permettre à un homme de prendre fait et cause pour elle, vous oseriez écrire sur elle ce qu'on a le grand tort de lui faire lire dans votre feuille de chou ! Quant à l'artiste, elle serait fort lâche de vous insulter à propos des libertés de votre plume, car vous ne sauriez à qui demander raison. Une raison dont vous avez besoin, monsieur, car celui qui écrit comme vous l'avez fait est en démence. Mademoiselle Rachel vous salue. »

Toujours à un autre critique, à propos d'un portrait que le comédien Geoffroy, par ailleurs excellent peintre, avait fait d'elle : « Je voudrais bien que vous alliez voir le portrait que mon camarade Geoffroy vient de finir de votre tragédienne, dans son beau costume de *la Czarine*. Le portrait durera plus que la pièce, que la femme, que le souvenir peut-être de tous les deux. Je crois que je vais supplier mon excellent peintre ordinaire d'en faire un second. Ce n'est pas pour vous, na ! »

Elle écrit à un banquier très connu :

« Monsieur

» Mon ami M. prétend que je n'ai qu'un mot à vous écrire pour lui faire obtenir une cinquantaine d'actions des chemins de fer autrichiens. Si vous voulez bien en ajouter cinquante pour chaque mot de plus, l'excédent sera pour votre toute dévouée, Rachel. »

À un ami, qui lui donne de précieux conseils lorsqu'elle veut faire l'acquisition de quelque objet ancien, elle apprend que : « ... Si pour mes étrennes, on m'envoie un œuf pour avoir un bœuf ; on me dit que son hommage est en zinc peint en bronze. Je l'ai déjà fourré à quelqu'un pour m'en "dézinguer" au plus vite. Faites-moi donc le plaisir de passer chez Giroux et d'acheter quelque chose de cent francs, pas un maravédis de plus ! Si ça fait l'effet de deux cents, tant mieux, du flafla ! J'avais envie de lui coller un chinois que j'ai, et collé, c'est bien ça, car il a la patte cassée. Mais Rébecca me dit que c'est trop joli pour ce magot. Quoi qu'il arrive, vous voyez que c'est moi qui serai collée. J'ai un drôle de style ce matin, mais que voulez-vous, il pleut si fort ! Votre exploitée amie, Rachel. »

En renvoyant à un auteur le volume richement relié qu'il lui avait prêté, elle le remercie de manière élégante : « Cher monsieur, je vous renvoie votre livre, et ne garde que le plaisir qu'il m'a causé. »

À l'occasion du jour de l'an, elle a été invitée à dîner par un auteur dramatique, mais elle n'a nulle envie de se rendre à cette invitation. Elle s'en tire par une pirouette en lui envoyant... un buvard, accompagné de ces deux vers :

Et si je ne suis pas là,
Mon buvard au moins y sera.

Retour de l'Opéra, où elle s'est rendue en compagnie de Ludovic Halévy, elle écrit à ce dernier en pleine nuit : « Je veux vous dire que vous êtes seul cause de la bonne tenue que j'ai conservée à l'Opéra ce soir. Ma foi, mon cher Halévy, ne vous en déplaise, j'ai eu grand-peine à avaler un acte ; je trouve ce chef-d'œuvre, *la Reine de Chypre*, affreusement ennuyeux, à périr ! Ma famille a remarqué votre assiduité à me lorgner sans se plaindre en aucune façon. Un instant, vous avez reposé votre tête sur votre main, et Sarah n'a pas manqué de me faire remarquer que la bague y était toujours ; elle vit sans doute mon petit amour-propre flatté. » Cette bague avait été offerte par Rachel à Halévy peu de temps avant, ce qui démontre qu'il arrive parfois à la tragédienne de faire des cadeaux... et de ne pas réclamer leur retour !

En 1850, une épidémie de choléra pointe un nez menaçant, mais Rachel possède le don de remarquer le côté farce que recèlent parfois certaines tragédies, ce qui ressort d'une lettre qu'elle envoie à Sarah, où sa verve se donne libre cours :

« X. m'a raconté ce qui vient de lui arriver à Arles. Il paraît que, par là, le choléra a fait invasion dans la race porcine, et que les charcutiers sont de toute inquiétude, car non seulement meurent leurs pratiques, mais en même temps leur marchandise. X. se trouve donc à Arles quand un de ses porcs est frappé de choléra. Inquiet pour l'avenir de son lard, il jure de disputer au trépas une tête aussi chère. (L'animal pesait trois cents kilos, à soixante-cinq centimes, jugez ! dit-il). Il fait attraper le porc qui poussait des grognements à fendre les pierres et l'enveloppe malgré lui dans une couverture de laine, et, à l'aide d'un entonnoir, lui verse des torrents de thé, de mauve, de je ne sais quoi, si bien que le porc sue, transpire, pleure, se lamente, mais guérit. L'avenir des saucissons de X... est assuré, et je te l'écris, non à cause du cochon, mais à cause de X. qui raconte sa cure avec fierté, et parvient à me faire rire du choléra ! »

Une comtesse, rencontrée dans l'un de ces salons mondains qui se l'arrachent, sollicite un autographe. Demander un autographe à une personne qui, il y a dix ans à peine, faisait une faute d'orthographe par mot, voilà qui réjouit notre Rachel qui lui répond :

« Madame la Comtesse,

Vous me faites l'honneur de me demander quelques lignes de ma main pour votre album, disant que vous m'applaudissez souvent des deux vôtres ! Je ne sais si vous vous applaudirez vous-même de votre idée, lorsqu'on trouvera dans votre brillant recueil ce petit griffonnage d'une femme qui sait mieux dire les vers des autres que tracer sa propre prose. »

Lors d'un séjour à Londres, elle désire assister à une grande parade militaire organisée pour l'anniversaire de la reine Victoria. Mais elle redoute d'être bousculée par la foule. Un ministre du gouvernement a ses bureaux qui donnent sur le parcours de la parade, Rachel le sollicite... à sa manière : « J'ai pour règle invétérée de ne jamais rien demander à mes amis. Mais toute règle a ses exceptions.

Souffrez que je débute avec vous par l'exception, et gardez-moi deux bonnes places pour voir passer la cérémonie du haut de votre balcon. Je vous les rendrai à celui de mon théâtre, un jour où je ne jouerai pas... si cela vous va mieux ! »

À son retour d'Amérique, elle est épuisée, mais elle n'entend pas renoncer à voir ses amis, aussi organise-t-elle des dîners dans la ferme qu'elle a louée à Meulan ; voici le genre d'invitation qu'elle adresse : « Si décidément vous souhaitez me voir à Meulan, prenez le chemin de fer de Rouen, rue Saint-Lazare, à deux pas de chez vous. Aimez-vous le soleil à la campagne ? Prenez le train d'onze heures et demi, vous serez chez moi à une heure, et puisque vous ne m'accordez impitoyablement que deux heures de bonne causerie, vous me quitterez à trois heures et serez chez vous avant dîner ; je ne bouge pas de ma coque et vous laisse choisir le jour que vous voudrez, puisque vous êtes si volontaire, être indécrottable ! Aussitôt que le vent a quitté les bords de la Seine, j'ai eu quelques meilleurs jours ! Malheureusement ce mieux n'a pas continué, je me sens toute accablée depuis trois jours ; vous pouvez vous vanter d'avoir une patraque amie !... »

Avant même de partir pour l'Amérique, son état s'était sérieusement aggravé, mais elle poursuivait son chemin, en ayant conscience que le terme était en vue.

« Ma santé, loin de se raffermir, semble se complaire à me délaisser, et cependant je sens une force surnaturelle quand je prends un rôle et que je me mets à l'étudier. Je ne sais pourquoi ma maladie m'inquiète ; le moral y joue un grand rôle, mon imagination cherche trop à creuser toute chose, et cela me jette du noir dans l'âme... »

En revenant d'Amérique, elle décide de se séparer de l'hôtel de la rue Trudon, trop vaste pour les forces qui lui restent. Elle va s'installer place Royale – notre actuelle place des Vosges – à deux pas de la maison qu'avait occupée Victor Hugo quinze années plus tôt. L'appartement est somptueux, avec ses hauts plafonds, ses vastes pièces et l'escalier monumental qui y conduit. Rachel qui, malgré son état déficient, n'a pas perdu son sens de l'humour, fait visiter sa nouvelle demeure à ses sœurs qui admirent le luxe des lieux, et leur dit : « Oui, cette demeure est digne des mes funérailles ! »

Jusqu'au dernier moment, cette espièglerie de gamine qu'elle portait en elle ne devait pas l'abandonner. Le jour de Noël 1857, Sarah la trouve en train d'écrire des cartes de vœux qu'elle date... du 1er janvier ; comme sa sœur s'en étonne, avec un sourire, Rachel lui explique : « J'ai voulu faire une niche à la mort ! Elle n'aura pas le courage de me prendre avant le 1er janvier. »

Elle avait raison, la chère Rachel, elle vécut jusqu'au 3 janvier.

XII

DÉCOUVERTE DE RACHEL PAR L'AMÉRIQUE

À bien des points de vue, le voyage de Rachel en Amérique est une imprudence, pour ne pas dire une folie, avant toute autre considération, en raison de son état de santé. Son médecin, le docteur Denis, aurait dû le lui interdire ; il n'ose pas s'y opposer connaissant la détermination de Rachel... et surtout de Raphaël. Fermant les yeux sur la maladie de sa sœur, ce dernier est obnubilé par le profit attendu et c'est en grande partie sous son influence que Rachel s'est décidée à partir, mais jusqu'au dernier moment elle a hésité à entreprendre sa tournée.

Le 27 juillet 1855, à huit heures du matin, à l'embarcadère du chemin de fer du Nord, comme on appelle alors la gare du Nord, une foule nombreuse guette sa venue, prête à la couvrir d'applaudissements. Son voyage en Amérique, durant ces dernières semaines, a donné lieu à des commentaires contradictoires : « Partira ? », « Partira pas ? » C'était la grande question que se posaient les admirateurs de la tragédienne, aussi sont-ils venus en masse afin d'assister à cet événement « historique ». Outre les familiers, les curieux s'efforcent d'apercevoir leur idole, mais elle se fait attendre. En revanche, tous les artistes qui composent la troupe sont déjà présents, entourés de leurs parents et amis. Sourires et larmes se succèdent sur les visages. Seul Raphaël Félix offre les signes d'une satisfaction sans mélange ; le sac au côté, la casquette sur le coin de l'oreille, il compte et recompte ses artistes comme un général le ferait pour ses divisions, surveille les bagages, remet à chacun son billet et distribue des pourboires à droite et à gauche. Nulle appréhension ne vient gâcher sa joie de partir à la conquête des dollars ; la seule chose qui le préoccupe, c'est le retard de sa sœur... Si, à la dernière minute, elle changeait d'avis ?

Soudain, un frémissement parcourt l'assistance ; c'est elle... Rachel descend de voiture, drapée dans un long manteau noir qui dissimule sa maigreur. Elle se force à un sourire joyeux, mais sa pâleur frappe tous les membres de la famille Félix ; Rachel affecte de ne pas remarquer leur inquiétude. Son arrivée a rassuré la foule : « Cette fois, s'écrie-t-on, elle part pour l'Amérique ! Elle a pris le temps pour s'y décider, mais elle y va ! »

Rachel, entourée de tous les Félix, est entrée dans la gare, mais soudain, que se passe-t-il ? La tragédienne s'arrête, glisse quelques mots à l'oreille de Raphaël et fait demi-tour. Quelques instants plus tard, elle remonte en voiture. Déçue, la foule s'écoule lentement... « Pourquoi diable nous a-t-on fait poser là depuis ce matin ? » murmure-t-on çà et là. Il est vrai que Rachel, prise d'une soudaine angoisse, a décidé de rentrer chez elle et d'abandonner le projet américain. Raphaël, qui l'a accompagnée jusque chez elle, intervient alors : il lui fait observer l'impossibilité de renoncer à la dernière minute, il y a les contrats signés... Rachel se rend à ses raisons et retourne à la gare du Nord.

Avant de s'embarquer pour l'Amérique, il a été prévu que la tragédienne donnerait quelques représentations au Saint-James Theatre, à Londres. Comme si la tournée aux États-Unis n'était pas assez fatigante ! De surcroît, devant le succès qu'elle a rencontré, Rachel doit assurer des représentations supplémentaires... bien qu'elle souffre de plus en plus de la poitrine. Elle consulte un éminent médecin londonien qui est catégorique : elle doit renoncer au voyage aux États-Unis et rentrer à Paris afin d'entamer un traitement urgent. C'est compter sans cette nature indomptable, sans cet amour du théâtre qui est le moteur de sa vie. Rachel va poursuivre son chemin, bien qu'elle ne se fasse guère d'illusions sur son avenir, comme elle le confesse dans une lettre au prince Napoléon : « Je souffre des douleurs éternelles dont j'ai toujours souffert et dont je connais la nature. Je n'ai pas de regrets ; je ne tiens guère à la vie et pourtant je crains de mourir loin de mon pays. Je pense que ce voyage est de la folie ou bien cette fatalité antique qui me pousse vers l'abîme comme elle poussait la malheureuse Phèdre... »

Sur le voyage de Rachel en Amérique, des détails inédits nous sont fournis par un acteur de la Comédie-Française, Léon Beauvallet, qui fait partie de la troupe et l'accompagne dans sa tournée [1]. Pour le compte du *Figaro*, Beauvallet rédigea, presque au jour le jour, une série d'articles qui racontaient les péripéties de l'expédition. Ainsi nous apprend-il « qu'au moment de quitter l'Angleterre, les irré-

1. Document inédit.

solutions de mademoiselle Rachel recommencent de plus belle ; de nouveau la campagne d'Amérique est sur le point d'en rester là ! Enfin, après de fréquents pourparlers, nous quittons Londres, le 10 août au matin, et, le soir même, nous arrivons à Liverpool »...

C'est en effet de Liverpool que la troupe doit s'embarquer à bord du steamer américain *Pacific*, qui navigue à la voile et à la vapeur. Ce dernier moyen de propulsion est encore récent, à l'époque, et les voiliers sillonnent toujours l'Atlantique. Beauvallet nous raconte les circonstances de l'embarquement : « La pluie continue de tomber avec une persistance ridicule. Décidément, il pleut trop en Angleterre. Un petit vapeur nous conduit au *Pacific*, ainsi que les autres passagers. Plusieurs dames ont déjà le mal de mer. Ça promet ! Mademoiselle Rachel ne dit pas un mot. Elle est très pâle et paraît un peu souffrante. On aborde le *Pacific*... La procession générale commence : les passagers, un à un, gravissent les marches avec une lenteur désespérante. C'est étonnant comme on a l'air gai ! Raphaël est toujours le seul qui soit rayonnant !... Il y a de quoi ! Malgré la Comédie-Française, malgré les sociétaires, malgré la France entière, malgré mademoiselle Rachel elle-même, il y est venu, il n'y a pas à dire ! À mesure que sa sœur gravit, pâle et silencieuse, le long escalier qui la conduit sur le pont du navire, la joie de Raphaël augmente à vue d'œil. Enfin, Rachel est à bord ! Cette fois, il n'y a plus à s'en dédire ! Le petit vapeur nous quitte. La scène des adieux recommence, on agite des mouchoirs, on rit, on pleure. On part ! Nous commençons à croire sérieusement que Rachel ira en Amérique. À dix heures du matin, le *Pacific* vogue vers le Nouveau Monde... »

Bien que de fabrication récente, le *Pacific* est loin d'être confortable, d'autant que le temps n'est pas au beau fixe. Sur sa couchette, Rachel est mal à l'aise et doit penser à son beau lit doré de la rue Trudon avec des soupirs de regret. Quant aux repas, bien qu'ils soient présentés et servis selon un cérémonial rigoureux, ils ne sont guère alléchants, si l'on en croit Léon Beauvallet : « Des légumes cuits dans l'eau, à la mode anglaise ; des viandes tuées à l'avance et conservées dans la glace, par conséquent sans goût et sans saveur. C'est atroce. Bœuf, mouton, volaille, tout a le même goût... »

Voilà qui n'est pas fait pour apaiser les appréhensions de Rachel ; on dirait qu'en montant à bord sa spontanéité, son insouciance se sont enfuies. Du moins, d'après ce que rapporte Beauvallet : « Mademoiselle Rachel est peu gaie. À mesure que nous nous éloignons, sa tristesse semble augmenter. À compter d'aujourd'hui, elle reste presque continuellement renfermée dans sa cabine. Elle s'ennuie royalement. Jamais, en mer, elle n'est sérieusement malade, mais elle est presque toujours mal à l'aise, ce qui est pis. Quelle chose odieuse qu'une traversée ! Et dire que Raphaël Félix pouvait parfaitement ne pas faire ce voyage... Je fis cette observation à mademoiselle Rachel : "Que voulez-vous, me répondit-elle, il ne peut pas tenir en place." Et elle ajouta avec un sourire : "Mon frère, voyez-vous, c'est le Juif errant... C'est moi qui suis ses cinq sous." »[1]

Puis le temps se remet au beau, la mer se calme et

1. Comme on l'a vu plus haut, Rachel se livre souvent à cette comparaison.

Rachel retrouve le sourire ; elle se promène souvent sur le pont, sous les regards curieux et même indiscrets des autres passagers. Mais voilà que le temps se gâte de nouveau, Rachel s'enferme dans sa cabine et Beauvallet raconte : « Raphaël Félix est l'un des rares voyageurs qui résistent aux agaceries de l'Atlantique ; il se moque pas mal de l'Atlantique. Il ne songe qu'aux dollars des États-Unis et aux pesos de La Havane [1]. Quant à moi, tristement étendu dans le tiroir mal rembourré qui me sert de lit, je ne pense nullement à cette monnaie en perspective. »

Le récit du comédien est émaillé de traits humoristiques tirés surtout en direction des repas : « Quatre heures ! C'est l'heure du supplice... Du repas, veux-je dire ! Le dernier que nous ferons à bord. "Oh ! merci, mon Dieu, merci !" C'est ce qu'on appelle le dîner du capitaine. Cette fois, pas un seul passager ne manque à l'appel, mademoiselle Rachel elle-même s'est décidée à quitter sa chambre et à prendre place à table, à côté du capitaine Nye... M. Stewart, un marchand de nouveautés de New York, qui possède quarante millions pas plus, porte un toast à l'arrivée de mademoiselle Rachel aux États-Unis. Tout le monde dirige les yeux vers elle ; on s'attend à un speech. Mais comme elle ne sait l'anglais que très imparfaitement, elle ne répond pas et se contente de saluer. Les regards se portent aussitôt sur Raphaël Félix, mais Raphaël ne répond pas plus que sa sœur, ce qui semble désappointer fort les Américains. Pour arranger les affaires, un passager français vient demander à ses compatriotes d'entonner en chœur *la Marseillaise*. Ceux-ci, ne

1. Après les États-Unis, la troupe doit se rendre à Cuba.

sachant pas de mémoire l'hymne national, font un nez colossal à cette demande... Enfin, ô bonheur, un sauveur se présente... Un créole de la Nouvelle-Orléans ; il sait *la Marseillaise*, il chantera les couplets, les Français n'auront qu'à reprendre le refrain en chœur... J'ai souvent entendu chanter dans ma vie ; j'ai assisté à bien des concerts tous plus grotesques les uns que les autres, mais jamais musique plus baroque n'avait stupéfié mes oreilles. C'était à se rouler par terre à force de rire... »

Le steamer entre à toute vitesse dans la rade de New York ; il y entre même trop vite... En effet, connaissant l'importance de la publicité aux États-Unis, l'agent de Raphaël Félix avait prévu une arrivée en fanfare pour Rachel. Un petit vapeur avait été affrété qui devait amener au devant de la tragédienne de nombreux invités de la bonne société new-yorkaise ; les Gardes-Lafayette [1] et leur orchestre, en s'approchant du *Pacific*, devaient jouer des airs français. Mais le bateau est arrivé avec une heure et demie d'avance et, du coup, Rachel débarque dans le plus complet anonymat, Raphaël est désespéré ; en revanche sa sœur est ravie d'avoir échappé à la curiosité de la foule. Mais Raphaël ne se tient pas pour battu. Avec l'esprit d'organisation qui le caractérise, il rameute l'orchestre des Gardes-Lafayette et le fait venir en pleine nuit sous les fenêtres de Rachel, au Saint-Nicholas Hotel où elle est descendue, si bien que la jeune femme est réveillée en sursaut. En même temps, attirée par l'orchestre, la foule s'est rassemblée devant l'hôtel et réclame bruyamment la

1. Société qui perpétue le souvenir de l'intervention française au moment de la guerre d'Indépendance.

présence de l'étoile. Bon gré, mal gré, Rachel doit paraître au balcon et saluer longuement ceux qui sont venus l'acclamer. Au bout d'une heure enfin, la « sérénade » infernale prend fin et Rachel peut regagner son lit. Raphaël, toutefois, ne se borne pas à cette manifestation ; il a fait le nécessaire auprès de la presse pour qu'il soit fait un large écho à la présence de sa vedette sur le sol américain ; les manchettes des journaux l'annoncent en gros titres et des crieurs parcourent les rues en colportant la nouvelle.

Rachel ne se plaît pas à l'hôtel et, quelques jours plus tard, loue une maison particulière à Clinton [1] Place, n° 5. Lui laissant tout juste le temps de s'habituer au rythme du Nouveau Monde, si différent du mode de vie européen, Raphaël annonce les débuts de sa sœur au théâtre Métropolitain pour le 3 septembre. Donnons de nouveau la parole à Léon Beauvallet, dont la plume est toujours aussi incisive : « Jusqu'à présent, cela s'annonce sous d'excellents auspices. Le *New York Herald*, le *Daily Tribune*, le *Courrier des États-Unis*, et vingt autres journaux plus ou moins importants consacrent chaque jour quelques colonnes à ce grand événement, sans précédent aux États-Unis. La location marche comme sur des roulettes ; la caisse administrative engraisse à faire plaisir. Du matin au soir, à son office de Wall Street – la rue aux millions –, Raphaël Félix passe son temps à échanger contre énormément de dollars une multitude de petits morceaux de carton... Il faut le voir, expédiant son public, inscrivant

1. Simple homonyme sans aucun rapport avec un Américain célèbre.

tous les noms sur la feuille de location, délivrant les coupons des loges, encaissant les espèces, et donnant vingt ordres à la fois, sans se tromper jamais... Ô puissance du dollar, lui qui savait à peine quelques phrases d'anglais en débarquant ici trouve le moyen à présent de comprendre cette langue, que les Américains prennent à tâche de rendre tout à fait incompréhensible, et, ce qui est plus fort, il se fait comprendre par eux. »

Le 3 septembre donc une foule imposante stationne devant le théâtre Métropolitain longtemps avant l'ouverture et, à six heures et demie, s'engouffre à l'intérieur de la salle, tout cela sans heurts, sans bruit, ce qui tranche avec les salles de spectacle parisiennes. Rachel et ses camarades en sont les premiers surpris, tout comme ils sont surpris de la disparité dans la tenue du public : alors que les femmes sont élégantes, couvertes de bijoux et souriantes, démontrant par là que le théâtre est pour elles une véritable fête, leurs accompagnateurs affichent une mine morose, sont vêtus sans aucune recherche et ne savent visiblement quoi faire de leurs gants. Quant à la salle elle-même, elle est somptueusement décorée.

Le spectacle débute par une comédie, *les Droits de l'homme*, dont les trois rôles féminins sont assurés par les trois sœurs Félix, et c'est ensuite que doit se produire Rachel dans *Horace*. Avant d'entrer en scène, elle est nerveuse, angoissée même, quel accueil va réserver aux vers de Corneille ce public qui, dans son immense majorité, ne comprend pas le français ? D'ailleurs, la réserve qu'observent les spectateurs indique bien que le contact n'est pas établi. Léon Beauvallet nous rapporte un incident qui ne manque pas de pittoresque, mais qui n'est pas fait pour contribuer au succès de la pièce : « Tout à coup, un bruit étrange vient couvrir la voix des artistes en scène. On dirait qu'un orage affreux éclate et que la pluie vient fouetter les vitres de la salle. Pas du tout ! Ce bruit est tout simplement produit par les innombrables brochures d'*Horace*, traduites en anglais, dont tous les spectateurs tournent, en même temps, le feuillet terminé. Rien de comique comme d'entendre ce sifflement soudain au milieu d'une tirade ; rien de divertissant surtout comme l'ensemble parfait avec lequel s'agitent toutes ces paperasses... Il se fait dans la salle un grand mouvement et mademoiselle Rachel entre en scène. Elle est accueillie par trois ou quatre salves d'applaudissements, puis tout redevient parfaitement calme. Nous avouerons franchement que cette réception ne nous a que médiocrement satisfaits. Rachel en Amérique ! Cela nous semblait quelque chose de splendide, de merveilleux... un événement qui devait révolutionner le nouveau continent tout entier ! Au lieu de cela, on la reçoit comme on a reçu vingt autres artistes... Ce qui fait le plus d'effet chez nous, sa diction magnifique, ses jeux de physionomie, son geste admirable, tout cela passe à peu près inaperçu. Les seules choses qui suscitèrent de vrais applaudissement furent les tirades chantées, les scènes d'action... »

Une constatation s'impose : la tragédie n'est pas faite pour le public américain qui apprécie davantage les numéros de cirque, les pantomimes comiques et les spectacles chantés, ancêtres de ces comédies musicales qui allaient plus tard conquérir le monde. Par ailleurs, l'obligation de suivre l'action sur des traductions ôte à la pièce sa puissance d'émotion. Comme l'écrit encore Beauvallet : « Quel succès monstre, quels frénétiques bravos eût obtenu l'acteur qui, au milieu d'une scène de tragédie, se fût mis à marcher sur les mains, à faire le saut de carpe et à avaler son sabre ! » De toute évidence, ce n'est pas le style de Rachel ! Ce qui explique qu'à la fin de cette première personne n'attend la tragédienne pour la porter en triomphe jusqu'à sa voiture. Seules les recettes sont honorables, sans atteindre toutefois les sommes astronomiques qu'escomptait Raphaël Félix.

Il faudra attendre plusieurs représentations pour que le public soit enfin pénétré par le jeu de Rachel, frémisse à son unisson et lui manifeste cet enthousiasme auquel l'Europe l'a accoutumée. Plus que les tragédies classiques, ce sont les pièces à mouvements qui séduisent les Américains dans le répertoire de la Comédie-Française. Ainsi l'un de leurs ouvrages préférés est *Adrienne Lecouvreur*, que la presse locale s'obstine à appeler « Lacouvreur », sous le prétexte qu'il s'agit d'une femme !

Contrairement à ce que certains des biographes de la tragédienne ont affirmé, la conquête de l'Amérique est loin d'être facile et surtout l'accueil du public, comme celui de la critique, est différent selon les pièces. Certes, tout le monde, journalistes et spectateurs, s'accorde pour rendre hommage au talent de Rachel, mais elle ne connaît aucun des triomphes qui saluent ses prestations en France et en Europe. Et puis, peu à peu, le climat se réchauffe, les critiques se font plus enthousiastes et entraînent dans leur sillage un nombre croissant de spectateurs. Du coup, les recettes suivent la même courbe ascendante. En sept semaines, pour ce qui la concerne, Rachel aura gagné trente mille dollars, sur lesquels elle distribuera de nombreux dons à des œuvres charitables. Raphaël, lui, n'est pas tellement satisfait ; dans ses rêves, il a imaginé l'Amérique comme un Eldorado et il se montre déçu de devoir redescendre sur terre.

Le comportement des Américains a, par ailleurs, de quoi souvent déconcerter les acteurs français. Ainsi, nous rapporte Léon Beauvallet, « quelques-uns, venus seulement pour voir Rachel, quittent leurs stalles après son entrée et se sauvent comme si le diable les emportait. Ils ont vu Rachel ! Ils pourront dire à tout le monde : "J'ai vu Rachel !" C'est tout ce qu'il leur faut. Quant à étudier la tragédie et la tragédienne françaises, ils s'offriront ce plaisir une autre fois. En attendant, ils vont voir, à Broadway Theatre, une certaine danse de corde qui fait beaucoup de bruit dans le monde dramatique new-yorkais. »

Ne soyons pas surpris par l'ironie grinçante de ce commentaire ; n'oublions pas en effet qu'au milieu du siècle dernier les États-Unis, qui ne sont une nation indépendante que depuis soixante-dix ans, sont encore en pleine mutation. Leur population, pour l'essentiel, est composée de pionniers et de chercheurs d'aventures ; ce pays n'a même pas encore réalisé son unité géographique puisque l'Ouest est loin d'être pacifié. Certes, les nombreux émigrants européens, qui arrivent chaque jour en Amérique, contribuent à y importer une certaine culture, mais on peut comprendre que ce public encore assez fruste ne soit guère perméable aux états d'âme raciniens ou aux stances cornéliennes. Malgré cela, le succès de Rachel ne se dément pas, la preuve nous en est fournie par cet article du *Courrier des États-Unis*[1] : « Le nom de

1. Journal rédigé en français.

Mlle Rachel figure dans toutes les bizarreries de la popularité. Un restaurateur de Broadway a imaginé le "pudding à la Rachel" ; un cordonnier, les "guêtres à la Rachel" ; un confiseur, les "glaces à la Rachel" ; dix perruquiers, la "coiffure à la Rachel". Et, pour ne pas faire de jaloux, le même journal nous informe qu'un fruitier vient d'inventer le "melon à la Raphaël Félix".

Ce qui renforce depuis quelques jours l'engouement du public c'est que Rachel, comme elle l'a fait au moment de la révolution de 1848, à l'issue de presque toutes ses représentations, entonne *la Marseillaise*. Il est étonnant de constater à quel point l'hymne national de la France enthousiasme les Américains ; son annonce figure maintenant sur les programmes au côté de la pièce qui doit être jouée. Et puisque nous parlons musique, n'omettons pas de signaler que les Gardes-Lafayette ont donné une nouvelle aubade à la tragédienne en terminant, eux aussi, par une vibrante *Marseillaise*.

Dans les premiers jours d'octobre, le temps jusque-là des plus cléments tourne à l'hiver ; les conséquences ne vont pas tarder à se faire sentir sur la santé de Rachel. Les coulisses du théâtre sont glaciales et la jeune femme attrape un rhume qui ne va plus la quitter. Le 20 octobre, elle donne à New York sa dernière représentation ; il fait un temps épouvantable, la ville est noyée sous une nuage de pluie, tandis que le vent souffle en tempête, ce qui n'arrange pas l'état de Rachel, mais elle n'y prend pas garde.

Le lendemain, la troupe doit s'embarquer pour Boston, mais c'est un dimanche et, dans la puritaine Amérique de l'époque, toute l'activité s'interrompt pour le jour du Seigneur. Heureusement, avec une poignée de dollars, pourvu que ce soit une grosse poignée, il n'est pas d'interdit qu'on ne puisse contourner, y compris ceux de la religion. Raphaël s'est débrouillé pour faire voyager son monde dans le train de la poste. Étrange voyage en vérité, et étrange train ! Au départ, il est actionné par... des mulets ! Pendant des miles et des miles, il avance ainsi, au pas de ces braves bêtes, c'est-à-dire pas très vite. Après quoi, il est enfin accroché à une machine à vapeur et alors commence une course folle aux multiples dangers. Les rails sont simplement posés sur les routes, dans les rues, au beau milieu des villages, sans qu'aucune barrière, aucun garde-fou empêchent les promeneurs de venir se faire broyer sous les roues de la machine ; le mécanicien agite une simple cloche pour avertir du passage du convoi. Autre particularité des chemins de fer américains, il n'y a presque toujours qu'une seule voie, si bien que la moindre erreur dans les horaires peut amener deux convois à se heurter de plein fouet.

Rachel et sa troupe arrivent malgré tout sans accident à Boston ; là, l'atmosphère est fort différente de celle de New York. La ville est considérée comme la capitale intellectuelle du pays ; effectivement, dès sa première représentation, Rachel constate cet heureux changement. La location a battu des records et la salle est pleine d'une foule animée qui réserve à la tragédienne un accueil aussi bruyant qu'enthousiaste ; elle a soudain l'impression de se produire devant ses salles habituelles. Les critiques sont à la mesure du public : « Tous les triomphes de la Ristori additionnés n'atteindraient pas la gloire suprême de l'explosion d'enthousiasme qui fit trembler les murs du théâtre, écrit un chroniqueur. Une jeune fille française, à côté de moi, s'évanouit... Les musiciens de l'orchestre posèrent leurs instruments, et, debout, agitant leurs mains, créèrent d'une seule voix un bravo assourdissant, frénétique, qui se mêla au torrent des applaudissements du public. Jamais le théâtre de Boston n'avait entendu pareille ovation... »

Seule ombre au tableau, mais elle est de taille, la santé de Rachel se détraque de plus en plus. Elle tousse à fendre l'âme et, lorsqu'elle est en scène, elle doit faire des efforts surhumains pour que cette toux ne vienne pas l'interrompre au milieu d'une tirade. Malgré son état, la tragédienne refuse de s'aliter et remplit son contrat jusqu'au bout, jouant *Andromaque*, *Adrienne Lecouvreur* et *Polyeucte* avec une intensité dramatique qui émeut profondément l'assistance. Et pourtant, à plusieurs reprises, elle manque s'évanouir, tant elle est épuisée. Où ce petit bout de femme trouve-t-elle les ressources pour tenir en haleine son public, alors qu'elle est au bord de la rupture ? À quelle source mystérieuse d'énergie son talent s'abreuve-t-il pour lui permettre de bouleverser son auditoire, alors qu'elle tient à peine debout ?

Le 2 novembre, elle se produit pour la dernière fois devant le public de Boston avec *Virginia*, la tragédie de Latour de Saint-Ybars, qu'elle fait suivre de *la Marseillaise* ; l'enthousiasme qu'elle provoque ce soir-là atteint son paroxysme. Détail pittoresque ; dans cette ville où souffle l'esprit, les étudiants de l'université de Cambridge se sont engagés comme figurants... pour le seul plaisir de pouvoir contempler de plus près « la divine Rachel ».

Le 18 novembre, Rachel et les siens sont de retour à New York et trouvent les milieux théâtraux en ébullition.

De quoi s'agit-il ? Rien que d'un article de Jules Janin dans le *Journal des Débats* parvenu aux États-Unis, qui fustige les spectateurs américains, ces « marchands, fils et père de marchands » insensibles aux beautés de la tragédie classique et au génie de Rachel. Il n'y va pas de main morte, le célèbre critique, mais a-t-il tout à fait tort quand il dit des New-Yorkais : « Ils résistent à Iphigénie, s'endorment aux fureurs d'Oreste, ils appellent Corneille un vieillard et, si Barnum[1] le veut, ils se précipitent pour voir une sirène empaillée ou bien ils contemplent, sur un fumier, une vieille momie idiote et noire dont la mamelle flétrie a nourri le grand Washington, leur dit Barnum. Sans doute, le fils d'Hector, à New York, saurait déjà les quatre règles, gagnerait chaque jour un demi-dollar et paierait sa pension chez sa mère Andromaque... Évidemment, ce qu'on préfère en Amérique... ce sont les ours, les saltimbanques, la boxe à coups de poings et les tours de force des danseurs de corde. »

On imagine l'effet d'un tel article sur le public et les journalistes américains, d'autant que certains ont rendu justice au talent de Rachel. Celle-ci n'est pas non plus satisfaite de Janin qui, tout en prenant sa défense, laisse entendre que sa campagne en Amérique n'est en définitive qu'un fiasco !

Comme pour justifier les sombres commentaires du journaliste français, les représentations que donne la tragédienne depuis son retour à New York ne marchent guère. Il est vrai qu'elles ont lieu à l'Académie de musique, située loin du centre de la ville, si bien que pour s'y rendre

1. Créateur d'un cirque fameux à travers le monde.

le public doit emprunter le fameux « chemin de fer » à mulets. De surcroît, la salle est mal éclairée, mal chauffée et dépourvue de décors comme d'accessoires. Jouer dans de telles conditions frise l'impossible et donne lieu à une série d'anachronismes du plus haut comique, comme le rapporte Léon Beauvallet : « Le Forum est remplacé par une vue de nos boulevards parisiens ; au fond une maison avec cette enseigne : Restaurant. Partout des becs de gaz et des monuments Rambuteau. Pour compléter le pittoresque du décor, il y a, au milieu de la rue, un tapis à fleurs ! Quant à la figuration de cette tragédie, jamais on n'a rien vu de semblable. Le théâtre n'a en magasin aucune espèce de toges ou de tuniques romaines, si bien que les comparses sont vêtus en jockeys ! Quant aux licteurs d'Appias, ils sont représentés par une vingtaine de bonshommes impossibles, déguisés en diables : maillots jaunâtres, jupes rouges, collants bleu ciel et pour compléter, la mouche à l'américaine au menton, une pique en fer blanc à la main, et aux pieds, des vieilles bottes éculées. Les Américains eux-mêmes ne peuvent garder leur sérieux devant cette collection de grotesques ! »

Rachel a quand même le courage d'aller jusqu'au bout des représentations. Pour la dernière, le 17 novembre, la salle est bondée et le public, debout, couvre d'applaudissements la tragédienne. On dirait que, piqués au vif par l'article de Jules Janin, les New-Yorkais ont voulu prouver à Rachel qu'ils savaient aussi apprécier les belles choses. Les cris d'enthousiasme, les hurrahs frénétiques atteignent leur apogée quand l'actrice, en guise d'adieu, récite une ode en vers, *Rachel à l'Amérique*, que le directeur du *Courrier*, le comte de Trobriand, a composée pour la circonstance :

Quand de tant de grandeurs un peuple environné
Attirait vers ces bords mon esprit fasciné,
On m'a dit : N'allez pas sur la rive lointaine
Affronter au hasard la vie américaine ;
Ce monde est en travail, il demande des bras,
Et non pas du génie, il ne comprendra pas
La langue de Corneille, étrangère, inconnue.
N'allez pas ! M'a-t-on dit. Et moi, je suis venue.
Apôtre confiante, avec moi, sous vos cieux,
J'ai porté mon espoir, mon oracle et mes dieux ;
J'ai parlé devant vous la langue du génie.
Pour imposer silence à qui vous calomnie,
Voici votre réponse ; elle est dans cet accueil
Qui me gonfle le cœur d'un légitime orgueil.
Oui, je l'avais senti, toutes les grandes choses
Dans l'âme d'un grand peuple ont leurs apothéoses.
J'emporte loin de vous un profond souvenir,
Que rien n'effacera, quel que soit l'avenir.
Il me suivra partout dans mon pèlerinage,
Dirigeant mes efforts, animant mon courage,
Et ma gloire sera, mon cœur en est jaloux,
Lorsque vous m'adoptez, d'être digne de vous.

On devine la fierté que provoquent ces derniers vers ; restait à savoir s'ils traduisaient la pensée intime de la grande tragédienne...

Sur cette ultime révérence, Rachel et sa troupe quittent la grande métropole pour Philadelphie, l'une des villes les plus florissantes des États-Unis. Il y règne un froid glacial dont les effets se répercutent sur Rachel ; elle tousse de plus en plus, elle est de plus en plus fatiguée ; elle n'en continue pas moins de gravir le chemin de croix que représente sa tournée. Mais elle a trop demandé à son courage ; elle doit s'aliter. Les médecins, qui se succèdent à son chevet, émettent tous le même diagnostic : la jeune femme souffre d'une affection pulmonaire ; il est hors de question qu'elle puisse continuer de jouer. Raphaël est effondré, en raison de l'état de sa sœur, bien sûr, mais aussi en raison des recettes qui s'envolent ! Plus question d'aller se produire comme il était prévu, à Baltimore, Washington et Richmond ; seul le contrat avec Charleston, en raison de son climat méridional, peut être respecté. Chez les Félix, c'est l'affolement ; Rachel, elle, garde son sang-froid et conseille à Raphaël de donner des spectacles raccourcis, afin de limiter les dégâts. Mais jouer sans Rachel, c'est une entreprise vouée à l'échec ; le public, déçu, boude les représentations, la salle du Wahnut Theater est quasiment déserte et les pertes financières considérables.

Enfin, le 27 novembre, Rachel se sent un peu mieux et la compagnie quitte Philadelphie pour Charleston. Dans cette ville du sud des États-Unis à la végétation luxuriante règne une douceur de vivre qui tranche avec le rythme infernal des cités du Nord. L'esclavage n'y est pas encore aboli – il faudra la terrible guerre de Sécession pour cela – mais la population noire n'en manifeste pas moins une bonne humeur à toute épreuve. L'arrivée de Rachel a fait les manchettes de la presse locale et le public attend avec impatience le moment de la voir jouer ; malheureusement, dans l'état où elle se trouve, elle doit sans cesse reporter ses représentations. La tournée américaine devant s'achever à La Havane, pour essayer de préserver ses derniers contrats, Raphaël part pour la capitale de Cuba [1] afin de préparer les prochains spectacles.

Pendant ce temps, Rachel se repose à Milles House, un confortable établissement où chaque jour un médecin vient lui prodiguer ses soins. Peu à peu elle retrouve des forces et, mise au courant du désir de la haute société de Charleston de pouvoir l'applaudir, Rachel va tenter le sort. Le 17 décembre, devant une salle archicomble, saluée par des acclamations sans fin, voici sur une scène pour la dernière fois de sa vie la reine de la tragédie.

Par quel miracle va-t-elle jusqu'au bout des cinq actes d'*Adrienne Lecouvreur* ? Un de ses partenaires, le comédien Chéry rapporte : « Hier, en jouant avec Mlle Rachel, j'ai pris part au spectacle le plus douloureux qu'il puisse m'être donné désormais d'assister. J'ai vu celle qui, pendant dix-huit ans, a fait l'admiration, on peut dire de l'Europe entière, pouvant à peine se soutenir, pouvant à peine parler, toussant à chaque réplique, retenant son souffle pour étouffer cette toux, se crispant à mon bras pour ne pas tomber et, malgré sa faiblesse, malgré sa souffrance, trouvant encore, par une indomptable énergie, le courage d'aller jusqu'au bout de son rôle, comme l'étincelle qui va s'éteindre, de jeter un dernier éclat fulgurant sur cette terrible scène de la mort d'Adrienne au cinquième acte... »

Cruelle loi du théâtre, qui commande à ceux qui communient dans son culte de mourir debout... Comme le soldat qui tombe au champ d'honneur, elle aura offert

1. L'île de Cuba était encore possession espagnole, dernier vestige de l'empire américain de Charles-Quint.

au public le dernier souffle de son être ; elle aura magnifié son art au prix de sa jeune vie, la petite Rachel...

Au lendemain de la représentation de Charleston, un journal local, le *Mercury*, publie un compte rendu pathétique qui reflète fidèlement ce que fut cet ultime spectacle : « Non, ce n'est pas *Adrienne Lecouvreur* que nous avons vue, que nous avons entendue dans le dernier acte. C'est Rachel elle-même disant adieu au triomphe du théâtre, à l'amour de la vie ; c'est Rachel qui ne reparaîtra plus jamais sur aucune scène, et dont la glorieuse carrière est terminée. La fiction n'a pas de ses accents ; ils n'appartiennent qu'à l'implacable réalité qui accablait la femme sous le rôle de l'actrice[1]. »

Au délabrement de sa santé s'ajoute pour Rachel un autre souci qui, pour n'être que matériel, n'en a pas moins son importance. En raison de la situation, elle a pris à son compte les frais de l'expédition et son déficit, si bien que ce voyage, qui l'a épuisée, n'aura finalement rien rapporté. À présent, elle voit clair dans le jeu de cette famille qui n'a cessé de l'exploiter et pour laquelle elle a consenti tant de sacrifices. Longtemps animée par un sentiment de pudeur qui l'honore, elle a gardé pour elle sa rancœur ; elle éprouve soudain le besoin de l'exhaler. Si elle a quitté la France, si elle s'est lancée dans l'aventure américaine contre son désir, elle ne l'a fait que poussée par la boulimie d'argent de son frère et des autres membres de la tribu. C'est ce qu'elle exprime dans une lettre adressée à Louise de Saigneville, sa fidèle confidente[2]. « Si vous

1. Cité par Louis Barthou dans *Rachel.*
2. *Id.*, *ibid.*

saviez, ma pauvre vieille amie, lui écrit-elle, les mille petites misères que ces jeunes cœurs secs ont ajoutées à toutes mes misères... À quel caractère léger me suis-je confiée en me livrant si follement à cet enfant Raphaël ! Sarah, que vous en dirais-je ? Vous la connaissez... Que mes enfants ne sachent jamais le mal que m'ont fait mes sœurs et mon frère, mes fils les maudiraient. Vous savez que je ne suis pas méchante, si je souffre de la situation qu'on m'a faite, je ne songe point à m'en venger ; ma faiblesse a fait mon malheur présent, je suis cruellement punie... » Sa lucidité ne l'empêchera pas, lorsque Sarah reviendra en Europe, criblée de dettes, selon son habitude, de régler les dettes en question afin d'empêcher sa sœur aînée d'être traduite en correctionnelle !

Cependant, à bord de l'*Isabel*, le 19 décembre Rachel et les siens quittent Charleston en route pour La Havane et font escale à Key West deux jours plus tard sur cette côte de Floride qui sera plus tard un des fleurons des États-Unis ; il n'en est pas de même alors si l'on se fie à la description que nous en donne Léon Beauvallet : « Key West, petit port habité seulement par des écumeurs de mer, des nègres et des sauvages... Dans le simple but de voir de près ces hôtes pittoresques, mademoiselle Rachel, qui n'est décidément pas d'une gaieté folle, consent pour la première fois, depuis l'embarquement, à franchir le seuil de la cabine du capitaine [1]. Bien plus, elle se hasarde, ô prodige, au bras de ce même capitaine, et entourée de sa nombreuse famille, à faire un tour quelconque dans un

1. Le capitaine de l'*Isabel* avait cédé à Rachel sa propre cabine, la seule à posséder des rudiments de confort.

admirable bois, une vraie serre, chaude, très chaude, même, où les palmiers et les cocotiers poussent comme chez eux, où le cactus fleurit avec une facilité effrayante. Là, la grenade s'entrouvre d'elle-même devant votre soif, le citron vous tombe tout mûr dans... la bouche ; là, les oiseaux-mouches remplacent nos hannetons, les papillons sont gros comme des moines et les cigales chantent de grands airs d'opéra... Cela vous fait l'effet d'un cinquième acte de féerie...

» Elle est très humide, la plage, ornée d'éponges, de coquillages vivants et de serpents bien plus vivants encore... Randoux[1] ne perd pas la tête, et, d'une voix qui domine le bruit des flots, entame le récit de *Théramène*. Il en était à peine à la moitié, que le reptile était déjà profondément assoupi. Nous abusâmes lâchement de son sommeil, pour l'inonder de coups de bâtons, et, quand il se réveilla, il était mort... »

Dans le récit de Beauvallet perce de temps à autre une sourde hostilité contre Rachel. L'explication en est aisée : en raison des déboires financiers dus à sa maladie, les comédiens ont consenti une réduction sensible de leurs cachets. Mais le côté le plus néfaste de l'aventure, c'est qu'elle a ruiné la santé de Rachel. On peut même se demander si ce voyage exténuant, et surtout le coup de froid subi par Rachel à New York, n'auront pas contribué à précipiter la fin de son existence.

Le 22 décembre 1855, la petite troupe débarque à La Havane. Plutôt que de descendre à l'hôtel, Rachel a accepté l'invitation du directeur du Gran Teatro Tacon,

1. Un membre de la troupe.

où doivent avoir lieu les spectacles. En principe, une vingtaine de représentations est prévue, mais il apparaît très vite que Rachel ne pourra en assurer aucune. Elle est désespérée de devoir s'y résigner ; depuis près de dix-huit ans, c'est la première fois qu'elle déserte. En cessant de jouer, elle a le sentiment que sa vie même s'interrompt, tant cette vie est mêlée à son activité artistique, tant son cœur bat au même rythme que celui de la tragédie classique. Nous l'avons dit, répétons-le, Rachel n'est pas une artiste ordinaire ; tout, dans son parcours, l'a conduite hors des sentiers battus. Dès les premiers pas qu'elle a faits sur une scène, dès les premiers vers qu'elle a clamés, elle s'est élevée dans un monde merveilleux dont elle est devenue l'enchanteresse ; mettre un terme au pacte qu'elle a conclu avec le génie, n'est-ce pas en même temps mettre un terme à sa propre existence ? De tout cela, Rachel a conscience ; jusque-là, quels que soient ses maux, elle a réussi à en surmonter les effets, mais aujourd'hui, la maladie est la plus forte, le miracle touche à sa fin... Et Rachel est à huit mille kilomètres de chez elle, aussi n'a-t-elle plus qu'une idée en tête : regagner la France.

Déjà, le 10 janvier, sa troupe a quitté Cuba pour New York, première étape sur le chemin du retour. Trop faible encore, Rachel n'a pu accompagner ses camarades, mais le 29 janvier, ayant récupéré quelques forces et surtout n'y tenant plus, à son tour, elle gagne New York et, le 9 février, à bord du *S.S. Fulton*, elle s'embarque pour Le Havre. Long voyage, par un froid glacial, le *Fulton* ne touche les côtes françaises que le 25 février. Pour la première fois depuis des semaines, la divine a retrouvé le sourire : elle va revoir ses deux fils.

XIII

UN SOUFFLE MAGIQUE QUI S'ÉTEINT

« Mon corps et mon esprit sont tombés à rien. Je ramène toute ma pauvre armée en déroute sur les bords de la Seine ; et moi, peut-être comme un autre Napoléon, j'irai aux Invalides demander une pierre pour reposer ma tête. »

Cet aveu que Rachel a fait à sa vieille amie Louise de Saigneville dans la dernière lettre qu'elle lui a adressée, tandis que le *Fulton* la ramenait en France, trahissait sa détresse morale et sa fatigue physique. Mais à peine a-t-elle remis les pieds sur le sol de France qu'elle s'efforce de donner le change à sa famille et à ses amis. À l'exemple de ces héroïnes auxquelles elle prête son âme depuis si longtemps, Rachel ne saurait capituler. Elle se battra jusqu'au bout...

Le docteur Rayer, qu'elle consulte à son arrivée à Paris, est formel : il faut qu'elle quitte la capitale et qu'elle aille respirer l'air de la campagne. Ce diagnostic s'accompagne d'une série de médications à absorber « qui tueraient un bœuf en bonne santé ; alors on imagine l'effet qu'elles ont sur un petit bout de femme comme moi... » écrit-elle à Sarah. Elle se soumet cependant aux prescriptions de son médecin et retrouve la ferme de Meulan, louée avant son départ pour les États-Unis. Bien entendu, le calme le plus absolu lui a été recommandé : pas de visites, pas de bruit, rien qui puisse aggraver la lassitude qu'elle traîne derrière elle comme un fardeau... Mais condamner Rachel à la solitude, au silence, interdire à cette nature vibrante, à cet esprit sans cesse en éveil de s'exprimer, c'est faire preuve d'utopie. Rachel n'est pas à Meulan depuis deux jours qu'elle sonne déjà le rappel de ses amis. Veut-elle se persuader que la vie va continuer, qu'elle peut vaincre la maladie en l'ignorant ? Ou bien, déjà résolue dans le secret de son cœur à accepter l'inévitable, veut-elle arracher au destin quelques instants d'ultime bonheur ? À tous ceux qu'elle rencontre alors elle offre un visage souriant, une confiance dans l'avenir qui sont l'illustration de cette vaillance qui n'a jamais cessé de l'animer.

Le premier à répondre à son appel a été Adrien Delahante ; le jeune homme est toujours aussi amoureux et plusieurs fois par semaine il prend le train à la gare Saint-Lazare pour la rejoindre. Sa présence quasi continue a pour effet de faire obstacle à celle de François Ponsard, autre adorateur de la tragédienne. Gentiment, avec bonne humeur, le poète s'en plaint : « Depuis que vous êtes ici, il y a quinze jours, j'attends toujours un petit mot, comme par exemple : "Je suis arrivée, je vous embrasse..." Mais il paraît que Meulan est quelque part dans les régions inaccessibles du Canada et que les lettres parties de ces contrées mettent deux ou trois mois pour arriver à Paris...

Michel[1] et moi, nous attendions chaque jour votre arrivée, nous avions pensé – ô candides que nous sommes – que vous viendriez passer un jour à Paris. Ah, bien oui, Rachel se soucie bien de ceux qu'elle a connus jadis... Sachez que malgré tous mes griefs, puisque j'ai été oublié, renié, abandonné, méprisé, foulé aux pieds, je reste toujours sous les mêmes pieds qui me piétinent, et j'ai la lâcheté de les embrasser... »

Rachel est émue de tant de fidélité et invite le poète à lui rendre visite « aussi souvent qu'il le souhaitera ». Elle va même faire encore plus : la Comédie-Française créant une nouvelle pièce de Ponsard, bravant l'interdiction du docteur Rayer, Rachel vient assister à la première. Sa présence, vite découverte, soulève dans la salle un mouvement de curiosité. Est-ce le prélude à sa rentrée sur la scène, lui demandent quelques admirateurs ? Pauvre Rachel, comme elle aimerait répondre par l'affirmative ! Mais si elle affecte la confiance en public, elle ne se berce plus d'illusions sur son état. Elle va pourtant un peu mieux depuis qu'elle a regagné Meulan. Au point qu'elle a recommencé à donner des dîners au cours desquels elle se montre pleine d'entrain... jusqu'à ce qu'une violente crise de toux l'oblige à se retirer dans sa chambre. Bien que le mot de « phtisie » ne soit jamais prononcé par le docteur Rayer, il semble évident qu'elle est atteinte par ce mal impitoyable. Pour ménager ses forces, elle a trouvé un homme de confiance en la personne d'Emmanuel Bellevaut qui, pendant la tournée américaine, faisait fonction d'administrateur. Elle va se décharger sur lui de la conduite de ses affaires.

1. Michel Lévy, ami fidèle de Rachel.

Il y a pourtant un problème qu'elle doit résoudre elle-même : celui de sa situation vis-à-vis de la Comédie-Française. Le congé de quinze mois, qu'elle avait obtenu d'Arsène Houssaye, est arrivé à expiration ; comme elle n'entend pas renoncer aux avantages matériels que lui procure son contrat avec la Maison de Molière, il faut donc que le congé soit renouvelé. Une fois de plus... Mais à force de tirer sur la corde, celle-ci est près de céder... D'autant qu'Arsène Houssaye vient de quitter son poste d'administrateur où il a été remplacé par un certain Empis que la tragédienne n'a jamais rencontré. Il en faudrait davantage pour arrêter Rachel quand elle a pris une décision... surtout lorsque ses intérêts sont en jeu. Selon son habitude, elle va donc frapper à la tête : le ministre Achille Fould est prié de débrouiller son affaire. Cette nouvelle faveur dresse le comité dans son ensemble contre la tragédienne. Les sociétaires sont outrés de l'audace de leur « camarade » et font ressortir que « depuis trois ans, Mlle Rachel a passé bien peu de temps sur la scène du Théâtre-Français ». Ce qui est exact, mais le ministre use d'un argument sans réplique : à chaque fois que Rachel s'est produite, les recettes sont montées en flèche et, depuis dix-huit ans, c'est à elle que le Théâtre doit sa prospérité. Rachel obtient donc ce nouveau congé... tout en conservant l'intégralité de ses appointements !

Pour célébrer cette « victoire », Rachel organise un dîner dans la ferme de Meulan, durant lequel elle va faire avec ses commensaux assaut d'esprit... et de médisance. Jules Janin, qui figure parmi les convives, lui demande pour quelle raison, avant même son départ pour l'Amérique, elle a déserté les Tuileries dont elle était auparavant l'une des invités de marque. Elle lui répond en riant : « À présent que j'ai appris à l'impératrice à marcher et à faire la révérence, elle n'a plus besoin de moi. Mais elle me conserve son amitié rien que pour embêter son mari. Napoléon, lui, est contrarié à chaque fois qu'il me rencontre dans le salon de son épouse. Il doit craindre les potins, car il n'a pas la conscience tranquille ! »

Le repas a été des plus joyeux ; hélas, à peine les invités sont-ils partis que Rachel est prise d'une quinte de toux qui semble ne jamais vouloir s'arrêter. Affolée, Sarah fait quérir le docteur Rayer, qui arrive aussitôt malgré l'heure tardive. Son avis est formel ; à l'approche de l'hiver, Rachel doit se réfugier sous un climat plus chaud, sous peine de graves complications pulmonaires. Non sans hésitation, elle finit par se décider à partir et, sur le conseil d'Adrien Delahante, choisit l'Égypte comme destination. Mais auparavant, que de dispositions à prendre, que de difficultés à résoudre ! À commencer par le sort de ses enfants ; elle ne sait combien de temps elle sera absente ; en raison de son état, elle ne sait même pas si elle reviendra jamais... Ce qui l'amène à accéder à une demande d'Alexandre Walewski : lui confier leur fils. Le garçon va sur ses douze ans et il a besoin d'une existence stable ; jusqu'à présent, en dehors de ses tournées, Rachel a toujours refusé de s'en séparer, mais aujourd'hui elle pressent la gravité de son mal et elle ne veut pas que le jeune Alexandre en subisse les conséquences. Quant à Gabriel, le cadet, il est en pension à Fontenay-aux-Roses et s'en montre fort satisfait. Du côté de ses affaires matérielles, le fidèle Bellevaut est là, qui veille et dont le dévouement est sans limite.

C'est donc sans trop d'angoisse que, le 2 octobre 1856, la tragédienne s'embarque sur l'*Indus* en compagnie de

Sarah, à destination d'Alexandrie. Son premier soin est d'écrire à sa mère pour la rassurer sur sa santé ; chez elle, c'est un geste habituel, d'autant plus remarquable que les succès qu'elle connaît, tant sur le plan professionnel que sur celui des amours, ne l'ont jamais éloignée de sa famille. La « divine » Rachel demeure avant tout « la fille au père Félix », comme elle se nomme. Ces lignes en sont un témoignage de plus : « Tous les passagers ont paru me regarder avec intérêt et moi de me dire au-dedans de moi : "Mes petits amis, avant trois jours, je mangerai et je me promènerai comme vous. Ne croyez pas qu'on enterre si facilement les gens de ma race et de mon mérite... Le surlendemain, sans fatigue, j'ai fait une dizaine de tours du bateau. Voilà donc le bon effet de la mer sur ma souffrance. Je tousse infiniment moins qu'à terre... Ma poitrine se dilate à respirer cet air salutaire de la Méditerranée..." »

Tableau idyllique qui malheureusement ne correspond pas tout à fait à la réalité : elle tousse toujours beaucoup, et sur le pont du navire elle passe plus de temps étendue sur une chaise longue qu'à marcher. La rumeur de sa présence s'est vite répandue à bord et la grande distraction de tout un chacun consiste à essayer de l'apercevoir ; certains poussent même la familiarité jusqu'à lui adresser la parole, ce qui a pour effet de la faire regagner sa cabine précipitamment. Si elle n'apprécie que modérément la conversation des passagers, elle va quand même faire une exception pour l'un d'entre eux.

Gabriel Aubaret est de quelques années plus jeune que Rachel ; à la fois officier de marine et savant, il se rend en Égypte afin de prendre part à une expédition scientifique qui doit le mener jusqu'aux sources du Nil. D'abord attiré vers Rachel par la simple curiosité, celle-ci ne va pas tarder à se transformer en un sentiment beaucoup plus tendre. À n'en pas douter, Gabriel Aubaret sera le dernier amour de Rachel car, de son côté, elle est loin d'être insensible à la personnalité du jeune homme. Ainsi, même au seuil du tombeau, il se dégage toujours de Rachel la même attraction magique, le même pouvoir de séduction. Mais pour une fois dans la vie de la grande artiste, il s'agit d'une liaison purement spirituelle, la rencontre de deux cœurs dont l'un bat avec ardeur tandis que l'autre va bientôt s'éteindre.

Tout au long du voyage, Rachel et Gabriel ont des conversations d'une tenue et d'une gravité auxquelles la jeune femme n'était pas accoutumée, mais qui leur sont inspirées par la présence de la mort qui rôde autour de la grande artiste. Appartenant à une famille très catholique, profondément croyant lui-même, Gabriel Aubaret caresse un espoir, que beaucoup d'autres ont caressé avant lui : celui de convertir Rachel au christianisme ; sans aucun doute, ses intentions sont pures et non pas inspirées par des considérations mondaines, comme ce fut parfois le cas auparavant ; ce qu'il souhaite, c'est ouvrir à Rachel les portes d'un monde meilleur. Il n'empêche qu'il y a quelque chose d'involontairement choquant à vouloir profiter qu'un être est proche de sa fin pour essayer de lui arracher une abjuration à laquelle il ne consentirait peut-être pas en d'autres circonstances. D'ailleurs Rachel, quelle que soit l'estime dans laquelle elle tient le jeune officier, quelle que soit la tendresse qu'elle éprouve pour lui, demeure fidèle à la religion de ses pères et le demeurera jusqu'à son moment ultime.

De toute manière, la présence de Gabriel aura été bénéfique pour elle et l'aura aidée à supporter les fatigues du voyage. Le jeune homme ne renonce d'ailleurs pas à son dessein, comme nous le verrons un peu plus tard. En attendant, la tragédienne est accueillie en Égypte avec tous les honneurs dus à sa célébrité. Elle quitte bientôt Alexandrie pour Le Caire où le climat est plus doux. C'est dans cette ville qu'elle va passer la fin de l'hiver 1856 et le début du printemps 1857.

Son état est une succession de hauts et de bas ; un jour, elle se sent bien, se croit guérie, comme le lui affirment les médecins locaux, mais le lendemain elle est reprise par ses douleurs de poitrine et ses horribles accès de toux. Son moral s'en ressent et ce sont des lettres d'une ironie désabusée qu'elle adresse à ses amis, telle celle-ci à Arsène Houssaye : « Vous souvenez-vous que nous parlions de ma carrière, une carrière de marbre... de marbre de mon tombeau. J'ai voulu vivre en gourmande. J'ai dévoré en quelques années mes jours et mes nuits ; après tout, c'est autant de faute et je ne dis pas comme vos repenties : c'est ma faute... Quand on n'a pas brûlé son cœur dans ses beaux jours, on ne peut le faire flamber à trente-cinq ans. Ni ni, c'est fini !... Vous qui êtes un habitant des Champs-Élysées, vous passez tous les jours devant l'obélisque ; pensez à la pauvre exilée. Du bas des Pyramides, je contemple vingt siècles évanouis dans les sables. Je me croyais pyramidale et je ne suis qu'une ombre qui passe. Comme je vois ici le néant des tragédiennes... Faites-moi bien vite faire un trou au Père-Lachaise et creusez-moi un trou dans vos souvenirs. J'écris ceci sans bien savoir ce que je dis, mais je sèche l'encre avec la poussière des reines d'Égypte. C'est ce qu'il y a de plus éloquent dans mon billet. Celle qui s'en va, Rachel. »

Dans le même temps, elle adresse à sa mère des lignes

réconfortantes où, sur le ton de l'insouciance, elle affirme qu'elle va de mieux en mieux et évoque sa rentrée au théâtre. Courageuse petite Rachel qui, jusqu'au bout, s'efforce d'apaiser les craintes de ceux qu'elle aime. À Ponsard aussi elle adresse des propos rassurants... dont elle-même ne croit pas un mot. Comme il arrive souvent aux malades qui sentent la vie leur échapper, elle se lance dans une course à la vie désespérée, comme si, en fuyant d'un lieu à l'autre, elle pouvait empêcher la mort de la rattraper. Pourtant, c'est une version optimiste de ses raisons de partir qu'elle fournit à Ponsard pour lui annoncer son retour en France : « Vos souhaits, bien cher ami, ont été exaucés, les vents m'ont été doux, le ciel salutaire, le climat chaud, le Nil m'a promenée doucement, sans secousse, mon état général s'est amélioré, cependant je ne suis pas encore guérie, mais je guérirai, il le faut, je le veux, je veux vous revoir, vous embrasser, vous dire toujours le bonheur que j'ai de vous savoir mon ami. Au revoir, je serai à Marseille dans les premiers jours de mai... » Quel courage il faut à cette femme qui a tant de peine à quitter son lit pour effectuer tous ces voyages !... Un moment, devant son état de faiblesse, elle a craint que l'Égypte ne fût son tombeau. Mourir loin des siens, de Paris sa ville, du théâtre... Cette idée lui était intolérable et elle y a puisé la force de s'enfuir.

Le 3 mai, elle s'embarque sur le *Clyde*. Parmi les passagers, l'évêque de Byblos, Mgr Pélerin. Quel nom idéal pour un évêque ! Celui-ci entreprend aussitôt Rachel en vue de sa conversion. Décidément, c'est une manie de tous les bien-pensants ; ils ne peuvent approcher la tragédienne sans chercher à la faire changer de religion ! Gentiment, mais fermement, Rachel le remet à sa place :

« À partir de ce moment, écrit-elle à sa mère, il renonça à me parler de religion. Jusqu'à Marseille, nous avons surtout parlé cuisine. C'était un prélat gourmand. »

À Marseille, elle est accueillie par sa mère et plusieurs de ses amis, mais elle ne s'attarde pas dans la cité phocéenne. Gabriel Aubaret a loué pour elle, près de Montpellier, dans le voisinage immédiat de sa propre demeure familiale, une petite maison au charme provençal dont le nom est chargé de senteurs champêtres : la campagne des Quatre Saisons. Là, à l'abri des rumeurs de la ville et du théâtre, le brave Aubaret se remet au « travail ». Son dessein est toujours le même : obtenir la conversion de Rachel. Quand elle entend ce jeune garçon, épris d'elle et soucieux par-dessus tout du salut de son âme, lui promettre une éternité radieuse, Rachel en bonne comédienne lui laisse certainement entendre qu'il arrivera peut-être à ses fins... Pour lui faire plaisir, elle a même accepté le présent d'un chapelet qu'Aubaret tenait du pape Pie IX ; mais en son fort intérieur, la tragédienne est bien décidée à demeurer fidèle à sa croyance d'origine et tous les « assauts » que mènera le jeune officier de marine se heurteront à son refus. D'ailleurs, pour son plus grand déplaisir, Aubaret voit débarquer un jour la « bande » des Parisiens : Arsène Houssaye, Émile Augier, Théophile Gautier, Ponsard ; leur présence apporte à Rachel une bouffée de cette gaieté, bien éloignée des « sermons » du jeune homme, mais bien plus réconfortante aussi. Pendant quelques jours, ces témoins du bon vieux temps offrent à Rachel l'illusion que la vie continue ; au point qu'elle évoque son possible retour à la scène. Oui, elle en arrive à oublier son mal pour faire assaut d'esprit avec ses hôtes. Arsène Houssaye, évoquant la correspondance qu'elle lui a adressée durant son séjour en Égypte, lui déclare :

– Dans toutes vos lettres, l'esprit cache le cœur...

Rachel réplique :

– Oh, j'en ai écrit plus d'une où j'avais intérêt à montrer ma bêtise. Les lettres les plus aimées sont les lettres bêtes, parce que le cœur n'a pas d'esprit.

Pourtant, elle sait bien que cette gaieté, qu'elle jette au visage de ses amis comme une ultime offrande, n'est qu'une façon de se tromper elle-même. Témoin cette réflexion qu'elle fait à Théophile Gautier qui lui parlait de sa rentrée au théâtre : « Vous me parlez de ma rentrée, lui lance-t-elle. Mon bon Théo, ne serait-il pas plus sage de préparer ma sortie ? »

Après une semaine passée à ressusciter les jours de bonheur, les amis parisiens regagnent la capitale. Gabriel Aubaret pousse un soupir de soulagement ; il va pouvoir reprendre ses prêches. Rachel ne va pas lui en laisser le loisir ; elle sent soudain qu'il n'est que temps pour elle de revoir ses enfants : à son tour, elle prend le chemin de Paris.

XIV

ÉCOUTE ISRAËL, L'ÉTERNEL EST NOTRE DIEU...

À Paris, Rachel se réinstalle place Royale ; de ses fenêtres, elle aperçoit celles de l'appartement de Victor Hugo : « Nous sommes tous les deux logés à la même enseigne, déclare-t-elle sur un ton enjoué. Lui en exil, et moi qui vais partir pour un exil éternel... » Pourtant, si elle a conscience de l'issue qui l'attend, son humeur est toujours sereine ; son visage émacié, où la maladie a creusé de profonds sillons, est souvent éclairé par un sourire, un sourire destiné à ses proches et qui semble leur dire : « Vous voyez, Rachel est toujours vivante ! » Pour mieux les en convaincre, et aussi pour s'en convaincre elle-même, elle a repris ses fameux dîners, où se pressent tous ses fidèles et où règne cette atmosphère de joyeux abandon dont elle possède le secret.

Pour dissimuler la maigreur de son corps décharné elle s'habille d'amples robes aux larges plis, dans lesquels elle trouve encore le moyen d'être élégante. Ce qui peut sembler incroyable, c'est que la magie de Rachel agit toujours sur les hommes de son entourage. Les adorateurs sont toujours là : Adrien Delahante, François Ponsard, le prince Napoléon qui, à peine revenu de voyage, se précipite place Royale ; enfin, le dernier en date, Gabriel Aubaret. Lui aussi brûle pour Rachel d'une flamme ardente et c'est au nom de cet amour qu'il s'obstine à vouloir sa conversion, ainsi qu'il le confie à un ami : « Rien n'est horrible comme ces douleurs que l'on voudrait partager avec les êtres pour lesquels on donnerait volontiers sa vie... Comme je n'ai que Dieu en vue dans ce que j'ai entrepris, je compte fermement sur un secours dont j'ai le plus grand besoin... »

Pour convaincre Rachel de son dévouement à toute épreuve, l'officier lui écrit chaque jour et, dans chacune de ses lettres, il n'épargne pas les allusions aux félicités de toutes sortes qui attendraient la malade pourvu qu'elle acceptât de se faire baptiser. Bientôt, les lettres ne suffisent plus à Gabriel ; ayant obtenu de l'autorité maritime un congé de deux mois, il débarque à Paris au début du mois de juillet 1857. Il s'est logé à l'hôtel Charlemagne, sur la place Royale même, c'est-à-dire à quelques pas de l'appartement de Rachel. Ainsi est-il à pied d'œuvre pour reprendre le siège de la tragédienne.

Le malheureux perd son temps ; Rachel a depuis longtemps fait la démonstration de la volonté qui l'anime. Ce n'est pas la première fois, nous l'avons vu, que des amis bien intentionnés ont entrepris de la faire renoncer à la religion de son enfance. À un moment le bruit a couru que Lammenais avait réussi à la convertir, ce qui a provoqué chez elle, lorsqu'elle a eu connaissance de cette rumeur, une véritable tempête de rire. De même, dans une lettre écrite en 1935, la fille de Gabriel Aubaret affirme que ce dernier était sur le point de baptiser lui-même Rachel dans le jardin du Cannet[1] quand l'irruption soudaine du prince Napoléon interrompit l'exercice, qui ne put ensuite être repris en raison de la disparition de la tragédienne. On veut bien croire que cette bonne dame était convaincue de l'authenticité de cet épisode rocambolesque, mais elle avait dû prendre ses désirs pour des réalités, si l'on s'en rapporte aux derniers moments de Rachel. Pour ménager les sentiments religieux de Gabriel Aubaret, dont l'attachement doit l'émouvoir, Rachel met des formes à son refus, mais celui-ci n'en est pas moins ferme, inspiré par la fidélité avec laquelle elle a toujours observé les fêtes juives et obéi aux traditions ancestrales. La vanité de ses efforts n'empêche cependant pas le brave Gabriel de croire jusqu'au bout dans ses chances de réussir.

Les visites fréquentes que Rachel continue de recevoir place Royale, le climat qu'elle s'efforce de maintenir autour d'elle, en dépit de son état, devraient pourtant ouvrir les yeux du jeune officier de marine. Qu'eût-il pensé s'il avait eu connaissance d'une conversation que Rachel eut avec Dumas fils à la fin du mois de juillet ? Ce jour-là Rachel, très fatiguée, n'a pu quitter son lit et reçoit l'écrivain dans sa chambre. Tandis que tous deux bavardent, l'attention de Dumas est soudain attirée par un bruit qui évoque un roulement de métal. Intrigué, il interroge Rachel ; alors celle-ci, toute souriante, soulève sa couverture et sous les yeux de l'auteur de *la Dame aux camélias*, stupéfait, apparaît un monceau de pièces d'or que la jeune

1. Dans certaines circonstances, tout chrétien a le pouvoir d'administrer le baptême.

femme ne cesse de faire couler entre ses doigts. Devant l'étonnement de son interlocuteur, elle explique : « Cette sensation me procure un bien infini. » Voilà certes un remède fort éloigné des consolations spirituelles que Gabriel Aubaret lui prodiguait...

Fidèle jusqu'au bout à son sens pratique, durant ces semaines d'été, Rachel se préoccupe de mettre ses affaires en ordre, de sorte que l'avenir matériel de ses deux fils soit assuré, sans oublier pour autant le reste de sa famille qu'elle entend protéger après sa disparition, comme elle l'a toujours fait. Elle décide donc de vendre son hôtel de la rue Trudon. Auparavant, dans le grand salon de l'hôtel, elle a fait procéder à la vente des meubles, des tableaux et des objets d'art qu'elle avait acquis ou reçus en présent. Peu après, ses bijoux suivront le même chemin. Il y a quelque chose de pathétique dans la liquidation de ces trophées, reflets d'un passé glorieux ; si ses amis y assistent avec émotion, Rachel, pour sa part, ne semble pas en éprouver de regrets ; la prescience de sa fin prochaine semble l'avoir soudain détachée de cette âpreté qu'elle avait si souvent manifestée autrefois. De même, lors de la vente, elle ne paraît pas souffrir de l'invasion de sa demeure par une foule, guidée pour la plupart du temps par la curiosité.

Cependant, avec la fin de l'été et le retour d'un climat plus rigoureux, les crises reprennent. Il est clair que Rachel doit de nouveau s'exiler sous un ciel ensoleillé ; plus question évidemment d'aller chercher ce ciel au-delà des mers ; c'est dans le midi de la France que Rachel va trouver refuge. Par un ami commun, elle est entrée en relation avec Jean-Jacques Sardou dont le neveu, Victorien Sardou, s'illustrera en écrivant *Madame Sans-Gêne*. Les Sardou ont toujours eu le goût du théâtre, c'est donc avec empressement que M. Sardou met à la disposition de Rachel la villa qu'il a fait construire au Cannet. S'éloigner de Paris, de cette ville sur laquelle elle régna durant près de vingt années, quel déchirement pour Rachel ! Elle sait bien que ce départ est définitif, que jamais plus elle ne foulera de sa démarche altière ce Boulevard où elle aimait tant à flâner, que jamais plus, sur son passage, elle ne soulèvera ces murmures flatteurs qui accompagnaient chacune de ses sorties. Les médecins ont beau lui assurer que ce séjour dans le sud hâtera sa guérison, elle sait bien qu'il s'agit d'un pieux mensonge. Cédant aux prières de sa famille, elle accepte pourtant de partir, mais avant de s'éloigner, ultime caprice, elle souhaite revoir les lieux qui symbolisent son fulgurant parcours terrestre. Un matin, à leur grande surprise, Maman Félix, Sarah et Léa voient surgir Rachel, élégamment vêtue, comme si elle allait se rendre à une réception. Elle refuse de se faire accompagner, et, seule dans un fiacre, elle chemine une dernière fois, dans les rues de Paris.

Elle se fait d'abord conduire au théâtre du Gymnase ; de longues minutes, la voiture stationne devant le fronton du théâtre. Sans doute revoit-elle par la pensée l'adolescente de seize ans qui faisait des premiers pas timides sur une scène, sans se douter qu'elle entamait la plus prestigieuse des carrières. Sans doute aussi se remémore-t-elle l'émoi qui fut le sien quand elle prononça sa première réplique. Est-il possible que le temps ait passé si vite ? Qu'encore au sein de sa jeunesse, elle soit déjà au seuil de la mort ?

Puis le fiacre reprend sa marche ; cette fois, c'est à la Comédie-Française, sa maison, qu'il conduit Rachel. Et voici que devant elle surgissent les images de ses triomphes, que résonnent à ses oreilles les acclamations qui saluaient ses sorties de scène... Quand, après avoir dit un dernier adieu à son passé, elle rentrera place Royale, elle confiera à Sarah que, pendant quelques instants, devant la Comédie-Française, elle s'était cru revenue aux heures glorieuses de ses grandes créations... Mais ce n'est là qu'une illusion, Rachel sait bien qu'elle se met en route, en quête d'une guérison hypothétique.

À l'époque où elle s'y rend, Le Cannet est un trou perdu, difficilement accessible. Le train s'arrête à Marseille et, pour éviter à la malade les cahots d'un chemin qui évoque davantage une piste qu'une route carrossable, c'est en bateau qu'elle va gagner le port de Cannes. Voyage rendu pénible par un violent mistral qui secoue les voyageurs. Enfin, voici la tragédienne à Cannes, d'où une voiture la mènera à sa destination ; la rumeur de son arrivée s'est vite répandue et c'est une foule enthousiaste qui l'accueille à sa descente du bateau.

Pour arriver jusqu'à la villa Sardou, il faut abandonner la voiture en raison de l'étroitesse du chemin et c'est une chaise à porteurs improvisée qui conduit Rachel jusqu'à la demeure. Ce voyage cahoteux l'a éprouvée et pourtant, quand elle pénètre dans le jardin de la villa, elle retrouve comme par miracle le sourire, tant elle est séduite par le décor qui s'offre à sa vue. Cette végétation luxuriante d'où émergent des orangers aux parfums grisants, ces fleurs qui jaillissent en bouquets de chaque allée, ce climat aux effluves printanières semblent avoir rendu à la jeune femme une vigueur inespérée. Telle qu'elle se présente, la villa séduit aussi Rachel par l'originalité de son architecture avec ses deux petits minarets qui prêtent à l'ensemble comme un avant-goût de l'Orient. L'amoncellement de verdure qui a envahi la construction complète l'aspect sauvage des lieux.

Durant les premiers temps de son séjour à la villa Sardou, Rachel témoigne de cette vivacité d'esprit, de ce sens de l'humour qui ont toujours fait le charme de sa conversation. Elle tient à prendre ses repas à table et souvent, elle se fait transporter sur une chaise longue dans le fond du jardin, auprès d'un magnifique jujubier dont les fruits mûrs enchantent sa vue et son odorat. Quelques jours après son arrivée, de la terrasse de la villa, elle assiste aux fêtes de la Saint-Didier, le patron du village ; garçons et filles, au son des fifres et des tambourins, viennent chanter et danser pour elle ; Rachel ne cache pas son plaisir devant un hommage si spontanément exprimé. La fête a attiré une foule énorme, venue de tous les coins de la région, mais c'est surtout Rachel qui attire les regards. De même, devant la villa Sardou, les curieux sont de plus en plus nombreux à guetter l'apparition de la tragédienne. Voici qui décide Rachel à vivre dans la retraite la plus complète. Comme elle l'explique à Jean-Jacques Sardou : « Je dois me consacrer aux soins de ma pauvre santé bien compromise et la mettre à l'abri des visiteurs et des importuns, sans autre distraction que la belle nature qui m'entoure. »

Cette réserve lui est dictée par les progrès impitoyables de son mal. À plusieurs reprises, le docteur Bergouin, un éminent spécialiste des maladies pulmonaires, vient de Paris pour la traiter. Au Cannet même, elle est soignée par le docteur Czernicki, qui lui rend visite chaque jour et avec lequel s'établissent bientôt des liens d'amitié. Un jour qu'il vient une fois de plus de l'examiner, comme il essaie de lui dissimuler l'impression pénible qu'il en a recueillie, Rachel, avec un charmant sourire, lui déclare : « Docteur, vous faites tout ce que vous pouvez, mais c'est mon art qui m'a tuée. »

Peut-être a-t-elle raison ? Peut-être est-ce là l'explication de cette fin prématurée ? Cet art qu'elle a sublimé, auquel elle a consacré toutes les fibres de son être, qu'elle a célébré comme un culte, a exigé le don absolu d'elle-même. En même temps qu'il lui permettait de s'élever d'un coup jusqu'aux cimes, le destin n'accordait qu'un temps très court à son parcours terrestre. Mais comme nous la connaissons, on peut être certain que Rachel n'a jamais regretté d'avoir brûlé sa jeune existence sur l'autel de son art.

Durant ces semaines d'automne, à mesure que la vie se retire de son corps, l'esprit de Rachel, lui, demeure toujours aussi vivace. Avec ses hôtes, elle évoque les meilleurs moments de sa carrière, ses anecdotes les plus savoureuses. Il n'empêche que chaque jour la rapproche davantage de l'issue. Ses proches s'en alarment. À la demande de Sarah, qui demeure toujours auprès de Rachel, toute la famille Félix débarque au Cannet ; bientôt, ses deux fils, Alexandre et Gabriel, arrivent à leur tour. Ces présences successives réconfortent la jeune femme ; la venue des deux garçons principalement ; pourtant, elle ne tient pas à ce qu'ils demcurent trop longtemps auprès d'elle. Tout le temps de leur présence, surmontant ses souffrances, elle s'est efforcée de leur offrir un visage serein ; elle ne veut pas qu'ils assistent à sa fin.

Une autre visite va toucher profondément le cœur de Rachel : débarquant d'un aviso de la Marine, le prince Jérôme Napoléon aborde la nuit à Cannes et se fait conduire aussitôt auprès de la tragédienne. Par sa venue, le prince a voulu manifester à Rachel la pérennité de ses sentiments. Il l'avait aimée avec sincérité, avec ardeur, et auprès du lit où la jeune femme repose, il ne peut retenir ses larmes. C'est avec peine que, au bout de deux heures, il se retire. Comme il le dit à Rachel, « une corvée impérieuse » l'attend : son mariage avec la fille du roi de Sardaigne [1].

La rumeur de la maladie de Rachel a débordé la cadre du midi de la France ; de toutes parts des témoignages de sollicitude parviennent au Cannet ; les lettres d'inconnus ne sont pas les moins émouvantes et témoignent du rôle de la tragédienne dans la vie nationale. À ces touchantes démonstrations de fidélité se joignent aussi des conseils médicaux, dont la cocasserie prêterait à sourire à d'autres moments : une demoiselle Bureaux recommande à Rachel de faire cuire un pied de veau dans une pinte de lait et « d'en manger des cuillerées tout le long du jour » ; le remède est infaillible et l'inflammation disparaîtra. Un ancien maire, nommé Pichard, en tient lui pour les marrons d'Inde coupés en grains de café ; quant à Mme Élisa Pin, en buvant de l'eau de Léchelle, que vend un pharmacien de la rue Lamartine, elle a grossi de dix livres et rajeuni de vingt ans ! Un ancien président de tribunal de commerce conseille de faire appel à des forces inconnues et pour cela de consulter une somnambule ; si Rachel n'en a pas près d'elle, elle pourra envoyer ses cheveux à une

---

1. Aux termes de l'alliance que la France allait conclure contre l'Autriche avec le roi de Sardaigne, il était convenu que ce dernier offrirait le comtat de Nice, la Savoie... et sa fille, par-dessus le marché !

demoiselle Morelle qui habite Niort et en fera bon usage. La palme de l'extravagance appartient sans doute à une correspondante qui préconise l'engagement... d'une nourrice forte et jeune que Rachel pourra « téter » plusieurs fois par jour et qui lui communiquera ainsi sa propre bonne santé...

Rachel qui, même en ces heures sombres, n'a pas perdu le sens de l'humour éclate de rire à la lecture de chacun de ces remèdes miracles. Elle a d'ailleurs conservé toute sa lucidité et témoigne d'un sang-froid étonnant. Dans la rédaction de ses dernières volontés, qu'elle dicte le 15 décembre 1857, avec Jean-Jacques Sardou pour témoin, elle n'oublie personne : outre ses fils et ses parents, ses héritiers naturels, elle laisse une rente annuelle à sa sœur Sarah et à Rose, sa fidèle servante, ainsi que de nombreux souvenirs à des amis.

Le 22 décembre, elle « trouve » encore le courage de se livrer à une dernière facétie : elle adresse ses vœux à dix-sept de ses amis et comme on l'a vu plus haut, date ses cartes du 1er janvier 1858. Au prince Napoléon, elle fournit cette explication où, sous une apparente légèreté, se cache un véritable courage : « Je postdate cette lettre ; il me semble que cela va me forcer à vivre jusque-là... »

Admirable Rachel qui tient son rôle jusqu'au dernier acte de sa vie, avec autant de flamme et de dignité qu'elle a montrées sur scène. Elle va jusqu'à régler dans ses moindres détails la procédure de son autopsie, de son transfert à Paris et de ses obsèques. Devant tant de grandeur d'âme, les membres de son entourage ne peuvent retenir leurs larmes, alors Rachel, toujours souriante, comme s'il s'agissait de la chose la plus naturelle du monde, leur déclare :

« Lorsqu'on s'apprête à partir en voyage, n'est-il pas normal de le préparer ? »

Dans la nuit du 2 au 3 janvier, elle a achevé la dictée de ses dernières volontés, dictée rendue pénible par les crises de suffocations qui l'assaillent à intervalles de plus en plus rapprochés. Au matin du 3, ayant surmonté une nouvelle crise, elle demande à relire son testament et à le signer. Cependant, alertés par Sarah, des membres du consistoire israélite de Nice sont arrivés au Cannet. À huit heures du soir, ils commencent à dire en hébreu le psaume des morts. Très calme, Rachel se tourne vers eux et, dans un ultime effort, accompagne leur prière : « Écoute Israël, l'Éternel est notre Dieu, l'Éternel est un... »

À dix heures, une nouvelle suffocation secoue son corps, tandis que ses yeux se ferment et qu'une pâleur extrême se répand sur son visage. C'est fini... Fidèle jusqu'au bout à la croyance de ses pères, Rachel vient de quitter la scène...

À Paris, quelques jours plus tard, cent mille personnes accompagnent au Père-Lachaise son cercueil recouvert d'une draperie blanche. Tout ce que Paris compte de célébrités, mais aussi les anonymes, témoignent de leur reconnaissance pour les moments d'exaltation que la tragédienne leur a fait connaître ; oui, ils sont tous là, ceux qui l'aimaient, mais aussi ceux qui ne l'aimaient pas... Le dernier miracle de la petite Juive sera d'avoir uni les uns et les autres dans un même et unanime hommage et de survivre jusqu'en notre temps dans la mémoire des hommes...

TABLE DES MATIÈRES

Direction littéraire
Huguette Maure
assistée de
Marie Dreyfuss

Composé par P.C.A.
44400 – Rezé

Impression réalisée sur CAMERON par

BRODARD & TAUPIN
GROUPE CPI

La Flèche

pour le compte des Éditions Michel Lafon
en février 2002

Imprimé en France
Dépôt légal : mars 2002
N° d'impression : 11669
ISBN : 2-84098-778-3
LAF 225